中国产业中介组织发展对策研究
——以天津市及滨海新区为例

石 娟/著

天津市政府采购招标项目（项目编号：TGPC-2013-D-0414）资助

教育部哲学社会科学研究重大课题攻关项目（项目编号：15JZD021）资助

科学出版社

北 京

内 容 简 介

本书从第三方中介组织服务于产业发展的角度出发，将行业协会和产业联盟纳入产业中介组织研究框架。本书一方面深入分析了国内外学者对典型国家和地区行业协会、产业联盟等中介组织的运行管理模式、成功经验等方面的理论研究；另一方面实地调研了天津市及滨海新区产业中介组织的发展状况，利用理论和实践相结合的研究方法，提出了促进滨海新区产业中介组织发展的思路、目标、培育方向、运行模式、功能定位、发展路径及保障措施。

本书具有一定学术价值，可供从事社会组织、技术创新等方面研究的人员阅读与参考。

图书在版编目（CIP）数据

中国产业中介组织发展对策研究：以天津市及滨海新区为例/石娟著.
—北京：科学出版社，2017.11
ISBN 978-7-03-051870-5

Ⅰ. ①中… Ⅱ. ①石… Ⅲ. ①产业-中介组织-研究-中国 Ⅳ. ①F269.2

中国版本图书馆 CIP 数据核字（2017）第 035539 号

责任编辑：徐 倩 乔艳茹/责任校对：贾娜娜
责任印制：吴兆东/封面设计：无极书装

科 学 出 版 社 出版
北京东黄城根北街 16 号
邮政编码：100717
http://www.sciencep.com

北京京华虎彩印刷有限公司 印刷
科学出版社发行 各地新华书店经销
*

2017 年 11 月第 一 版 开本：720×1000 B5
2018 年 1 月第二次印刷 印张：12
字数：235 000

定价：86.00 元
（如有印装质量问题，我社负责调换）

前　言

随着社会主义市场经济的进一步发展，产业中介组织作为介于政府、企业、个人之间，为政府实行经济调控，为企业和个人参与市场经济活动提供监督、服务、沟通、协调等职能的社会经济组织，在社会经济生活中发挥的作用越来越大，并成为市场经济体系中的有机组成部分，是政府管理社会、服务经济的重要桥梁和纽带，是现代服务业的重要组成部分，其发展水平是第三产业发展水平的集中体现，其发育程度是市场经济体制是否完善和政府职能是否完成转变的重要标志。党的十八大报告指出，经济体制改革的核心问题是处理好政府与市场的关系。

近年来，天津市滨海新区（简称滨海新区）产业中介组织得到较快发展，初步形成门类较为齐全、行业分布广泛的发展格局。针对滨海新区面临的新一轮开发开放的形势和京津冀协同发展的历史机遇，特别是天津在建设创新型示范城市的过程中，产业中介组织作为创新体系的重要组成部分，应又好又快地促进和规范滨海新区产业中介组织的发展，发挥产业中介组织在滨海新区各种创新活动中的催化剂作用，进一步促进政府职能转变，为滨海新区经济快速发展提供科学有效的服务。本书通过对国内外发达地区产业中介组织发展经验的深刻分析与积极借鉴，结合滨海新区发展实际，研究和探索了加快培育、规范和发展滨海新区产业中介组织的重点领域、路径及措施。

本书共六章，第一章为产业中介组织界定及分类，包括对中介组织、产业中介组织进行介绍；第二章为国外发达国家或地区产业中介组织发展概况；第三章为国内产业中介组织发展概况；第四章为天津市及滨海新区行业协会、产业联盟等产业中介组织发展概况；第五章为天津市滨海新区产业中介组织的培育与发展；第六章为天津市滨海新区行业协会及产业联盟等产业中介组织发展的保障措施。

本书由石娟（天津理工大学）主持撰写，由刘珍、张九妹、许晓洁统稿并修订。各章编写分工如下：第一章，李榕；第二章，张九妹、胡鹏基；第三章，董辉；第四章，刘彦缨；第五章，许晓洁；第六章，逯业娜。

本书在编写过程中得到了天津市滨海新区经济和信息化委员会等相关单位，天津市山西商会、天津市设备管理协会、天津市新能源协会等中介组织，以及台湾工业技术研究院、南开大学经济学院相关老师的指导和帮助，在此一并表示感谢。另外，本书的出版还要特别感谢科学出版社的大力支持。

由于水平所限，书中难免存在不足之处，敬请专家学者及广大读者批评指正。

石　娟

2017 年 6 月于天津

目　　录

第一章　产业中介组织界定及分类 …………………………………… 1

　第一节　中介组织 ……………………………………………………… 1

　　一、中介组织的概念 ………………………………………………… 1

　　二、中介组织的特征 ………………………………………………… 1

　　三、中介组织的分类 ………………………………………………… 1

　　四、中介组织在行政管理中的基本功能 …………………………… 3

　第二节　产业中介组织 ………………………………………………… 3

　　一、产业中介组织的概念 …………………………………………… 3

　　二、产业中介组织的特征 …………………………………………… 3

　　三、行业协会的概念、特征及发展历程 …………………………… 5

　　四、行业协会与政府之间的关系 …………………………………… 7

　　五、产业联盟的概念、特征及发展历程 ………………………… 13

　　六、相关组织比较 ………………………………………………… 17

　　七、行业协会与产业联盟的主要形式 …………………………… 18

第二章　国外发达国家或地区产业中介组织发展概况 ……………… 25

　第一节　美国、德国、日本行业协会发展情况 …………………… 25

　　一、美国行业协会发展情况 ……………………………………… 25

　　二、德国行业协会的发展情况 …………………………………… 29

　　三、日本行业协会的发展情况 …………………………………… 32

　　四、国外发达国家行业协会作用的比较 ………………………… 35

　第二节　国外行业协会运作模式比较 ……………………………… 36

　　一、英美系行业协会的发展模式与特征 ………………………… 36

　　二、德国行业协会的发展模式与特征 …………………………… 38

　　三、日韩系行业协会的发展模式与特征 ………………………… 38

　　四、比较和总结 …………………………………………………… 39

　第三节　国外产业技术创新联盟的发展情况 ……………………… 42

　　一、美国产业技术创新联盟发展情况 …………………………… 42

　　二、德国产业技术创新联盟发展情况 …………………………… 44

　　三、欧盟产业技术创新联盟发展情况 …………………………… 45

　　　四、日本产业技术创新联盟发展情况 ································46
　　　五、日本政府引导与支持产业技术创新联盟的做法与经验 ··········50
　　　六、日本产业技术创新联盟发展对我国的思考与启示 ·············52
　第四节　国外产业技术创新联盟比较分析 ·························53
　　　一、产业技术创新联盟合作模式比较 ························53
　　　二、产业技术创新联盟运行模式比较 ························54
　　　三、产业技术创新联盟政府作用比较 ························56
　　　四、先进经验 ··56
　第五节　国外发达国家发展产业中介组织的成功经验和启示 ··········60
　　　一、发达国家产业中介组织发展的成功经验 ··················60
　　　二、发达国家产业中介组织发展的经验对滨海新区产业中介组织
　　　　　发展的启示 ···62

第三章　国内产业中介组织发展概况 ····························66
　第一节　国内产业中介组织发展历程及其政策背景 ·················66
　第二节　我国产业中介组织发展情况 ···························68
　　　一、产业中介组织数量发展迅速，从业人员增多 ···············68
　　　二、管理章程进一步规范 ··································69
　　　三、对外交流越来越广泛 ··································69
　第三节　我国行业协会、产业联盟等产业中介组织发展情况 ··········69
　　　一、行业协会发展状况 ····································69
　　　二、行业协会生成模式 ····································75
　　　三、产业联盟 ··78
　第四节　国内典型城市产业中介组织发展情况、经验及启示 ·········79
　　　一、北京 ··79
　　　二、上海 ··82
　　　三、深圳 ··83
　　　四、江苏省 ··87
　　　五、发展经验与启示 ······································88
　　　六、我国产业中介组织发展趋势 ····························89

第四章　天津市及滨海新区行业协会、产业联盟等产业中介组织发展概况 ···92
　第一节　天津市产业中介组织（行业协会）发展历程 ···············92
　第二节　天津市及滨海新区产业中介组织发展状况 ················92
　　　一、天津市产业中介组织发展状况 ··························92
　　　二、滨海新区行业协会及产业联盟发展状况 ··················93

　　　　三、八大支柱性产业的中介组织发展状况分析…………………96

　　　　四、总结……………………………………………………………107

　　第三节　发展产业中介组织对滨海新区经济发展的作用…………108

　　　　一、发展产业中介组织，有利于促进滨海新区政府职能转变…108

　　　　二、发展产业中介组织，有利于促进滨海新区产业集群发展…108

　　　　三、发展产业中介组织，有利于培育和规范市场……………109

　　　　四、发展产业中介组织，有利于为社会提供更有效的服务……109

　　　　五、发展和完善产业中介组织，有利于发挥其桥梁沟通作用……109

　　第四节　滨海新区经济发展对产业中介组织的需求分析…………109

　　　　一、高级人力资源的集中需要人力资源服务中介，劳动者技能的

　　　　　　提升需要中介培训机构……………………………………110

　　　　二、不断提高微观主体对市场变化的适应性及行业内企业产品

　　　　　　技术水平需要行业协会发挥统领作用……………………110

　　　　三、促进支柱产业及相关产业的发展，发挥科技在加固产业链

　　　　　　方面的作用需要科技中介组织……………………………111

　　　　四、加速提升滨海新区经济质量，提升企业竞争力需要金融

　　　　　　中介组织……………………………………………………111

　　　　五、中小企业成长需要企业策划中介组织助推…………………111

　　　　六、品牌经济的杠杆效应离不开品牌代理中介组织、广告代理

　　　　　　中介组织的推荐与运作……………………………………112

　　　　七、提升市场运行质量和商贸流通业，需要商贸中介服务业……112

　　　　八、民意的表达需要自发性的民间组织发挥作用………………112

　　第五节　滨海新区发展产业中介组织的优劣势分析………………112

　　　　一、优势………………………………………………………112

　　　　二、劣势………………………………………………………113

　　　　三、机遇………………………………………………………114

　　　　四、挑战………………………………………………………115

第五章　天津市滨海新区产业中介组织的培育与发展………………116

　　第一节　滨海新区发展产业中介组织的思路………………………116

　　　　一、统筹规划，建立健全产业中介组织的发展体系……………116

　　　　二、分类指导，建立和完善产业中介组织的管理机制…………116

　　　　三、完善相关法规，努力为产业中介组织的发展创造环境……116

　　　　四、建立信用机制，构建社会中介信用数据库…………………117

　　　　五、建立产业中介组织的评估机构………………………………117

第二节　发展产业中介组织的主要原则……………………………118
　　一、遵循市场经济规律…………………………………………118
　　二、突出产业发展需求…………………………………………118
　　三、发挥政府引导作用…………………………………………118
　　四、优化运行合作机制…………………………………………118
　　五、坚持发展与规范相结合……………………………………119
　　六、加强经费筹集管理…………………………………………119
第三节　发展产业中介组织的目标…………………………………119
　　一、行业协会……………………………………………………119
　　二、产业联盟……………………………………………………120
第四节　重点培育方向及运行模式…………………………………120
　　一、培育方向……………………………………………………120
　　二、运行模式……………………………………………………122
第五节　滨海新区产业中介组织的功能定位………………………124
　　一、从不同的职能定位服务于经济……………………………125
　　二、从组织体制上保证职能作用的发挥………………………126
　　三、从咨询服务上为企业和政府提供帮助……………………126
　　四、从职业教育方面为企业提供服务…………………………127
　　五、从制度上建立有效的沟通协商机制………………………127
　　六、从议事研究上对政策施加影响……………………………127
　　七、从法律服务上为经贸活动提供支持………………………128
　　八、从信息服务上帮助中小企业开拓市场……………………128
第六节　支持滨海新区产业中介组织发展的路径…………………128
　　一、开展对产业中介组织发展的理论和实践研究……………128
　　二、科学制定发展规划，营造良好政策环境…………………129
　　三、激活机制、理顺关系，突出重点、分类指导……………130
　　四、全面提升服务能力，健全中介服务体系…………………130
　　五、整合科技服务资源，构建公共信息平台…………………131
　　六、借鉴国外先进经验，构建国际合作平台…………………132
　　七、发展行业协会，推进人才培训与行业自律………………132
　　八、加强对产业中介组织工作的引导与协调…………………133
第六章　天津市滨海新区行业协会及产业联盟等产业中介组织发展的
　　　　保障措施………………………………………………………134
　　第一节　行业协会发展的保障措施……………………………134

一、规范行业协会的内部管理和运行机制 ……………………… 134

二、推进行业协会的管理体制改革 …………………………… 135

三、建立重点支持和购买服务的政府投入机制 ………………… 136

四、完善推动行业协会改革发展的政策措施 …………………… 137

第二节　产业技术创新联盟发展的保障措施 …………………… 138

一、加大政府对产业技术创新联盟的引导和支持力度 ………… 138

二、创新组织模式和运行机制 ………………………………… 138

三、构建产业技术创新链 ……………………………………… 139

四、制定动态推进的联盟目标 ………………………………… 139

五、建立推动联盟发展的机制 ………………………………… 139

附录一　案例 ………………………………………………… 141

附录二　我国促进产业中介组织发展的相关政策 ……………… 167

参考文献 ……………………………………………………… 175

第一章　产业中介组织界定及分类

第一节　中 介 组 织

一、中介组织的概念

中介组织是按照一定法律、法规、规章或根据政府委托建立，遵循独立、客观、公正的原则，在社会生活中发挥服务、沟通、监督等职能，实施具体的服务性行为、执行性行为和部分监督性行为的社会组织[1]。

二、中介组织的特征

（1）依法而立。中介组织的法律地位决定它必须依法登记注册，成为单独承担民事责任的法人组织。它既不是政府的附属物，也不是政府与社会之间、政府与市场之间、政府与企业之间的行政管理层，更不是政府的派出机构，而是政府与社会、政府与市场、政府与企业之间的桥梁与纽带，具有一定的独立性。

（2）依法而行。中介组织运行机制要求它一方面必须按照相关法律、法规、规章开展各项中介业务活动；另一方面必须按照章程或相关规定进行自我管理和自我约束，发挥自律机制的作用。

（3）覆盖社会。中介组织的服务对象是全社会，包括社会各个领域，而不是社会的某一部分。为此，中介组织往往也因社会生活的丰富性而体现出多样性的特点。

（4）专业性强。中介组织必须具有专业知识和技能。因为中介服务是一种智力性劳动，只有具备符合社会需要的专业知识或技能才能建立机构。

（5）提供服务。中介组织运行的实质是提供服务。目前，我国中介组织大部分尚处于政府主管与市场运营相结合的准政府状态，主要承担的是政府在改革过程中逐步分离出来的一部分社会管理和公共服务职能。中介组织的具体服务行为是实现社会管理的具体方式。相对于市场中的服务而言，中介组织的服务既是规范性的，又是竞争性的，而非强制性或垄断性的[2]。

三、中介组织的分类

目前，学界对中介组织的分类有多种。结合我国目前的管理实践，本书将中介组织大致分为六类：

一是市场性中介组织，如会计师事务所、审计师事务所、律师事务所、资产评估事务所、税务代理事务所、专利（商标）事务所、产权交易所、房屋经纪公司和公证仲裁机构等[3]；

二是社会性社会团体，如法律学会、台湾同胞联谊会等；

三是公益性组织，如基金会、慈善会等；

四是政府直属事业单位，如产品检验分析机构、人才服务（评价）中心、技术合同仲裁委员会、劳动争议仲裁委员会等；

五是行业协会，如各类协会、商会等；

六是民办非企业类，如婚姻介绍所、劳动职业介绍所等[4]。

将这六类中介组织进一步简化，可分为两大类[5]：

第一类是非营利性中介组织。非营利性中介组织泛指市场中介组织以外的各种中介组织，是为促进社会发展或群体发展或整个行业发展而自愿组成的共同体，其特点是公益性、共同性。非营利性中介组织可分为公益性中介组织和互益性中介组织，主要包括促进行业发展的行业协会类组织，以公益性和慈善为目的的各类志愿者组织，以及以学术活动为目的结成的社团组织等。

公益性中介组织是指为本组织以外的特殊社会群体提供公共服务的中介组织，如慈善组织、基金会等。该类组织目的非常明确，即为公共利益服务，不允许为组织内部服务。其运行基础是社会公益事业和社会公共道德，目前主要的服务领域是弱势群体的社会救助、社会援助及教科文卫等公共需求的满足方面。它在这方面的社会管理功能往往能成为政府提供公共物品和公共服务的有效补充。

互益性中介组织是指为组织内部成员服务的中介组织。该类组织一般实行会员制，如行业协会、学术团体，主要服务于内部会员，代表会员的利益联络政府或其他社会组织，并促进本组织内部的沟通。虽然互益性中介组织往往表现为利益的内部性和团体性，但在社会管理中，因具备内部成员的自律和约束功能，而往往成为社会公共管理的重要组成部分。

第二类是营利性中介组织，通常被称为市场中介组织。总体而言，营利性中介组织是在市场经济交往中连接政府、市场和经济主体、公民的桥梁和纽带，是沟通协调多方关系、提供相关服务、监督维护市场经济秩序和当事人合法权益的机构。具体而言，它又可分为两部分[2]：

一部分是处于市场主体与政府之间，为市场主体提供公正性有偿服务的中介组织，可称为监督社会运行组织，如律师事务所、会计师事务所、审计师事务所、资产评估机构、公证机构、仲裁机构、资信评估机构、质量检验机构、计量检验机构、维护消费者权益机构等。

另一部分是直接为市场活动服务的中介组织，如代理中介组织（专利商标代理、广告代理、房地产代理、商贸代理、国际货运代理、海关报关代理、金融代理、保险代理、财税代理、企业登记代理、仲裁代理等)、经纪中介组织(技术合同经纪中介、证券发行与交易中介、房地产经纪中介、信托经纪中介、外汇经纪中介、期货经纪中介、商品交易经纪中介、拍卖典当经纪中介、人才劳务经纪中介、文化经纪中介等)、咨询中介组织(各种企业管理咨询、信息咨询、技术咨询、工程咨询、统计咨询)等。

四、中介组织在行政管理中的基本功能

中介组织是一种非政府机构,它的主要职责是承担一定的社会性、公益性、事务性的社会职能,促进政府与社会之间的沟通,为社会和经济生活提供广泛的服务。有的中介组织也接受政府的授权,配合政府做某方面的工作,承担一定的公共服务职能。目前,我国中介组织在社会管理和公共服务中主要发挥四个方面的作用[6]:

(1)介于政府与市场之间,协助政府发挥经济调节功能;

(2)介于政府与社会之间,促进政府与民众之间的协调沟通,实现社会稳定与民主管理;

(3)中介组织通过各种方式带动社会自律,在某些方面能够替代政府独立地进行公共管理;

(4)在社会管理民主化、公共服务社会化的发展趋势下,中介组织以其特有的优势在许多领域发挥着提供公共服务的功能。

第二节　产业中介组织

一、产业中介组织的概念

本书所说的产业中介组织是指处于非直接生产制造领域的、服务于产业发展的,发挥自身优势,诸如智力劳动,为委托人达到减少直接消费成本、提高效率、缩短距离、节约时间等目的而进行服务活动的一类组织,如天津市新能源协会、天津市滨海新区智能制造产业联盟等。

二、产业中介组织的特征

1. 独立性

(1)法律地位独立。中介组织必须是具有独立地位的法人,应该依法成立并独立承担责任。从法律上讲,中介组织在社会经济生活中具有独立的地位。

（2）经济地位独立。中介组织的财产、经费不受制于其他单位和个人，而是像一般的企业一样，自主经营、自负盈亏、自担风险。经费的使用必须由中介组织自身来决定，按其自身的目的与需要进行合理支配。

（3）机构人员独立。中介机构的设立与否不是由政府的意志决定的，而是根据市场的需要决定的。例如，行业协会作为一种社团型的民间组织，是由企业根据自己的需要，自下而上自愿成立的，协会的筹备与组建、机构的设置、章程的制定都由自愿参加的企业通过平等、民主的协商方式决定。这些中介组织不受任何单位与组织的干预和影响，依法自愿成立，独立承接业务，其人员大多实行聘任制[7]。

2. 客观性

产业中介组织是接受用户的委托为用户服务的，并按照服务的数量和质量向用户收取一定的费用。但是，它所提供的财产审计、资产评估、验证公证、调查咨询等服务却是面向社会公众的，必然要对社会经济活动各方面产生重要影响。例如，公司间的一切经济往来和结算，都需要注册会计师出具审计证明，才能得到双方的认可，业务方能进一步开展。产业中介组织提供客观、真实的信息，对于维护社会各方面的权益、保持市场的稳定有序、有效地监督各市场主体的经济活动、促进企业的经营活动都起着重要作用。

3. 公正性

在充分竞争的市场经济条件下，作为社会经济活动的服务者与监督者，产业中介组织必须秉持其公正性，保证执法公正、监督公正、仲裁公正[8-9]。

产业中介组织按其职能分类，主要有八大类，见表1.1。

表 1.1 产业中介组织的类型

序号	类型	具体形态
1	验证公证中介组织	律师事务所、会计师事务所、公证处、计量检测中心、质量检测中心
2	评估中介组织	资产评估、房产评估、土地评估、无形资产评估、资信评估、环境工程项目的评估
3	交易中介组织	证券交易所、产权交易所、期货交易所、拍卖行
4	代理中介组织	税务代理事务所、专利代理事务所、商标代理事务所、版权代理事务所、贸易代理等
5	咨询中介组织	信息咨询、财务咨询、工程咨询、法律咨询、规划咨询、科技咨询等
6	协商与协调中介组织	行业协会、企业协会
7	仲裁中介组织	仲裁委员会、仲裁中心
8	创新中介组织	研究会、学会、产业联盟

本书以服务滨海新区制造业与生产性服务业发展为目的，旨在为政府培育、规范和促进产业中介组织发展提供政策路径指引。因此，本书通过对行业协会、产业联盟等重点经济鉴证类和市场发展类中介组织进行深入研究，提出了滨海新区产业中介组织未来的培育发展目标、重点领域、路径和措施。

三、行业协会的概念、特征及发展历程

1. 行业协会的概念及特征

2005 年，天津市人民政府出台了《天津市行业协会管理办法》，该办法规定：行业协会，是指经依法批准成立，由同一行业经济组织及相关单位和个人自愿组成，自律管理的行业性社会团体，包括协会、商会、同业公会等。行业协会是具有相同或相近市场地位的经济主体为维护共同合法权益、规范行业秩序、协调行业主体利益、促进行业发展，在自愿基础上依法建立起来的非营利性社会经济团体，是进行行业管理的重要载体，也是参与社会治理的重要力量[10-11]。

行业协会具有以下特征：

第一，行为法制化。行业协会属于行业性社会团体法人，其组织结构由该行业归属下的企业组成，组织形式是在国家法律规范下的自律组织。通常讲，行业协会不隶属于政府机构，不受政府部门的直接行政管理。同时，行业协会一般还应当有其行业自身的管理制度与职业道德标准，并将这些制度与道德标准作为引导行业内部各企业从事经营活动的规范。但是，现代行业协会必须建立在国家法律规定的标准下，其行为受国家法律的制约。因此，遵纪守法是现代行业协会的重要特征之一。

第二，性质社会化。政府淡出直接管理企业以后，行业协会成为政府与企业之间的中介，但是，行业协会又不同于单一的中介机构（如各种事务所等），它既是企业的代表，又是服务于企业的服务中介机构，其性质是社会化的自律组织。因此，行业协会不能成为管理企业的机关或替代政府机构的新"婆婆"，而应该成为为企业牵线搭桥的好"红娘"。

第三，范围扩大化。随着现代行业的发展，行业协会的范围将不能完全固守传统的行业体系。在同一行业中，可能既包括生产企业，又包括流通企业或者服务行业。比如，食品行业就可能包括食品加工企业，又包括食品销售企业或者与食品有关的服务企业等。因此，随着行业范围的扩大，各行业协会在研究与分析行业特征、提供行业服务活动时，必须从大行业出发，全面考虑行业服务与管理。

第四，职能多元化。随着社会服务功能的增强和服务项目的增加，现代行业协会的职能也将越来越庞杂。因此，各行业协会应该遵循社会发展规律，努力发

掘各行业协会的服务功能，使行业协会成为能够为企业服务并为企业服务好的中介组织。

第五，管理现代化。现代社会发展使各种管理方法与手段都实现了较高程度的现代化，现代行业协会的管理也应该力求现代化。因此，组建行业协会必须在组织管理、信息沟通、咨询服务、业务协调等方面采用现代化手段，如建立咨询服务网络、行业信息系统等，以促进现代行业协会的发展，从而推动各行业全面提高经营管理水平与生产经营效益。

第六，行业特征模糊化。现代企业向集团化发展，往往使各企业涉足多个行业的经营，如有的企业参与了生产、流通业的经营，同时还参与了建筑、交通、服务等行业的经营等，行业界限模糊；同时，公司的属地也不一定是当地企业，有的还可能是跨国公司，其属地也非常模糊。因此，协会成员的身份与属地的多重化，淡化了参与者的身份，各行业协会在吸收会员时，应按自愿与自觉的原则吸收会员，并在其对本行业会员的服务工作上，尽量考虑现代企业的行业特征，从而做好相应的服务工作[12]。

2. 行业协会的发展历程

西方行业协会最早出现在中世纪的西欧。当时西欧工商业的发展和城市的兴起为行业协会的产生提供了肥沃的土壤。商人们为了保护自身的生命和财产安全，组织起自己的武装力量，推举首领，明确商人间的相互义务和制定贸易收入分配原则，开始开展自治性的商业和公共管理活动，由此形成行会制度。

18世纪60年代，欧洲工业革命爆发，行业分化的进程进一步加快，封建行会制度逐步解体并被新的商会组织制度所取代。在市场经济的不断发展过程中，企业之间为协调纠纷与矛盾、实现和扩大共同利益、保护和推动行业发展，自发地组织和建立起大批的行业协会[13]。

20世纪30年代之后，为了有效缓解经济危机，西方国家逐步加强对经济活动的宏观调控，又为行业协会的加速发展提供了机会。以美国为例，1929～1933年，为应对经济危机，罗斯福新政要求各行业制定"公平竞争法典"，以控制价格、限制产量来摆脱生产过剩的危机。这一时期，美国出现了大批为实施政府经济措施而建立的同业公会。第二次世界大战之后，为遏制经济危机，西方发达国家普遍加强了对经济活动的宏观干预，行业协会成为实现这一计划的重要工具。政府通过制订中长期经济发展计划，规定了各行业间的比例关系和技术要求，通过运用倾向政策、税收政策、财政补贴及行政立法，直接调节或者影响社会生产的方向和规模，并借助行业协会付诸实施。在政府对经济发展施加影响的同时，行业协会也成为调节企业与政府关系的缓冲器。而国家对经济活动进行宏观干预，在很大程度上会影响行业的发展和企业的利润水平。为保护自身利益不受损害，各行业企业联合起来，有组织地与政府有关部门进行沟通与交涉，使行业协会在协调企业微观利益与国家宏观利益上又扮演了重要的角色。

如今，行业协会在西方国家市场经济体制中已经具有了不可替代的地位，在经济生活中发挥着非常重要的作用。

四、行业协会与政府之间的关系

根据调查统计，从生成原因和模式看，中国的行业协会大部分是由政府推动设立的。那么，这些由政府推动生成的行业协会或者说官民协作型行业协会，与政府的关系如何？

从经验和逻辑来分析，判断行业协会的属性着重从两个维度入手。一是看协会的资金获取途径。如果一个协会在资金来源上，主要依靠政府拨款和政府支持，那么这个协会就有很强的官办性质。二是看协会在组织决策上的独立性，尤其是协会的负责人的选聘是否受到政府有关部门，如业务主管单位的干预。如果一个协会在很多决策事项上，政府都有较强的干预和影响作用，那么这种协会就有较强的官办性质。如果协会在资金和组织决策上都不独立于政府，那么它就是官办协会；而如果它在资金和组织决策上只是其中一方面不独立于政府，那么它就是"准民间"协会或"半官半民"协会[14]。

（一）行业协会的独立性

1. 行业协会资金运作独立性

从表 1.2 中可以看出，在资金运作独立性方面，77.6%的行业协会完全独立，而有一定独立性的占到了 13.4%，两项之和为 91%，而不独立的行业协会的比例仅为 1.5%。这说明在资金来源和资金使用上，绝大多数行业协会并没有完全依赖政府和受到政府的干预。

表 1.2　资金运作独立性　　　　　　　　单位：%

类型	比例	有效比例	累计比例
不独立	1.5	1.6	1.6
不太独立	1.5	1.6	3.2
有一定独立性	13.4	14.3	17.5
完全独立	77.6	82.5	100.0
总计	94.0	100.0	

资料来源：《中国行业协会发展报告（2014）》

2. 行业协会组织决策独立性

从组织决策上分析,由表 1.3 可以看出,完全独立的行业协会的占比为53.7%,有一定独立性的占比为34.3%,两项之和为88%,而在组织决策上不独立的行业协会的比例仅为3.0%。这同样也说明,在组织决策方面,绝大多数协会也未受到政府部门的干预,行业协会的独立性依然比较强。

表 1.3　组织决策独立性　　　　　　　　　　　　单位:%

类型	比例	有效比例	累计比例
不独立	3.0	3.2	3.2
不太独立	1.5	1.6	4.8
一般	1.5	1.6	6.4
有一定独立性	34.3	36.5	42.9
完全独立	53.7	57.1	100.0
总计	94.0	100.0	

资料来源:《中国行业协会发展报告(2014)》

3. 行业协会负责人选聘独立性

从表 1.4 可以看出,业务主管单位或其他有关政府职能部门提出候选人名单,行业协会民主选举所占比例相对较高,为 25.4%;行业协会自己选举后报业务主管部门批准的比例为 20.9%;行业协会自己选举后报业务主管部门备案的比例为20.9%;行业协会内部民主选举的比例为19.4%;而业务主管部门派驻这种干预程度最强的协会只占6.0%。这一结果与资金运作独立性和组织决策独立性占比较高的情况不太相符,原因是中国独有的双重管理体制,业务主管单位对行业协会的人事决策大都有不同程度的影响和干预,这也与政府通常将行业协会作为政府部门离退休官员的再就职单位有关系。

表 1.4　负责人选聘独立性　　　　　　　　　　　　单位:%

类型	比例	有效比例	累计比例
行业协会内部民主选举	19.4	20.3	20.3
行业协会公开向社会招聘	3.0	3.1	23.4
业务主管单位或其他有关政府职能部门提出候选人名单,行业协会民主选举	25.4	26.6	50.0
业务主管部门派驻	6.0	6.2	56.2
行业协会自己选举后报业务主管部门批准	20.9	21.9	78.1
行业协会自己选举后报业务主管部门备案	20.9	21.9	100.0
总计	95.6	100.0	

资料来源:《中国行业协会发展报告(2014)》

（二）行业协会的官民属性

从图 1.1 中可以看出，50%以上的行业协会的资金运作和组织决策都具有完全独立性。进一步计算，我们发现在资金运作和组织决策方面具有完全独立性的行业协会所占比例为 50.7%，这说明一半以上的行业协会都是纯民间协会；而在资金运作和组织决策上完全没有独立性的行业协会比例为 4.5%，也就是说纯官办协会的比例仅为 4.5%；而在资金运作和组织决策独立性上介于不太独立和有一定独立性之间的行业协会所占比例为 40.3%，这表明约有 40%的行业协会具有准民间协会的特征。

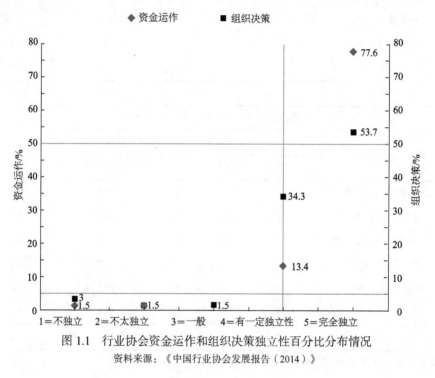

图 1.1　行业协会资金运作和组织决策独立性百分比分布情况

资料来源：《中国行业协会发展报告（2014）》

（三）行业协会生成模式与独立性的关系

根据上述分析，中国有 48.4%的行业协会都是由有关政府部门引导建立的，行业内企业自发组建占比为 29.7%，而由原来政府部门转制而成的行业协会占到了 9.4%，这说明中国的行业协会近一半都是由政府推动建立的，而由市场自发产生的占不到 30%。这三项之和占 87.5%，那么，行业协会的生成模式是否会影响其独立性呢？例如，由政府部门转制而成的行业协会在资金运作和组织决策的独立性方面是否最弱？由政府部门推动建立的行业协会是否因天然与政府具有千丝万缕的联系而在资金运作和组织决策的独立性方面表现很弱呢？结果如表 1.5 所示。

表 1.5　行业协会生成模式与独立性的关系　　　　单位：%

不同生成模式下的行业协会资金运作独立性情况

行业协会类型	资金运作独立性			
	不独立	不太独立	有一定独立性	完全独立
由原来政府部门转制而成	0	0	16.7	83.3
有关政府部门引导建立	0	3.6	17.8	78.6
工商联或其他协会主导建立	0	0	0	100.0
热心领导同志发起	33.3	0	66.7	0
行业内企业自发组建	0	0	5.3	94.7
其他	0	0	0	100.0
合计	1.6	1.6	14.8	82.0

不同生成模式下的行业协会组织决策独立性情况

行业协会类型	组织决策独立性				
	不独立	不太独立	一般	有一定独立性	完全独立
由原来政府部门转制而成	16.7	0	0	33.3	50.0
有关政府部门引导建立	3.6	3.6	3.6	39.2	50.0
工商联或其他协会主导建立	0	0	0	100.0	0
热心领导同志发起	0	0	0	66.7	33.3
行业内企业自发组建	0	0	0	22.2	77.8
其他	0	0	0	25.0	75.0
合计	3.3	1.7	1.7	35.0	58.3

资料来源：《中国行业协会发展报告（2014）》

　　从表 1.5 中可以清晰看出，由原来政府部门转制而成的行业协会按照一般理解，似乎应该在资金运作方面严重依赖政府，但从实际上的统计分析却发现，即便是由原来政府部门转制而成的行业协会其资金运作完全独立的比例高达 83.3%，同时有一定独立性的行业协会的占比也达到 16.7%。而由有关政府部门引导建立的行业协会，按照通常的理解，似乎也应在资金运作上受制于政府，但根据统计我们发现，即使是有关政府部门引导建立的行业协会在资金运作上完全独立的比例也占到了 78.6%，这说明行业协会的资金运作独立性与其跟政府关系的紧密程度无关。

　　再看组织决策独立性，由原来政府部门转制而成的行业协会在组织决策上有完全独立性的占到了 50.0%，而有一定独立性的占到了 33.3%；由有关政府部门引导建立的行业协会在组织决策上有完全独立性的也占到了 50.0%，而具有一定独立性的协会的比例达到了 39.2%。这说明近一半的协会尽管在成立时依靠政府推动建立，但这并不意味着其以后的组织决策一定会受到政府的制约。

我们对不同生成模式下的行业协会的资金运作独立性进行了方差分析，见表1.6。

表 1.6　方差分析表

因变量：资金运作独立性

项目	误差平方和	df	均方	F	显著性水平
修正后模型	10.308[*]	5	2.062	5.816	0
生成途径	10.308	5	2.062	5.816	0
误差	19.495	55	0.354		
合计	1399.000	61			
修正合计	29.803	60			

*决定系数为 0.346，校正后的决定系数为 0.286
资料来源：《中国行业协会发展报告（2014）》

如表 1.6 所示，我们发现，尽管不同生成模式下的行业协会从总体上看在资金运作独立性方面存在差异，但是我们进一步分析了分类变量的各个系数，如表 1.7 所示。

表 1.7　系数分析

生成模式	系数	标准为	t	p>t	95%置信区间
1	0	（基数）			
2	0.119 05	0.267 834	0.44	0.658	[−0.658，0.417 703]
3	0.166 667	0.643 063	0.26	0.796	[−1.122 06，1.455 394]
4	1.833 33	0.420 984	4.35	0	[−2.677，−0.989 66]
5	0.114 035	0.278 803	0.41	0.684	[−0.444 7，0.672 769]
6	0.166 667	0.384 304	0.43	0.666	[−0.603 5，0.936 828]
常数	4.833 333	0.243 055	19.89	0	[4.346 24，5.320 426]

资料来源：《中国行业协会发展报告（2014）》

我们发现，类别 1（即由原来政府部门转制而成的行业协会）与类别 2（即有关政府部门引导建立的行业协会）在资金运作独立性方面的差异在统计上并不显著。这一事实说明，协会的生成模式并不必然决定其以后在资金运作方面是否一定依赖于政府。

（四）资金运作独立性和组织决策独立性的关系

资金运作独立性和组织决策独立性是什么关系？如表 1.8 所示。

表 1.8 资金运作独立性与组织决策独立性的相关性

		资金运作独立性	组织决策独立性
皮尔逊相关	资金运作独立性	1.000	0.477**
	组织决策独立性	0.477**	1.000
显著性（双尾）	资金运作独立性		0.000
	组织决策独立性	0.000	

**表示在 0.01 水平上显著相关（双尾）

资料来源：《中国行业协会发展报告（2014）》，有改动

通过分析两者之间的相关性，我们发现资金运作与组织决策之间存在正相关性，其相关系数为 0.477，并且显著性水平达到了 0.01，说明两者之间的确存在显著的相关性。也就是说，资金运作独立性越强，组织决策独立性也越强；或者组织决策独立性越强，资金运作独立性也越强。这种统计结果也比较符合现实。

（五）总结

目前，我国正处于经济社会转型时期，十八届三中全会报告指出：经济体制改革是全面深化改革的重点，核心问题是处理好政府和市场的关系，使市场在资源配置中起决定性作用。随着经济体制的转变，政府职能转变也在稳步推进，政府由微观管理转向宏观管理，由直接管理转向间接管理。这些转变对行业协会发展产生了深远的影响，行业协会作为承接政府职能转变的重要载体，成为重塑企业、协会、政府三者关系中的重要一环，在市场经济进程中起着越来越重要的作用。

适应体制改革和市场经济的发展，行业协会在未来应该与政府建立起新型的合作伙伴关系，这种关系不是对抗性的，而是对话协商性的。在合作的基础上，通过良性互动产生协同效应，从而共同促进经济效率的提高及共同处理社会问题。且这种合作关系的建立是可行的，因为行业协会与政府具有共同的合作基础。行业协会作为社会中介组织，其宗旨是为企业服务，而企业是营利性组织，目的是经济利益，所以行业协会的最终目的是帮助企业实现它的经济利益。政府是公共事务的管理机构，其目的是促进整个社会的发展，所以企业的利益和行业协会的发展都在政府的利益范围内。企业的利益归根结底也是社会的利益，那么政府与行业协会合作的目的是更好地增加社会利益。另外，行业协会与政府可以进行优势互补，资源共享。行业协会要与政府产生协同效应，就要增强自身能力，不断发展壮大，充分发挥其中介、协调、服务、自律的职能，吸引企业积极入会，增

强行业吸引力。这样，政府也会安心放手授权、委托或转移职能，让行业协会发挥更大的作用和职能[15]。

企业、政府的良好关系来自行业协会的中介和协调，行业协会的中介、沟通和协调能力的增强有利于政府、行业协会、企业协调一致。它们联合行动可以解决行业共同面临的问题，有利于行业协会发挥学习功能，促进产品、产业升级，提高产业的经济绩效，同时可以抑制行业协会的寻租行为。作为政府、企业的中介、枢纽及政府、企业关系的催化剂，行业协会增加了企业之间的联合行动，减少了交易成本和政府对企业的监督成本，使企业能够积极面向国内外市场，努力进行产品、产业升级，提高经济绩效。

不同国家因存在政治、经济、文化等各方面的差异，其行业协会与政府之间的关系也不同。下面重点介绍美国、德国和日本行业协会与政府之间的关系，见表1.9。

表 1.9　美国、德国、日本行业协会与政府之间的关系

模式	与政府之间的关系
美国模式	（1）代表公民参与政府活动
	（2）向公众传达政府意见
	（3）从最早的对抗开始走向协商、合作的关系
德国模式	（1）政府负责协会组织的依法建立
	（2）协会组织向政府反映经济问题、提供咨询及承担行政管理任务和为企业服务
	（3）政府给予协会组织资金支持
日本模式	（1）行业协会受到政府的普遍重视
	（2）政府通过行业协会管理企业
	（3）政府经济计划引导行业协会

虽然三个国家的行业协会与政府之间的关系存在差异，但是它们之间也存在共同点：行业协会等产业中介组织作为代表向政府反映企业或公民意愿，参与政府活动；向企业或公民传达政府意见。所以产业中介组织是服务型、非营利性组织，在政府与企业之间发挥着桥梁、纽带和助手的作用。

五、产业联盟的概念、特征及发展历程

1. 产业联盟的概念及特征

产业联盟是在特定区域的同一行业的企业以某一主导产业为核心，以参股、契约为连接方式，以互相协作、资源整合等为手段，以应对共同的竞争者或将业务推向新市场为目的，而形成的经济组合体[16]。以科学技术为竞争核心的企业，

创新能力成为决定企业生存的关键，各个企业之间技术交流与碰撞加强，研发投入收益或者企业间技术能力互补性促使企业之间结成联盟，产业联盟是对其扩大化、深入化的结果[17]。产业联盟具有以下特征[18]。

第一，产业联盟内各成员企业具有产权独立、跨区域性的特点。产业联盟的成员企业都是独立的经济实体，可以分布在不同的地域范围内并自主经营，这使得它们克服了资源在空间上的局限性，保持了分散资源和知识的优势与灵活性，在更大的空间范围内合理有效配置和使用各种资源，实现优势互补。

第二，产业联盟组织形态呈关联泛边界化。产业联盟内的各成员企业之间，在保持产权独立性的前提下，进行强关联协同；泛边界，意味着产业联盟的边界是动态的和开放的，在联盟内企业的强关联协同下，边界可以跨越多个区域乃至国家甚至更大。这是与地理产业集群的根本区别。

第三，中间组织是联系产业联盟企业的纽带。产业联盟通常跨越多个行政区域，并且各企业均是产权独立，独立经营。因此，需要一个所有企业和组织均认可的中间组织作为纽带，把联盟内企业联系起来，进行强关联协同，使产业联盟形成稳固的关系。这是产业联盟得以实现和运行的关键。

第四，产业联盟内有固定的共同机构。产业联盟有别于地理产业集群和虚拟产业集群的最显著方面就是它内部有固定的共同机构。该机构可以是研发机构，也可以是具有分工性质的专业化机构，通过这些固定的共同机构，用以持续地实现知识溢出效应，以及增强创新能力，提升它们的竞争优势。

2. 产业联盟的发展历程

自 20 世纪 70 年代末起，产业联盟开始在美国、欧洲、日本等发达国家和地区蓬勃发展。据统计，自 1985 年以来，产业联盟组织的年增长率高达 25%。在美国最大的 1000 家企业的收入中，16%来自各种联盟。以美国为例，美国存在严格的反垄断法律体系，对产业联盟具有很大的限制作用。由于全球化的深入和国际竞争的加剧，美国认识到企业合作创新对提升美国经济国际竞争力的重要性，开始借鉴日本合作研发的经验。美国于 1984 年通过了《国家合作研究法》（NCRA），允许企业进行竞争前技术的合作研发；1993 年又通过了《国家合作研究和生产法案》（NCRPA），实际是对之前的法律进行修正并将范围扩展到生产领域。美国于 2004 年又增补了《标准开发组织促进法》（SDOAA），放松了对技术标准制定组织的反托拉斯限制。与此同时，美国政府对部分研发合作产业联盟进行了大力支持。例如，美国政府对半导体技术研发合作产业联盟（SEMATECH）给予了大量资助，并将该合作模式作为政府资助合作研发的模板[19]。

进入 20 世纪 90 年代以来，产业联盟在我国也初见端倪，TD-SCDMA 产业联盟、宽带联盟、WAPI 联盟、闪联等一大批高新技术领域的产业联盟兴起。产业联盟快速发展有着深刻的社会经济背景。

第一，技术进步和全球化推动全球经济结构变化。技术进步和全球化是推动全球经济结构变化的两大引擎。全球经济结构变化表现出如下趋势。

市场层面的变化趋势。随着全球化的深入和信息技术的发展，市场竞争出现两个重要特点：一是本地市场竞争的全球化，即在本地市场上，本土企业要和全球跨国公司直接竞争；二是企业市场的全球化，即原来只在本土市场生存的企业越来越重视国际化经营，以利用国内国外两种资源和两个市场，提高企业竞争力[20]。

产业层面的变化趋势。区域产业集群现象日益突出，推动了产业的全球分工布局；产业链越来越长，产业分工越来越细，产业内部的合作越来越紧密；许多高新技术产业表现出技术和资本密集的特点，创新的投入大、风险高；技术的融合推动产业间的融合，即产业间出现技术共享、业务交叉、产品融合的趋势；技术标准对产业发展和企业竞争的影响越来越大。

企业层面的变化趋势。企业为应对全球化和产业结构的变化，在战略上越来越专注于核心竞争力，在业务上不断重组以提高公司的效率；企业的专业化发展趋势使得企业日益依赖整个产业的发展环境，并在战略上表现出越来越强的外部化特征。

科技创新层面的变化趋势。基础研究、应用研究和产品研究之间的关系越来越密切，并且相互之间的转换周期越来越短，产、学、研之间的合作日益重要；发达国家推动建立全球知识产权保护制度，知识产权的竞争成为企业竞争乃至国家竞争的重要内容。

第二，经济结构变化导致产业共性问题日益突出。全球经济结构的变化导致产业共性问题日益突出，即单个企业的发展越来越依赖整个产业的发展水平和产业的发展环境。产业共性问题主要表现在以下几个方面。

（1）共性技术的研发。全球化促使企业和政府重视联合研发共性技术。市场开放前，国内企业在共性技术上的竞争有利于产业技术进步。市场开放后，国内企业在共性技术上的重复投入可能降低产业的国际竞争力，国际竞争促使各国开始重视联合研发共性技术。一些国家将共性技术研发作为产业政策（技术政策）的重要内容。另外，技术进步的加快也促使企业重视联合研发共性技术以降低创新不确定性带来的风险。

（2）技术标准的制定。根据国际标准化组织（ISO）的定义，技术标准指"一种或一系列具有强制性要求或指导性功能，内容含有细节性技术要求和有关技术方案的文件，其目的是让相关的产品或者服务达到一定的安全标准或者进入市场的要求"。技术标准本身是公共产品，但是部分技术标准特别是信息产业的技术标准包含了大量知识产权，成为产业竞争的重要武器。技术标准涉及复杂的利益关系，其在形成过程中需要经过利益相关者的充分协商。

（3）产业链配套。产业链配套指产业内企业通过产品上下游合作，共同为用户提供产品或服务。由于产业分工越来越细，专业技术越来越高，技术投资越来越大，单个企业没有力量完成整个产业链投资。产业链配套是发展中国家产业追赶过程中的常见问题，因为发达国家已经主导了产业链的发展，发展中国家企业的创新产品必须与发达国家的成熟技术竞争，产品链相关企业投资的信心常常不足。

（4）中小企业的市场门槛。中小企业的市场门槛指中小企业参与市场竞争获得生存的基本条件，包括企业是否达到必要的经济规模以完成规模采购或实现规模经济的生产或服务，企业是否具有必要的市场能力，等等。本地市场竞争的全球化压缩了本地中小企业的生存空间，境外市场的潜力也为本土中小企业的发展提供了巨大机遇。应对挑战和机遇的关键是中小企业能否跨越起码的市场门槛。

（5）新技术产业相关的社会规则。产业发展的社会规则指新技术产业发展相关的社会规则，包括法律、法规和政府政策等。这些社会规则阻碍或促进产品的市场需求，是产业发展的基础条件。例如，只有国家制定了环境保护方面的法规或政策，社会组织和个人才会增加环境保护方面的投资，环境保护产业才能够发展起来。产业共性问题对产业联盟产生了客观需求。由于单个企业缺乏解决产业共性问题的积极性或能力，产业共性问题只能由政府出面解决，或者由企业组成产业联盟来解决。政府政策与产业联盟相结合是不可阻挡的发展趋势，即政府通过支持产业联盟的发展来促进产业创新。产业联盟是市场导向的组织，其效率比政府直接干预要高。

第三，政府政策的调整促进了产业联盟的兴起。在全球化背景下，许多国家政府对产业联盟产生了新的认识。一方面，经济全球化弱化了政府对市场垄断的担忧。由于全球产业竞争的加剧，政府开始重新划定市场垄断中"相关市场"的范围，市场范围的扩大促使政府放松了对合作创新的垄断管制，产业联盟的发展限制条件大幅减少。另一方面，经济全球化促使政府更加关注本国产业的国际竞争力。政府从提高本国产业竞争力的角度出发重视支持产业联盟，以解决产业发展的共性问题，特别是产业创新中的共性问题。

目前，产业联盟已然成为一种重要的产业组织形式，对产业发展、企业成长，特别是高新技术企业的快速成长具有重要意义。发展产业联盟的好处十分显著，产业联盟通过其特有的组织形态合理有效配置与使用不同区域企业要素和资源，突破区域经济有形边界，在更大的范围内形成一个优势互补、能力最大化的集体，并使其自身具有更强的抗风险能力和创新能力，它既保持了成员企业的独立性，又保持了成员企业行为的协调性，使约束性与灵活性、竞争与合作达到均衡，进入一种新的更高的有序状态。特别是相对于企业并购等模式，产业联盟能以较低的风险实现较大范围的资源调配，避免了兼并收购中可能耗时数月乃至数年的整合过程，从而成为企业优势互补、拓展发展空间、提高产业或行业竞争力、实现超常规发展的重要手段。

六、相关组织比较

按照我国现行的法律法规和体制，企业、企业联盟、产业联盟、行业协会等，在主体、隶属关系、管理方式等方面存在区别，同时在开放的社会经济结构中又互相联系，各自发挥不同的作用。企业作为社会经济的细胞，是整个经济结构的基础，特别是在市场经济条件下，完善的法人治理结构是市场管理的基础。企业联盟扩大了单个经济细胞的范围，扩大了生产、销售、科研、信息资源的整合；而产业联盟由某一产业的主要骨干企业组成，具有产业链上的高度集中性；行业协会的职能则是作为政府与企业之间的联系和纽带发挥作用，开展行业调研，向政府及其部门反映行业、会员诉求，提出行业发展和立法等方面的意见和建议，参与相关法律法规、宏观调控和产业政策的研究制定，参与制定、修订行业标准和行业发展规划，完善行业管理等[21]。它们的性质、特点、组成、法律规章、管理存续时间等如表 1.10 所示。

表 1.10　企业、企业联盟、产业联盟及行业协会之间的比较

项目	企业	企业联盟	产业联盟	行业协会
性质	独立核算的法人经济组织	契约型组织	契约型组织	法人团体
特点	以资本为纽带，以盈利为目的，独立经营、自负盈亏	无资本纽带、互利合作、共谋发展		行业自律性组织，不以盈利为目的
组成	独立人财物、产供销、独立品牌、商誉	由若干企业自愿组成	由政府、科研企业、中介自愿组成	由同行业企业、事业单位、中介组成
法律规章	《中华人民共和国公司法》等法律法规	联盟章程	联盟章程	《国务院办公厅关于加快推进行业协会商会改革和发展的若干意见》（国办发〔2007〕36 号）
管理	工商注册登记，税务、环保等政府部门管理	联盟章程	联盟章程	协会章程、民政部门注册登记
存续时间	长期	定期，完成特定使命后解散或转型	定期，完成特定使命后解散	长期

1. 行业协会与产业联盟的比较

行业协会与产业联盟的区别主要体现在性质、特点、组成、管理和存续时间上。性质和特点方面：行业协会是行业内的自律性组织，不以营利为目的，而产业联盟是成员间进行互利合作、共谋发展、以营利为目的的组织。组成方面：行业协会是由特定区域内同行业企业、事业单位、中介组成的，而产业联盟是由政府、科研企业、中介自愿组成的。管理方面：产业联盟严格按照联盟章程进行管理，而行业协会除了接受协会章程的管理外，还要接受民政部门的管理。存续时间方面：行业协会可以长期存在，产业联盟待完成使命后解散，存续时间定期。

总之，行业协会和产业联盟的本质区别在于：行业协会更多是横向的，基本上是同一行业内的企业合起来组织的一个联盟，它关注并协调解决的是政策相关及企业之间存在的共性问题；而产业联盟更多的是解决企业在技术创新中的问题，促进国家创新体系建设，并支持行业内企业与高等院校在研发关键技术、联合培养人才、共享科技成果等领域开展合作[22]。

行业协会的成立分两个阶段：筹备成立阶段，组织登记管理机关审查行业协会发起人申报材料的真实性，批准是否成立；成立阶段，经登记管理机关批准筹备成立的社会团体，自批准之日起 6 个月内召开会员大会或会员代表大会，通过章程，产生执行机构、负责人和法定代表人，向登记管理机关申请成立登记[23]。

产业联盟的成立：产业联盟是企业共同投入资源解决产业共性问题的有效工具，是企业成员之间资源共享的一种渠道，主要是技术方面资源的共享。

2. 产业联盟与企业联盟的比较

由表 1.10 可知，产业联盟与企业联盟（或企业战略联盟）有很大的相似性，它们都具有为了特定的战略目标而建立起来的定期合作关系，两者的法律形式和内部管理完全相同，均为契约型组织，在法律规章及管理方面都要按照联盟章程进行。两者之间的差异主要体现在以下两方面：在组成上，企业联盟是由若干企业自愿组成的，而产业联盟是由政府、科研企业及中介自愿组成的；在存续时间上，企业联盟是定期的，即完成特定使命后解散或转型，产业联盟也是定期的，但完成特定使命后解散无转型。

七、行业协会与产业联盟的主要形式

1. 行业协会的主要形式

（1）按照行业协会的活动区域和活动范围划分，可以分为全国性、区域性和地方性行业协会。

其一，全国性行业协会。全国性行业协会的服务对象覆盖全国，其提供的公共物品外部性很强，一般代表着全国某一行业的利益。全国性行业协会的登记管理机关为民政部，办公场所一般在北京，如中国橡胶工业协会、中国机械工业联合会、中国煤炭工业协会、中国企业联合会、中国钢铁工业协会、中国石油和化学工业联合会、中国汽车工业协会、中国质量协会、中国商业联合会、中国物流与采购联合会、中国轻工业联合会、中国工业经济联合会等均在北京办公。但是也有个别全国性行业协会虽在民政部注册，但是其办公场所不在北京，如中国电子音响工业协会是全国性行业协会，它的办公场所在上海。

其二，区域性行业协会。区域性行业协会是指行业协会的服务群体覆盖了特定区域，在这一区域内的会员企业可以共享信息、共享人才，为整个区域内的会员企业提供服务。例如，上海长三角非织造材料工业协会是第一个以"长三角"命名的区域性行业协会。"非织造"是一种有别于传统纺织技术的新型纤维制造技术，长三角地区是我国非织造材料研发生产的重要基地，拥有近千家企业，正在形成多个产业集群。但这些企业以往缺乏组织和信息指引，没有完整的技术标准，无序竞争、低水平重复建设问题日益严重，造成企业产能提升，效益却下降的结果，行业发展受到了严重的束缚。在行业内企业的一致呼吁下，江苏、浙江、上海三地的社团登记部门几经协商，最后达成共识，同意将上海非织造材料工业协会更名为"上海长三角非织造材料工业协会"，协会的工作范围扩大到长三角区域。通过这一协会，长三角市政行业关键岗位资格证书可以实现互认。原来，江苏、浙江的市政企业如果到上海施工，一些关键岗位的技术人员持有当地证书，上海是不承认的，必须对他们进行重新培训、重新考核，发放上海证书后才能上岗；反之亦然。这给长三角市政企业异地作业带来极大的麻烦[24]。为此，两省一市市政工程行业协会就协商采取证书互认的办法，为企业提供了极大的方便。另外，进行水平和垂直协调。纸箱企业上游的造纸厂不断提价，几乎一月一变，而下游的纸箱企业受到双重挤压，利润微薄，有的面临倒闭。在这个节骨眼上，如果纸箱企业再不联合起来，对一些不合理涨价进行抵制，整个行业就将陷入危机。浙江省包装技术协会会长认为以前碰到这种事情总是无法形成合力，企业间互相抢业务，乱杀价，使行业内耗非常大。现在，长三角企业通过行业协会联动互通信息，就能及时商量对策，保证整个行业的基本利益[25]。

建立跨区域的长三角企业行业协会，可协调长三角区域内的竞争机制，通过自治和自律的方式规范企业，倡导企业间的良性竞争，达到全区域内行业资源的优化配置。另外，由行业协会承担区域行业内相关标准、资格认证和质量检测方面的统一制定和执行工作，比政府部门间合作的效率要高得多，成本也低得多。

其三，地方性行业协会。地方性行业协会一般包括三类：一是由地方各级政府原行业主管部门转制而来的半官半民性的行业协会；二是由乡镇集体和私营企业自愿组织起来的地域性很强的行业协会；三是已经实行了"跨所有制、跨行业、跨地区"即"三跨"整合的行业协会[26]。冷明权和张智勇则根据会员数目多少与支配性会员的有无,将行业协会分为三种类型,即小集团型行业协会、寡头型行业协会与大集团型行业协会,并分析了会员结构和政策游说功能之间的关系。

(2)按职能进行划分,可以将行业协会分为综合性协会和行业性或部门协会。

其一,综合性协会。综合性协会大多冠名为联合会,它们较少像处于具体行业的协会一样为会员提供技术支持、人员培训等实际服务。综合性协会一般从事的活动比较宏观,如举办大型论坛、搭建交流平台,使政府、企业、协会、学界、社会进行交流;研发一些经济指数,反映行业经济或者国家的宏观经济运行情况;或者建立反映产业运行情况的数据库,为会员企业服务。由于综合性协会很多是全国性行业协会,所以它们在国际经济贸易交往中,常常代表中国特定行业的企业,并较其他类型协会开展的国际交往更为频繁,成为促进国际行业协会、企业之间交流的友好使者。

此外,作为综合性协会的联合会不仅包括企业等经济组织,还可能包括一些社会团体,可能具有为数不少的协会会员。在中国,全国性的行业协会除了企业会员之外,还有协会作为它们的会员。

其二,行业性或部门协会。这是指处于某个特定产业(也可能是跨产业)的专门协会。它们一般为本协会的企业从事比较具体的实际服务,如举办展销会、展览会、培训等,它们的职能相对微观和具体。

(3)按照协会生成途径划分,可以分为体制外途径生成的行业协会、体制内途径生成的行业协会、体制内外结合型的行业协会、法律授权产生的行业协会[27]。

其一,体制外途径生成的行业协会。由行业内企业自发自愿组建并根据《社会团体登记管理条例》取得社团法人资格的民办协会,如温州烟具协会、眼镜商会等。

其二,体制内途径生成的行业协会。通过分解和剥离行业主管部门,自上而下培育的行业协会。它们是直接由原来的行政机关改造而成的行业协会,如中国轻工业联合会等。

其三,体制内外结合型的行业协会。在政府的直接倡导和大力培育下,由行业内成员自愿加入组成的行业协会。

其四,法律授权产生的行业协会。通过立法途径产生或事后确认的行业(职业)协会,如律师协会、证券业协会、保险业协会等。

由于发展的途径和合法性结构不同,这些行业协会在其合法性获得的程序、协会领导人的产生、协会经费的来源、实现协会功能的组织等方面都各不相同[28]。

(4)按照政府与协会关系划分,可以根据资金运作和组织决策独立性等特征,来衡量协会与政府关系的紧密程度，把协会分为官办协会、半官半民协会、民办协会。

其一，官办协会。官办协会是由政府直接设立的行业协会，一般由原来的行政机关改造而成。这些协会能够获得部门委托的管理职能，有足够的办公经费和固定场所。它们的资金和组织决策均在一定程度上依赖政府。当然，随着市场经济体制和政会分开改革的推进，这些官办协会的资金运作独立性和组织决策独立性也在慢慢地增强。

其二，半官半民协会。这些协会是半官半民的社会组织，一般由政府发起或推动与社会自发相结合而产生。例如，深圳市最早建立的一批行业协会，当初市政府给予了46个事业编制及相应工资、办公经费，扶持这些协会成长和发展。这类协会或者在资金运作方面依赖政府，或者在组织决策上受到政府的影响。

其三，民办协会。民办协会主要由社会自发产生，它随着市场经济发展自发产生，其资金运作和组织决策独立性最强。

2. 产业联盟的主要形式

产业联盟的实践形式主要有研发合作产业联盟、产业链合作产业联盟、市场合作产业联盟、技术标准产业联盟等。

（1）研发合作产业联盟。研发合作产业联盟是创新中常用的企业间组织，其目标是解决产业共性技术问题。研发合作产业联盟在企业创新中的具体作用为：

一是降低研发成本，分担研发风险。技术研发的投入越来越高，不确定性越来越大，单个企业难以独自承担研发的成本和风险。

二是研发资源互补。技术的融合趋势和企业的专业化趋势要求产、学、研之间加强研发合作，通过资源互补共同完成创新。

三是共同学习。企业越来越重视学习，共同学习包括共同学习国外先进技术、联盟成员间相互学习彼此特长两个方面。

四是缩短研发周期。竞争的全球化要求企业不断缩短技术研发周期，通过产品研发占得市场先机，研发合作产业联盟集中产业力量加快了成员企业进入市场的速度。典型的案例是日本和美国在半导体产业竞争中采用的研发合作产业联盟方式。1976～1979年，日本政府支持富士通、日立、三菱机电、日本电气和东芝5家主要的日本半导体公司组成超大规模集成电路技术研发合作产业联盟（VLSI consortium），帮助日本企业在20世纪80年代实现技术赶超。1987年，在美国政府支持下由IBM、TI、Lucent（AT&T）、Digital Semiconductor、Intel、Motorola、AMD、LSI Logic、National Semiconductor、Harris Semiconductor、Rockwell、Micron Technology和HP共计13个主要半导体公司组建SEMATECH，帮助美国半导体企业重新回到了世界第一的竞争地位。

（2）产业链合作产业联盟。产业链合作产业联盟的目标是打造有竞争力的产业链，它在创新中的具体作用是促进创新产品尽快形成有竞争力的产业链。创新产品在市场的竞争力依赖于整个产业链的竞争力，即创新产品需要获得上下游的产品配套，并且配套产品要有市场竞争力。创新产品的产业链往往难以依靠市场机制快速形成，它需要依靠产业链合作产业联盟企业间的合作而形成。例如，中国企业提出了第三代移动通信技术标准 TD-SCDMA 之后，其商业化过程就面临产业链的协调发展问题。移动通信技术标准的商业化要求整个系统同步推进：芯片、系统设备、终端、应用、测试设备等任何一个环节的滞后都会阻碍商业化步伐。在政府有关部门的支持下，国内企业组建了 TD-SCDMA 产业联盟，有力地促进了 TD-SCDMA 创新的商业化。

（3）市场合作产业联盟。市场合作产业联盟的目标是共同开发市场，它在创新中的具体作用表现为以下几个方面。

一是联合开拓创新产品的用户市场。由于单个企业不愿独立承担创新产品的市场启动成本，或者创新企业缺乏独立开拓市场的实力，需要通过产业联盟共同开拓创新产品的市场。

二是通过联合采购的方式降低创新产品的成本。中小企业在创新产品发展初期难以达到规模经济，而联合采购是其降低采购成本的重要手段。

三是通过共享基础设施降低创新成本。企业创新需要共享一些基础设施，包括实验设备、检测设备、数据库等，以降低创新的成本。有些共享设施可以由市场提供，但有些共享设施由于专用性强，市场难以提供，这时依靠产业联盟是较好的解决方式。

四是通过网络互联实现需求方规模经济。有些创新产品具有很强的网络特性，创新企业之间实现网络互联可以提高消费者福利，从而加快创新产品的市场化步伐。例如，中关村科技园内聚集了大量的创新型中小企业。在政府部门的扶持下，它们组成了市场合作产业联盟，如长风开放标准平台软件联盟（简称长风联盟）、中国软件出口联盟、国家下一代互联网产业技术创新战略联盟、医疗器械联盟、生物医药外包联盟等。这些联盟降低了创新型中小企业进入市场的门槛，提高了园区内创新型中小企业创新的成功率。

（4）技术标准产业联盟。技术标准产业联盟的目标是制定产业技术标准，它在创新中的具体作用是通过技术标准实现创新技术的商业化。技术标准本身具有公共产品特性，但是部分技术标准包含了大量创新技术及相关知识产权，这类技术标准关系到巨大的商业利益，成为企业积极争夺的对象。通过技术标准产业联盟制定竞争性技术标准，有利于新技术应用，有利于整个产业的发展，也有利于保护消费者利益。

闪联标准是中国企业主导制定的技术标准。国内电子信息龙头企业联想、

TCL、海信、康佳、长城、长虹、创维等领导成立了闪联技术标准产业联盟，该联盟制定了闪联标准，并领导闪联标准的发展升级。闪联标准 V1.0 版本包含了 204 项发明专利，全部为闪联技术标准产业联盟企业所拥有。2005 年，闪联标准已经成为国家行业推荐标准。2006 年 7 月，ISO/IEC 通过表决正式接纳闪联标准为候选技术标准，打破了中国在该技术领域中十几年没有提案被 ISO/IEC 采纳的僵局，是我国电子信息技术标准国际化的又一重要突破。闪联技术标准产业联盟是开放式组织，不仅整合了国内的企业资源，也正在积极寻求利用国际资源，以提高闪联标准的全球竞争力。

不同类型产业联盟存在以下差异，详见表 1.11。

表 1.11　不同类型产业联盟之间的比较

比较项目	研发合作产业联盟	技术标准产业联盟	产业链合作产业联盟	市场合作产业联盟
主要目标	共同合作研发产业共性技术	共同制定产业技术标准	完善产业链上成员企业间的分工合作	共同开发产品市场
基本特征	企业多边参与和以研发产业共性技术为目标	存在着巨大的商业利益，成为行业内各大企业积极争夺的对象	以产业链的纵向企业为合作基础	产业中横向企业合作形成的联盟
对企业成员的作用	（1）实现企业成员之间研发资源互补 （2）降低、分担企业成员研发成本和研发风险 （3）缩短产品研发期	（1）联合行业内的龙头企业，形成强大的技术力量，共同推动创新技术标准的产业化 （2）联合行业内技术领先的企业，把先进技术应用到技术标准中，为市场提供更多、更好的产品和服务	由官产学研组成的产业链联盟，有政府的支持和龙头企业的承诺，能够提高产业链中配套企业的投资信心，促进有竞争优势的产业链快速形成	（1）通过共同使用高成本的基础设施降低生产成本 （2）通过联合采购原材料，降低产品生产成本 （3）联合开拓创新产品市场

目前，构建产业联盟要走出一个误区，其目的应从分担风险、降低成本逐步转向提升创新能力。产业联盟无疑是企业分担技术创新风险、降低研发成本的一条有效途径，但若仅从这一角度考虑产业联盟，合作结束后各方自身的创新能力可能仍未提高。应通过构建产业联盟，使企业间的资源进行水平式双向或多向流动，进而提高合作方的创新能力。尤其是在目前产业分工越来越细的情况下，全球产业结构变化的重要趋势呈现为产业的全球布局和产业集群现象日益显著，单个企业的单一产品及业务应用等很难在市场上取得成功，要创新就必须打造产业链[29]。

然而，仅仅依靠市场机制难以快速形成新型产业链，产业链合作产业联盟则可以通过合作较快地促进产业链的演进与形成，通过构建多渠道、多层次、多角度网络式联盟，实现由小范围联盟向网络化的产业链联盟转变。

　　与此同时，产业联盟的战略目标也应由区域化转向全球化。这里所指的全球化不仅意味着把区域性的技术合作推向全球性的技术联盟，而且意味着使合作后的产品由仅满足区域内消费者的需求，转向满足全球消费者的需求，即把市场推向全球化[30]。从长远来看，只有与区域外具有较强互补性或较强实力的企业进行联合，才能争取同质产品在时间上的优势，从而进一步占据全球消费市场。

第二章 国外发达国家或地区产业中介组织发展概况

第一节 美国、德国、日本行业协会发展情况

一、美国行业协会发展情况

1. 美国社会中介组织的类型及特点

在美国，起社会中介作用的主要是利益集团。美国的利益集团十分发达，不仅数量多，而且种类多。据不完全统计，截至 2012 年，美国有 22 600 多个这样的集团组织。各社会阶层、各经济领域都有自己的全国性和地方性利益集团。此外，还有不少维护社会公共利益，为解决特定问题而成立的单一集团组织。

在美国，起社会中介作用的利益集团大致可以划分为六种类型，即企业家和劳工利益集团、职业及行业利益集团、传统的单一问题集团、公共利益集团、意识形态及宗教利益集团和按公法建立的政治实体利益集团[31]。前三种类型是在 19 世纪就已形成的，而后三种类型大多是在近三四十年内，于扩大社会福利和公民参政议政过程中形成的。在此，我们把与政府经济管理有密切关系的一些典型的社会中介组织利益集团做一简单描述。

（1）企业家集团。企业家集团主要包括美国商会、全国制造商协会、企业圆桌会议及小企业和独立企业协会理事会等。

（2）劳工集团组织。由 106 个不同行业性工会组成的、拥有 1400 万名会员的美国劳工联合会是美国唯一的全国性、综合性劳工集团组织。

（3）农业集团组织。农业集团组织主要包括美国农业社联合会和全国农场主联合会。其中，美国农业社联合会是美国最大的农业集团组织，代表美国农业各行业的利益。

（4）外国利益集团组织。外国政府和企业常常聘用美国机构或美国人为它们从事院外活动，这就形成了外国利益集团组织。

（5）消费者保护协会。消费者保护协会主要包括纳德组织和美国消费者联合会。而纳德组织是美国最有影响力的消费者保护协会。

美国社会中介组织具有以下特点。

一是社会中介组织结构的分散性。在美国，不仅全国性的组织少，而且只把一小部分潜在的成员纳入自己的组织中。例如，美国工会成员只占到全部就业职

工的 20%。美国的工商组织也占全部工商业的同样比例。美国社会中介组织的结构呈分散性的原因是：从历史上看，美国不曾有过作为今天社会中介组织前身的封建行会，缺少封建社会具有的社会互助传统；从经济体制政策看，美国建国以来一直推行自由主义经济体制，强调在没有国家干预的市场中自由竞争，而不强调合作，因此，美国缺少促使国家推行经济干预和与企业合作的外部动力，企业不需要联合要求政府采取关税保护措施；从社会结构和发展看，美国工人运动的力量一直不是很强大，而且美国是一个多种族和多民族的国家，种族和民族的隔离阻碍了社会组织向统一的方向发展。

二是社会中介组织更多地显示出"压力"集团的性质。在美国，社会中介组织的影响主要集中在国会的院外活动和对行政部门的人事上，以及行政立法方面。这种影响方式的透明度较小，而且，似乎国家对社会中介组织的影响小于社会中介组织对国家的影响，国家与社会中介组织的协调、协商、合作少，社会中介组织对国会和行政部门施加的压力大。这些社会利益集团更多地显示了"压力"集团的性质，而较少地显示了"中介"组织的性质。

在美国，对社会中介组织加强控制的努力主要集中在影响院外活动上。1946年，国会针对院外集团和议员之间的各种受贿活动制定了《联邦院外活动管理法》。最高法院对此做了解释：一是它只适用于那些以影响国会立法为主要目的的个人和组织；二是它只包括替别人进行院外活动而索取、募集或接受金钱和其他馈赠的院外活动人员；三是院外活动只是指为了影响协议中的立法而直接同议员交往的活动。但是，这个规定和最高法院的解释存在许多漏洞，院外活动中的违法行为不断发生，国会只能加强调查。20 世纪 70 年代的两届国会所进行的制定新法律的努力都遭到失败，但在选举、竞选和公职人员的道德准则等方面陆续制定了一些新规定，在一定程度上加强了对院外活动的管理。

2. 美国行业协会的发展历史

早在 18 世纪 80 年代初，美国就出现了像手工业同业公会性质的行业协会的雏形，但行业协会真正形成一定规模，并开始对社会发挥重要作用是从 1853 年开始的。

美国行业协会的发展历史自此可划分为四个阶段：1853～1890 年，行业协会的活动主要集中在限制竞争方面，其组织结构松散，生命周期短，往往是一些企业迫于行业竞争压力临时成立的防卫性组织；1890～1917 年，行业协会从事限制竞争的活动被美国政府所禁止，协会开始发掘对会员的商业服务功能，如行业培训、提供信息等功能；1917～1935 年是美国行业协会显著发展时期，在第一次世界大战背景下，政府希望通过行业协会来实现对市场的有效组织，并要求行业协会实现行业自律，行业协会的作用、地位随之变得空前重要；1935 年至今为稳定发展时期，行业协会逐步转变为市场驱动型发展模式，将其活动范围扩展到行业标准制定、行业数据统计、市场研究、市场开拓、教育培训等多领域，在美国市场经济运行中发挥着不可或缺的作用。

3. 美国行业协会的主要特点

美国行业协会是以服务为宗旨，在设立、管理与活动等方面均自主独立的民间团体组织，企业及个体工商户可自愿选择是否加入协会。不同行业协会的特色也不尽相同，但总体来说，有以下四个方面的突出特征。

（1）发展环境较为宽松。美国政府一直致力于为行业协会营造一个宽松的发展环境，很少以成文法律的形式对协会的构建、组织、运行等方面进行明确规范。比如，对行业协会即使从事与本行业企业相同的业务也不会进行干涉，专家们大都认为没有必要对行业协会的经营活动加以规定，因为行业协会若损害了企业的利益，自然会因会员的背离而被淘汰。在注册程序上，行业协会与普通公司只有一项不同，即需申明注册的是营利还是非营利组织。美国行业协会绝大多数是非营利组织，极少数协会是以公司形式经营的[32]。政府日常管制主要有两方面：一是税务部门的常规性财务审计；二是对参与政治活动（如立法和选举）的经费监管。不过，对于某些弱势行业，政府会对协会的建立和运转等方面提供帮助，促使其行业领域进行有序化和系统化的发展。

（2）民间性质，独立自主。"小政府、大社会"在美国被广泛认同，政府对社会的干涉越少，行业协会的发展空间就越大。美国的协会组织都是由参加者自愿组织起来的，属于民间性质，不需要政府授权，因此与政府之间不存在隶属关系，也无须遵从统一的组织构架模式，在设立、管理、运营等方面享有充分的自主决策权，其协会的领导团体一般是由全体会员选出的理事担任，理事们按照协会章程开展工作。例如，美国农业行业协会就是业内企业为追求共同利益而自发组建的一个全国性组织，旨在通过集体力量为行业成员服务。

美国行业协会的经费来源主要是会员缴纳的会费，属于自筹模式。其缴纳标准通常由全体会员或理事会根据共同讨论磋商的预算决定，以支定收。其中，非营利性行业协会会员缴纳非政治用途的会费、捐助可抵免相应税收。同时，行业协会的一部分人也可以通过承办政府项目或为企业等其他团体提供服务获得经费。

（3）规模庞大，竞争激烈。据统计，美国现有10万多个行业性质的协会组织，涉及经济、社会领域等方方面面，可谓数量众多、规模庞大。这些协会在一个完全市场化的环境中竞争，基本上没有政府干预，遇到矛盾和纠纷也主要是靠沟通和协调的方式来解决，但是会有专门的民间机构对行业协会进行监督。竞争，有利于行业协会不断自我完善，提高服务质量。一旦某个行业协会不能为其会员提供较好的服务，换言之，不能很好地满足市场的需求，市场自然会激发其他行业协会取而代之。市场的压力迫使行业协会的经营者非常努力地提高服务质量。服务质量提高了，协会的吸引力和影响力也会随之提升，协会也就自然能够发展壮大。

（4）与政府互动，参与政治活动。美国行业协会同议会及政府是一种相互需求、相互协作的关系，旨在共同推动行业进步及社会发展。因此，行业协会作为会员利益的代表，十分注重与议会及政府的沟通与交流，积极参与以立法为核心的各项政治活动，从而协调政府与企业的关系，促进政企合作。同时，政府和议会也需要行业组织充分反映情况，传递行业信息，为其立法和行政管理提供相应依据，分担行业管理职能。例如，《美国法典》规定，美国农业部部长在制定重大决策时，必须召开听证会，听取有关农业行业协会的报告，报告的内容包括稳定市场价格、改善市场环境、调整市场和产品结构等方面[33]。

4. 美国行业协会的主要职能

（1）服务企业发展。美国行业协会一方面重视通过开展技术援助、技术培训、会展等项目帮助企业改善经营；另一方面为会员企业或组织提供管理咨询服务，对企业经营管理中遇到的问题进行调查研究。同时，行业协会能够建立强大的信息平台，提供市场、技术、社会和政治情报等信息，并且组织举办论坛、会议，开展国际经济交流等活动。比如，美国商会设立了一个为小企业服务的中心。中心的工作人员通过传播媒介，向国外、政府主管部门和公众介绍小企业发展的状况，向公众、政府和新闻媒体提供所需的有关资料。这个中心还同地方商会和美国商会派驻各地区的人员合作，就小企业关心的问题，如出口贸易、政治活动等，举行全国性的讨论会和座谈会[34]。

（2）行业自律。行业协会的自律作用是市场经济得以有序运行的一个重要因素，其自律基础是诚信、互利及彼此信赖，而不是单单依靠对会员的制裁手段。事实上，美国政府对绝大多数行业自律情况是寄予充分信任的，只有涉及卫生、安全等行业领域，才会通过法规的形式加强政府管理，或者当事实证明行业自律确实无法保证正常的行业秩序时，政府才会加以干涉。美国行业协会实现行业自律有许多非强制性的方式。比如，通过仲裁手段解决业内出现的纠纷；通过行业统计、市场分析来帮助企业避免无序竞争，减少社会资源的浪费；通过对企业资质的认可、对产品质量的鉴定，向社会推荐企业、产品，构建社会诚信体系。这些无疑都是极其有效的行业自律手段，也产生了良好的社会效益。

（3）参与立法、司法活动。美国行业协会在立法方面的行动，主要是对公众政策、法律的制定和结果产生影响，行业协会组织代表经常在国会作证并进行院外游说，经常与国会议员、政府官员商讨有关法律、公众政策。美国行业协会还组织力量从事经济研究、教育，研讨重大经济政策的有关问题，向会员和其他组织提供政策性研究报告。在司法活动方面，美国行业协会通过其下属诉讼服务中心，在联邦法院和立法机构中，代表美国商会表达有关公众政策性的立场。

（4）沟通与协调。作为联系立法机构、政府、公众与会员的桥梁和纽带，美国行业协会十分讲究沟通与协调的艺术，及时传递双方信息和需求，调解摩擦与纠纷，做好互动与交流。对内，美国行业协会注重规范会员彼此间的竞争行为，保障会员权益，营造一个公平、和谐的市场秩序；对外，行业协会注重协调会员与政府、会员与公众、会员与其他社会团体之间的关系，提升行业形象，对政府权力进行一定程度的制约。比如，行业协会向政府提供本行业发展趋势报告，负责贸易保护、市场损害调查和协调贸易纠纷；代表本行业向政府反映情况，提出行业经济政策和制定行业标准。此外，在协调行业与公众关系方面，行业协会主要是进行市场推广、扩大市场份额和提高目标消费群体的认知度。

二、德国行业协会的发展情况

1. 德国社会中介组织的类型

在德国，起社会中介作用的社会组织中，很多是在19世纪德国还处于诸侯割据的状况下，随着工商自由政策的实施和工业化进程的加快逐步形成的相对统一的社会中介组织的前身组织。20世纪60年代中期，由于德国遇到了第二次世界大战后第一次经济危机，国家干预加强，当时的大联合政府又重新发现了各种社会协会组织的社会中介作用，主张推行社会协会和政府一起参与的"集中行动"，推行政府和社会合作的宏观经济管理模式。在新凯恩斯学派影响经济行政管理模式的今天，德国更是注重发挥这些社会协会组织的社会中介作用。目前，德国有30多万个协会，而在德国国会登记的协会有1000个左右，但并不是所有的协会都有同样的影响力。这些协会组织主要分布在五大领域，即经济、社会、政治、文化科学和区域行政领域。

（1）企业家协会。德国的企业家协会主要由德国工商大会、德国联邦雇主协会、德国联邦工业联合会、德国工商经济共同委员会和德国手工业协会等构成。

（2）劳工集团。劳工集团主要包括德国工会联合会、德国职员工会和职业协会等社会协会组织。

（3）农业团体。德国虽然是一个工业国家，但是也有农业社会团体，这就是德国农民联合会。它代表了农业企业及约70万农户的利益，参与制定、执行和促进农林牧副渔方面的经济、税收、社会和教育政策过程中的活动方案，对这些领域内的各种问题提出建议、发表看法。

（4）消费者保护协会。消费者保护协会主要由消费者协会联合会和商品检验基金会构成。

2. 工商会的业务职能

德国的社会中介组织主要是分布在各地的工商会。作为非官方性质的企业议会组织，工商会起着帮助和保护企业的作用，并以企业代言人的身份加强企业与政府间的联系。它的主要职能具体包括以下几个方面。

（1）积极反映会员企业的意见、建议和要求。在一些比较大的企业内部，都设有工商会的派出机构，工商会通过这些机构了解企业情况。

（2）积极支持企业发展，提供信息和咨询服务。例如，出面与银行协调，帮助企业取得低息贷款；帮助企业开辟国际市场，为企业产品出口提供服务；为企业提供各类经济信息；为新建企业提供咨询报务，进行可行性研究等。

（3）负责指导企业抓好工人职业技能培训。工商会对工人的职业技能培训非常重视，特别是青年工人的岗前培训。但工商会并不直接举办培训班，而是向企业提供培训要求和计划，再由企业或其他培训机构组织培训[35]。

3. 德国社会中介组织的特点

（1）社会中介组织结构的集中性。德国的社会中介组织具有集中性、统一性和覆盖面广的特点。例如，德国联邦雇主协会成员占全部雇主的80%，德国工业联盟成员占全部工业企业的90%，而工会成员占全部就业职工的39%。德国社会中介组织之所以呈现这种特点，主要有以下几个方面的原因。

从历史上看，德国有相当多的社会中介组织的前身是当时君主立宪时期由国家强制推行的封建行会，而且这种封建行会具有社会互助的传统。

从经济体制政策看，一方面，德国是欧洲后起的工业国家，从一开始就面临国家竞争，所以企业有联合的需要及具有与政府合作和得到政府支持的必要。而另一方面，在工业化刚起步时期的君主立宪制政府推行了国家干预的经济政策，强调与企业进行合作。

从社会结构和发展看，德国的工人运动蓬勃发展，而且德国不存在美国所面临的种族和民族问题，从而有利于社会组织向统一的方向发展。

（2）社会中介组织更多地显示出"中介"组织的性质。在德国，由于基本法强调议员不受任何组织指示的规定和选举法关于议员候选人提名程序的规定，在很大程度上排除了社会中介组织通过院外活动去影响议会的必要性和可能性，从而使得它们对议会的影响降低，透明度提高了。因此，社会中介组织的影响主要集中在行政部门。而且，这种对行政部门的影响方式也在较大程度上机构化和法律化。各社会组织都在法定的机构和程序中进行公开的协商、谈判、咨询、协调、听证及建议，争取各有关方面达成共识。因此，德国的社会中介组织更加显示了

"中介"的性质。

（3）行业协会是最重要的社会中介组织。在德国的社会中介组织中，最为活跃的当属以德国工商大会和德国联邦雇主协会为主要代表的各种行业性管理组织——行业协会。第二次世界大战后，德国在尚未摆脱盟军占领的情况下，其经济的恢复和发展在很大程度上得力于这些具有高度统一性、自治性及组织能力较强的行业协会。这些行业协会在德国的经济、社会、政治、文化及科学领域内的作用和影响是巨大的。德国的行业协会是既游离在政府之外，又与政府有一定联系，并且同广大法人、自然人密切相关、利益共存的社会中介组织。德国众多的行业协会各自的行业不同、地区不同、性质不同，都各具特点。它们在政府与企业、社会与个人、企业与企业之间起到了政府、企业所无法起到的沟通、桥梁、纽带作用。因此，行业协会可以说是德国市场经济运行机制中不可或缺的重要组成部分，是德国市场经济运行机制的重要补充。

4. 德国行业协会的发展情况

从法律上讲，德国的行业协会可以分为公法形式和私法形式的协会。具有公法性质的是商会，企业主和企业必须依法参加。商会对其成员具有立法和主权职能，包括专门职业人员的惩戒管辖，负责组织和制定职业教育的标准并负责组织考试等。私法性质的协会是由私人经济组织自愿联合形成的，其主要职能是在协会自治的框架内代表经济政策利益[36]。

从功能上讲，德国的行业协会可以分为市场协会和经济协会。市场协会的主要功能是对市场条件和市场价格施加影响，这类协会主要包括卡特尔、合作社、标准化委员会、工会等。其主要目标是确定工资、休假制度，在供货条件等方面确立标准，制定德国工业标准等。经济协会在政府、政党、行政管理及公众面前代表并贯彻其利益，这类协会主要包括德国工业联合会、农民联合会、纳税人联合会、房地产业主联合会等。其主要目标是简化税法、降低税率、促进进出口，对标准的制定、折旧及环保规定等施加影响。

德国的行业协会主要是分布在各地的工商会。作为非官方性质的企业议会组织，工商会起着帮助和保护企业的作用，并以企业代言人的身份加强企业与政府间的沟通。工商会的业务职能[37]包括以下几个方面。

（1）指导培训功能。德国行业协会把加强对年轻人岗前培训作为增加就业机会和提高工人素质的有效途径，作为提高企业竞争力和增强德国经济发展内在动力的重要举措。行业协会负责向需要进行培训的人员提供可进行企业培训机构的有关情况，并对培训单位和培训教师进行资格审查；制定职业教育标准并进行考试评估，对专门职业人员进行惩戒管辖；为企业员工出具国外合作、合资所需要的权威性学历和专业资格鉴定等。

（2）沟通协调功能。行业协会对内注重协调行业规划、价格和数量、业务指导、市场调查与分析等方面的关系，以及会员之间的关系；对外则作为企业的代言人，注重协调企业与政府、企业与公众、企业与其他社会团体之间的关系，特别是通过协调企业与政府的关系影响政府政策的制定，并对政府权力进行一定程度的制约。例如，工商会在一些比较大的企业内部设有派出机构，通过这些机构实现下情上达，及时将企业的要求向政府反映。行业协会还出面与银行等进行协调，帮助企业获得低息贷款等。

（3）信息功能。行业协会通过信息杂志及时主动为企业提供与本行业相关的世界各国市场经济信息、技术信息等，为企业发展搭建了一个良好的信息平台。

（4）服务咨询功能。行业协会积极为企业提供法律、政策咨询服务，帮助新建企业进行可行性研究，分析进入市场的可能性，征求有关部门的意见，防止投资失误；帮助企业开辟国际市场，为企业产品出口提供服务；免费为外国企业提供服务等。

（5）承担国家下达的任务。公法性质的行业协会承担着国家下达的一些重要任务，如定期向政府和有关部门发表对地区经济发展规划、措施的意见；出具企业对外经济往来需要的证明文件；对企业在地方法院登记注册给予协助，查证营业执照；设立解决竞争和贸易方面纠纷的仲裁机构，对本地区国家批准的证券交易所进行监督等。

三、日本行业协会的发展情况

1. 日本社会中介组织的类型及特点

（1）日本的社会中介组织很健全，数量也很多，这与日本的市场经济发展水平高有很大关系。按照所属的不同性质日本的社会中介组织可以划分为三类[28]。

一是以官方为主的市场中介组织。在日本官办的中介组织中，最典型的是审议会。审议会是政府部门咨询机构，同欧美国家政府部门中的各类委员会及顾问委员会一样，都是为政府部门的决策服务的。日本的审议会都是根据有关法律设立的，如日本的《国家行政组织法》，且在其成员构成上具有较大的广泛性和代表性，成员主要是从有经济活动经验的企业家、知识阶层和政府官员中选拔的，所以比较能够反映和协调各方面的意见。

二是以民间为主的市场中介组织。日本民间有5万多个团体和行业组织，几乎所有的行业、企业都参加了某一个民间经济团体或协会。这些民间性质的中介组织，以强调和保护本团体、本行业的利益为主开展多种多样的经济活动，如搜集情报、在成员间交换情报、调整成员间利害关系等。特别是这些组织同政府保持着密切联系，因而既可以团体或协会的名义向政府提出建议，促使政府部门采取对本团体、本行业有利的产业政策，又可代为行使政府部门的管理职能，在政府部门的行政指导下，贯彻政府的经济发展计划。

三是完全中立的市场中介组织。这类市场中介组织有市场公平交易委员会、会计事务所、仲裁机构和公证人委员会等，它们的共同特点是独立于政府和市场及企业之外，在国家立法的保证和约束之下开展活动。其作用渗透到社会生活各个方面，发挥着维护市场竞争环境、促进交易活动顺畅、降低市场交易费用及保障合法权益等重要作用。

（2）日本具有特色的社会中介组织如下。

一是日本的税理士事务所。作为日本税务机关与纳税人之间的中介机构，在促进纳税人提高纳税意识、遵守税法和税务机关严格公正收税中发挥着十分重要的作用。

二是日本的农业协会。它在向政府反映农民的要求和利益，代表农民与其他利益集团进行协调中，很好地维护了农民的利益。

三是日本的信息咨询中介机构。据估计，日本现有信息咨询类企业3000多家。其中，大型的综合型咨询企业有200多家。企业诊断是日本信息咨询业的大宗业务，也是它的突出特点，为企业特别是中小企业提供良好的咨询服务，在提高企业竞争力方面起着重要的作用。

2. 日本行业协会的发展历史

日本行业协会的历史悠久，在日本经济多次复兴中发挥了其他组织无法替代的重要作用。明治维新时期，日本就成立了东京商工会议所、大阪商工会议所、神户商工会议所。1892年，成立了日本商业会议所联合会。为加强对商业会议所的管理，规范商业会议所的组织和行为，日本政府于1902年7月颁布实施了《商业会议所法》，之后该法经历了多次修订，1950年5月废除《商工经济会法》，颁布《（社团法人）商工会议所法》，现行日本《商工会议所法》是1953年10月颁布施行的。到1996年，日本拥有行业协会1811个，加上其他形式的协会共53 349个，分布在三个工业门类中，且每一行业参加协会的企业通常占本行业企业总数的90%以上[38]。

3. 日本行业协会的主要特点

（1）官民协商。官民协商的态度为日本行业协会提供了与政府对话的正式渠道，也为行业协会的完善做出了巨大的贡献。所谓"官民协商"最重要的内容在于为民间组织提供与政府对话的渠道，甚至明确分配适当的部门对民间组织进行指导。在日本，行业协会是恳谈会、审议会和座谈会的固定参与者，政府邀请行业协会出面调研、出面参与恳谈会以了解行业更多的实际状况，甚至将一部分政府职能交给行业协会去做[39]。此外，政府也会要求不同的政府部门负责与行业协会保持固定的联系。例如，日本汽车工业协会每年都承担着行业生产、销售、进出口等数据的统计工作，并将有关信息定期向经济产业省报告。除此之外，一些行业协会会比一般企业更早得知关于政府项目、制度变化、产业信息的政策。政府通过行业协会告诉企业这些信息，并通过行业协会收集反馈意见，形成经常性的与政府对话和磋商机制，在很大程度上增加了日本行业协会在经济生活中的威信和权威。

（2）会员的普遍性与多元性。日本行业协会的设立基本上是一个行业一个协会，一般不成立综合性或地区性协会。行业协会会员的普遍性在于全行业内的企业基本都参加了该协会，它也保证了行业协会组织的代表性与权威性[40]。日本企业，特别是大企业所参加的协会不是唯一的，而是多元的，即一个企业可以根据自己所涉及的行业类型参加多个行业组织。这是由于日本许多大企业集团业务涉及多个领域，如伊藤忠商事株式会社是日本钢铁联盟的重要成员，但它还涉及化工、汽车、食品、建筑等行业，因此，它不仅是日本钢铁联盟的成员，也是其他相关行业协会的成员。而日本钢铁联盟的成员企业中不仅有钢铁生产企业，还有钢材流通企业及海外铁矿石采购企业，行业范围由过去单一的钢铁生产领域扩展到钢铁生产、钢材流通、钢材出口等多个领域。这种协会会员的多元性，有利于经济产业链中各环节企业发展良好的合作关系，从而提高日本经济社会的整体运行效率。

4. 日本行业协会的主要职能

（1）提供信息与政策意见。日本行业协会的主要任务之一是搜集和分析本行业的各种数据，预测市场前景，为会员企业提供生产经营、决策方面的建议咨询，同时向政府方面提出意见，制定相应的措施与政策。例如，日本汽车工业协会的主要任务是推动日本汽车行业的合理化生产，努力提高生产效率，促进汽车在安全、节能、环保等方面技术的开发运用，制定扩大汽车贸易和国际交流的措施与对策，维护汽车出口秩序等。日本钢铁联盟的主要任务是从事钢铁行业的生产、流通、消费和贸易情况的调查研究，向政府及有关方面提出有关钢铁产业的意见，制定和推进振兴钢铁贸易的方针和措施，促使产业健康、持续发展[41]。

（2）维护行业秩序。日本的行业协会在防止不正当的过度竞争、维持本行业的市场秩序方面发挥着巨大作用。行业协会的主要做法是合理地统筹规划与及时地沟通协调，从而维持市场价格稳定，维护良性竞争秩序，强有力地推动日本经济发展，特别是在对外贸易方面效果显著。例如，日本钢铁联盟，其主要任务就是平衡日本出口钢材产量，提升日本在进口铁矿石定价机制中的话语权。再如，日本纺织协会、化学纤维协会在抵制外国纺织品侵蚀日本市场方面也发挥着司令部般的作用。所以，日本同行之间无论是在国内市场还是在国际市场上，基本没有发生像中国同行企业之间那样的互相压价的过度价格竞争事件。

（3）扶持中小企业。日本的中小企业居多，占日本企业总数的99%，从业人员占全部从业人员的80%以上[42]。各地行业协会普遍设立"中小企业咨询所"，配备了专职的管理人员，就如何改善企业的经营管理等，向中小企业提出意见和咨询建议。1978年，日本议会通过了向困难中小企业提供援助的法案，政府成立了相应的政策性金融公司，但是由于金融机构难以了解众多中小企业情况，就委托各地行业协会审核贷款申请，在特定条件和金额限制内，经过各地协会的审核和推荐，保障中小企业能够从政府金融机构中获得无抵押担保低息贷款。各地协会还向众多中小企业提供如何防止经营不善导致破产的咨询。大多数行业协会为防止企业破产而设立了特别咨询办公室，向那些濒于破产的中小企业提供具体的指导和建议；对于有可能重组的企业，提出避免破产的方法和途径；对于没有希望挽救的企业，提供妥善处理的意见[43]。

四、国外发达国家行业协会作用的比较

国外发达国家行业协会的作用主要有以下三个方面。

（1）参与立法及相关公共政策的制定。欧洲大陆法系行业协会的一个显著特点是依据特别制定的有关行业协会法律，明确行业协会作为公立公益法人的性质。例如，法国有关行业协会的法律规定了行业协会有如下若干方面的职能及作用：①应政府要求提供关于商业发展的概况；②提出为繁荣工商业而采取措施的见解；③负责其监管的公共工程施工和服务业管理；④关于商业惯例规则，应征求行业协会的意见；⑤行业协会可以同政府各部部长直接对话，可就其行业管理职能上的任何问题与商业部部长磋商，每年向商业部提出海关高级事务特派员助理人选；⑥行业协会可以就国家商业和工业利益与其他行业协会及管辖区内政府部门直接对话，并通过行业协会主席的斡旋，就行业协会职权范围内的和涉及其他行业协会管辖区的问题达成谅解；⑦关于在行业协会管辖区内是否需建立商品交易所、证券交易所、劳资调解委员会、大型综合商店和批发销售厅，征求行业协会的意见；⑧关于征收行业协会管辖区的运输部门费用的税金，征求行业协会的意见；⑨对于特别法令或规则提出的各种问题，尤其是在其管辖区实施公共工程的必要性，以及就支付这些工程征收的税金或通行税，征求行业协会的意见；⑩除政府要求外，行业协会可以就以下问题主动发表看法：商业、海关和经济法规的修改意见，海关税费，相关的运输部门的费率和规划，行政部门批准设在其管辖区的自由贸易场所的费率和规则等[15]。

（2）为政府提供服务。例如，向政府提供本行业的发展趋势报告、提出行业经济政策、制定行业标准，以及负责贸易保护、市场损害调查、协调贸易纠纷等，

甚至陪同总统出访，进而与被访问国家达成大宗交易等。

（3）为企业服务。例如，规范行业内部的竞争行为，规划行业发展，提升行业竞争力，维护本行业的企业利益。西方国家甚至连出口配额也大多是由行业协会负责分配的[44]。

以行业协会比较发达的美国和德国为例。美国企业协会组织的一个重要职能是它们都主动为会员企业提供政府事务帮助，另一个重要任务是为企业提供其他服务。企业协会组织的主要职能包括：咨询服务；调查研究；出版书籍、刊物，传播管理科学知识；举办专题研讨会、培训班，提供和交流管理信息；在政府、立法机构面前维护会员的利益；开展国际性交往活动等。在市场经济比较发达、行业协会历史悠久的德国，国家制度规定企业必须加入商会，企业自主加入行业协会的比例高达 90%，其行业协会的职能主要有内外协调、影响决策、行业自律及组织服务等[45]。

第二节　国外行业协会运作模式比较

不同国家由于处于不同的经济发展环境，行业协会、产业联盟等产业中介组织的发展模式、合作模式也存在差异。下面介绍英美系、德国、日韩系行业协会的发展模式及其特征。

一、英美系行业协会的发展模式与特征

1. 英国行业协会的发展模式与特征

英国的行业协会大多数覆盖一个特定的行业或子行业，也有一些覆盖过程或功能。在英国，一般行业协会有三个必备特征：①以会员为基础，会员是企业而非个人，这里的企业可以狭义地定义为追求利润的公司，也可以指广义的企业——所有像公司一样运作的组织，而不论它们是否追求利润；②具有会员代表的终极治理主体，会员通常要参加行业协会的决策过程；③会员必须具有共同利益。当然，许多大的行业协会还有第四种特征，即作为一种代表组织，向有关政府部门、代理机构、管制者，以及媒体和其他组织表达会员的集体立场和诉求。英国行业协会体制特征[46]表现为以下几个方面。

第一，英国的法律最为宽松，不像其他国家，英国没有专门针对行业协会的立法。在一些国家中，具有专门的立法管理行业协会，甚至还有强制入会的要求。行业协会可能会被要求公布它们的财务和其他运营信息。

第二，英国的行业协会可以采取任何法律形式，多数行业协会是以公司的形式出现的，但也有极少数行业协会是以非公司的形式出现的。这种极少数的非公

司行业协会的优点在于组织富有弹性和具有较低的成本结构,但缺点也显而易见,就是无法与其他人签订合同,并且具有无限责任。非公司行业协会与公司的根本区别在于公司具有独立的法人地位,与所有者分离,与经营者分离。当然,英国的行业协会中有一部分是雇主协会。对于雇主协会,存在立法。根据《英国工会和劳动关系法案(1992)》,雇主协会具有适当披露其信息的法律义务,如财务报表、审计报告。

第三,英国的竞争政策同样适用于行业协会,因为行业协会本质上是竞争性企业或商业的集体组织,它不能通过定价或限制产量的方式妨碍竞争。

第四,在英国,行业协会与政府之间有着很强的交互作用。行业协会使政府能够有效获得行业的意见和建议,也是政府和企业之间联系的重要通道。由于行业协会对所在行业的专业性知识,它们可以在有关法律和管制政策出台时,提供富有建设性的审查。基于此,英国的行业协会不仅具有影响政策的作用,而且能将政策有效地形成立法和管制。从这个意义上来说,行业协会是政府无须付费的政策咨询者。

第五,由于英国绝大部分行业协会以公司形式出现,它们之间存在竞争,其中,最主要的竞争就是吸引会员的竞争。如果一个行业由少数大企业组成,并且该行业受到政府管制,则这个行业中的协会相对容易吸引更多的会员,会员密度也容易达到100%;相反,如果一个行业中存在大量小企业,而且该行业不受管制,那么其协会很难吸引更多的会员,并且需要在吸收会员上投入巨大的资源。正因为如此,行业协会常常雇佣专门的以佣金为基础的销售人员向企业推销行业协会会员资格。

2. 美国行业协会的发展模式与特征

美国有超过 7600 家全国性行业协会,其中一部分(大约 2000 家)协会的总部设在华盛顿,也有很多州和地方一级的协会。美国行业协会的体制特征主要表现在以下三个方面。

(1)没有专门的行业协会法律,各行业协会完全依照宪法赋予的结社自由权利自愿组织、自发成立,且国家对所有行业协会一视同仁,不做干预,不予以资助。但是这并非意味着行业协会不受其他法律的管制,行业协会的活动尤其是筹资和援外游说活动,依然受法律规制。

(2)行业协会之间,尽管存在规模、实力、名气、重要性等多方面的差异,但彼此地位平等,不存在上下层级、隶属关系。

(3)行业协会的功能具有较强的利益集团政治特征。其最主要的功能就是通过国会的院外活动向各政府机构表达会员企业的意见和要求,它们构成了利益集团政治和民主的主体。

综上所述,英美体制下的行业协会虽然没有专门立法,但是也有相关的法律规定约束行业协会的某些行为。此外，行业协会和商会是自治组织、自愿参加、自主活动和自筹经费的，商会与行业协会大都是随市场的需要而自发成立、自下而上进行组织的，在官方机构注册后展开活动[47]。同时，也有一些小规模商会以非法人化的任意团体形式出现。

二、德国行业协会的发展模式与特征

公法地位的行业协会在欧洲大陆比较普遍，德国、意大利、奥地利、西班牙、卢森堡、荷兰等国均采用这种协会形式。公法地位的协会的典型代表就是德国体制。

德国的行业协会中，工商会是行业协会中唯一的合法组织，是半官方的，企业和企业主体是它的法定会员，即法律规定每家企业都必须参加。商会的经费全部来源于会员的会费，其主要职能是简化税法，降低税率，促进进出口，对标准的制定、环保规定施加影响等。德国其他形式的行业协会是私人经济组织，是自愿组成的民间性的中介组织，会员比例一般占本行业企业的90%以上。这类行业协会实力雄厚，不要政府任何资助，全部靠会费保证行业协会经费来源。每年会费标准由理事会决定，一般按企业营业额的千分之一左右或按企业人数缴纳，不论盈亏，照缴不误[48]。

德国行业协会的发展模式主要表现在：①德国行业协会的许多活动都是以政府给予的特殊待遇为前提来展开的；②行业协会分为公法和私法两类协会；二者在法律依据、代表范围、入退会是否自由方面都有差异；③公法和私法两类协会的功能无论是对内服务还是对外代表都没有明显区别；④德国政企之间存在很多合作，政府要在很多问题上征询行业协会的意见，行业协会承担较多的由政府赋予的行业管理权限。

行业协会公法地位的优势在于：能更好地促进企业与政府之间的关系；对企业产生更大的政治影响；运行的独立性；更易制定长期规划；有足够的资源为会员提供高质量的服务。缺点是可能存在行政性或官僚主义，行业协会形象问题，以及行业协会独立性受到影响。

行业协会私法地位的优势在于会员自愿入会，独立于政府，缺点在于缺乏政府的支持，政治影响力低，政府不愿就行业有关问题咨询它们，同类组织存在竞争等。[49]

三、日韩系行业协会的发展模式与特征

日本行业组织作为官办协调的重要机构，有一套完整的组织体系。日本的行业组织有三大类。一是各行业协会。工业行业有工业会、工业联盟。商业及其他行业的协会则按业种、业态和经营对象分别组成。二是以同行业中小企业为成员

的行业组织。三是各种商业和工业协会联合组成的组织——商工会议所。日本90%以上的企业加入各种行业组织，行业组织在日本社会经济发展中起着沟通协调、"智囊"咨询、参政的作用。

在韩国，最大的行业组织有五家：大韩商工会议所、全国经济人联合会、贸易协会、中小企业中央会、经营者总协会。其中，一类是由企业创议并依照民法规定设立的，完全属民间性质。这类组织中的人事和经费管理是独立的，企业入退会自由，企业加入协会的目的是争取政府支持，并可以反对政府的有些政策。另一类完全是官办的，如大韩商工会议所，它依照所有企业都要参加商工会议所的法律规定设立。在这类组织中，企业不能自由退会，需要遵从政府的意见工作，其领导人选须同政府部门协商。

在日本、韩国还存在一些依据特别法律规定设立的半官半民性质的行业经济团体。例如，韩国机械产业振兴会、韩国电子产业振兴会都是依据《产业振兴法》设立的经济团体组织，属于半官半民性质，有政府提供的振兴产业资金；它们既可为政府承担某些特殊事项，又可为企业和社会服务；加入的企业退会较自由，此类协会的管理基本是自主性的。

日本行业协会的发展模式主要表现在：①依据登记方式进行分类管理，工业会是最主要的行业协会，须在经济产业省登记，而地方性的协会则实施免登记或个案式的宽松管理；②日本的许多行业协会都接受政府各种形式的拨款，存在官助民办性质；③行业协会彼此地位不等，大协会占据明显优势，与政府建立了稳定、经常的对话、磋商机制。

四、比较和总结

1. 英美系和德国行业协会体制比较和总结

英美系和德国行业协会体制比较和总结如表2.1所示。

表 2.1　英美系和德国行业协会体制比较和总结[50]

比较项目	英美系	德国
法律地位	私法	公法和私法
会员资格	自愿	强制
企业覆盖	不完全	完全
筹资	非法令	大部分基于法令
组织大小	很小	很大
质量控制	自愿认证	公共控制
地位和认可	很低	很高

续表

比较项目	英美系	德国
全国性网络	不完全	所有区域
区域重叠	可能	禁止
法律使命	不肩负	肩负
代表与自治任务职能	包含	包含
商业意见与信息	采纳	采纳
代表作用	范围有限	很大
对地方经济和发展的作用	微小	很大

从行业协会的使命和从事的活动看，公法地位的行业协会受到政府控制参数的影响，它们的使命取决于政府法令，它们就是政府与企业的交会点（meeting point），其亦由政府规定。公法地位的行业协会在经济管理和发展上具有重要作用，行业协会运作也具有独立性，能够在开展活动中保持弹性，因地制宜开展活动；具备充足的资金允许它们为企业提供宽领域的优质服务。

另外，私法地位的行业协会在经济管理和发展方面存在的作用有限，由于法令不要求它们这样做，它们也缺乏与政府之间的紧密联系。然而，它们也为会员企业提供了宽领域的服务，只不过这些服务都要收费，为了有效地同提供同类服务的其他组织进行竞争，行业协会通过产品差异化和价格优势，吸引会员企业。私法地位的行业协会的体制优势在于它们拥有企业家和企业才能、以市场为导向的产品差异化、宽领域高质量服务提供、低成本服务提供。

2. 日本和美国行业协会体制比较和总结

同为发达国家的美国和日本，尽管行业协会的目标和活动很相似，但也有很大不同，日本行业协会之间联系紧密，无论是在水平上还是在垂直上均构建了一个异常坚固的商业利益网络；相较之下，美国的行业协会总体呈现碎片化、分散化特征，协会之间的联系比较松散，仅限于特定和专门的联盟。

作为政府和企业之间利益的中介，美国和日本的行业协会也有所不同，日本的政会关系紧密程度远高于美国的政会关系，并且这种紧密关系因政府、企业、协会之间广泛的人才流动而得到强化。

在国际贸易方面，日本的行业协会也远比美国的行业协会作用突出，当然，两国政府都很支持行业协会的集体行动以促进所在行业的国际贸易。相较于美国，日本政府更加支持行业协会参与行业研究，而在美国，同样的研究，企业通常排除行业协会参加[51]。

3. 行业协会发展模式优劣势比较

在这里，以美国、德国和日本的行业协会为例介绍国外行业协会的发展模式。之所以以这几个国家为代表，是因为这几个国家属于目前世界上最发达的市场经济国家，它们的行业组织发展得相对迅速，也相对完善，并且这几个国家的行业协会各具特点，具有代表性，详见表2.2。

表2.2　美国、德国、日本行业协会发展模式比较

发展模式	类型	特点	优劣势
美国模式（自由分散型）	（1）非营利性 （2）营利性	（1）依据宪法自愿组织 （2）政府不干预、不资助 （3）协会之间无上下级、隶属关系 （4）通过国会的院外活动表达会员意愿	优势： 协会之间形成竞争，市场效率高 劣势： （1）行业组织的功能相对比较单一，较多从事政治游说 （2）政府不易管理
德国模式（强制型）	（1）工商会（跨行业的地区性协会） （2）雇主协会（企业家） （3）工业联合会（专业性和地区性协会）	（1）政府给予特殊待遇开展活动 （2）行业协会具有较多的由政府赋予的行业管理权限	优势： （1）功能多样化，如弥补市场体制不足、维护社会信用体系、提供行业公共产品，克服外在性等 （2）行业协会是政府助手，发挥纽带作用 （3）政府易于管理和引导 劣势： 不能较好地发挥市场的资源配置作用
日本模式（政府推进型）	（1）特殊法人（接受政府指导，由政府提供一定比例的经费） （2）工业会（由同行业的多数企业共同申请成立） （3）任意团体（包括企业组合、事业协同组合、商工组合等）	（1）依据登记方式进行分类管理 （2）大部分协会都接受政府拨款 （3）地位不等，大协会占优势	

综合以上分析，根据政府在其中所发挥作用的不同，可以将这三个国家的行业协会运作模式归为以下两类，其典型特点如下。

（1）以美国为代表的"水平运作模式"。以企业自发组织、自愿参加为特点，政府不干预，也不资助。行业协会等产业中介组织为企业提供技术和信息服务，协调政府、企业、消费者之间的关系；同时，实力强大的行业协会与国会保持密切联系，形成相互制衡的政府与行业协会的关系。

（2）以日本和德国为代表的"垂直运作模式"。这是一种政府参与其中、大企业主导、中小企业广泛参与的行业协会运作模式，其突出特点是强调政府的推动作用，对内是政府机构，对外是民间团体，政府和协会是合作协调关系。

第三节　国外产业技术创新联盟的发展情况

创新联盟是指处于价值形成过程各个环节的个体（研发机构、企业、中介机构和支撑机构等），通过合作在适宜创新的环境中结成以创新为目的的正式联合体。其主要任务是促进价值形成过程的整体创新。具有地域背景的创新联盟同时还是增强所在地域区位优势、参与全球创新基地竞争的重要手段。一般来说，创新联盟依其产品性质分属不同创新领域，某一区域则借助该区域创新联盟的总体优势形成创新区域[52]。

产业创新联盟最早起源于 20 世纪 20 年代英国组建的研究联合体。到了 20 世纪 60 年代，日本以研究联合体的模式组建的工矿业研究组合等组织，有效地提高了日本企业在工矿业、微电子行业的竞争力。美国从 20 世纪 80 年代开始，将研究联合体模式与美国的工业特色结合起来，发展成以企业为主导的现代产业创新联盟模式，并应用在微电子、计算机、汽车工业上，组建了半导体制造技术公司、产业研究所等产业创新联盟。产业创新联盟对美国的产业发展和国际竞争力的增强有重要的作用[53]。

产业技术创新（战略）联盟，是指由企业、大学、科研机构或其他组织机构，以企业发展需求和各方共同利益为基础，以提升产业技术创新能力为目标，以具有法律约束力的契约为保障，形成的联合开发、优势互补、利益共享、风险共担的技术创新合作组织[54]。产业技术创新联盟已经成为企业、大学、科研机构获取外部资源的重要手段，成为各方共同学习的平台，已经发挥出节省研发成本、分担创新风险，拓展规模经济，提升产业创新能力和竞争能力的重要功能。

一、美国产业技术创新联盟发展情况

20 世纪 70 年代中期，美国在全球半导体市场所占份额达到 65%，日本当时只有 20%左右，然而 10 年以后的 1985 年，美国公司和日本公司所占份额都在 45%左右，并且日本公司的份额仍然呈上升态势，而美国公司的份额却趋于下降[55]。面对日本公司在半导体产业的不断扩张，美国感到了强大的压力，担心在计算机和通信等领域甚至在国防工业方面处于落后地位。在此背景下，美国各方纷纷指责日本以组建研究组合方式补贴企业的不公平竞争做法，同时开始研究如何使共同研究开发活动合法化。1984 年，美国国会通过了《国家合作研究法案》，突破了反垄断法对合作研究的种种限制。此后，美国的产业技术创新联盟迅速发展起来。1987 年，SEMATECH 宣告成立。SEMATECH 成功运行几年后，迅速提升了美国半导体制造技术水平，完成了重新夺回美国在半导体市场份额的历史使命，重振了美国半导体产业。

美国的产业技术创新联盟主要分布在三个领域：一是化学和医药工业领域；二是工业自动化、软件和航空领域；三是电信、微电子和计算机领域。此外，电子工业的产业技术创新联盟也较为盛行。

美国的产业技术创新联盟有两大目的：一是获得技术知识、降低成本和风险；二是建立和统一技术标准。美国的产业技术创新联盟的形式主要有两种。一是与同行业者在相近领域展开横向联合，集纳双方优势达到"增值效应"。这种联盟所具备的功能不是双方能力的简单组合，而是人力、资金、设备等诸多要素共同作用下的有机组合，从质上提升合作企业的竞争力。这样做不仅能够减少市场需求的不确定性及同行业的竞争压力，变竞争为合作，共同应对复杂的外部环境，而且可以通过合作方的共同努力提高生产能力、拓宽销售渠道。例如，在医药行业，美国默克制药厂和生物技术公司 Schering-Plough 建立了协作型合作伙伴关系，联合开发治疗气喘和过敏的新药。二是与供应商建立垂直联盟，即通过价值链不同环节的比较优势合作达到价值链的总体增值。表现为价值链中的每个环节都由在此环节效率最高的成员来完成。这种产业技术创新联盟中的企业通常具有能力上的互补性，这样的合作能够同时实现资源配置和投入的优化，把技术开发涉及的不同对象都纳入统一系统，实现资源整合。

此外，美国企业还在海外寻找技术开发能力强的小企业，以自己的资金和开发优势获取其创新技能。例如，默克制药厂与瑞典一家制药公司 Astla AB 之间的合作。Astla AB 是一家相当小的公司，但它却有很强的创新能力，并研究开发出了一系列有竞争力的产品。默克制药厂则是美国一家规模较大的制药厂，资金富足，且有着较为广泛的销售渠道，但灵活性及创新性均不及中小高技术创新公司[56]。双方合作刚好可以实现资金、技术、信息互补的优势。从产业技术创新联盟治理结构来看，美国企业多采用契约型治理方式，其次是合资股权型治理方式。

美国的产业技术创新联盟发展呈现出以下趋势。一是联盟的目的正从追求规模经济转向追求速度经济。前者以物质资源为主导，后者以技术创新为主导。二是对联盟伙伴的选择由重视国外转向重视国内。美国国内企业结成的联盟正表现出更强的创新性，产品也更具竞争力。共同的价值取向、生活方式和文化日趋成为美国产业技术创新联盟持久发展的基础。三是由小范围联盟转向网络化联盟。多渠道、多层次、多角度的企业网络正在不断拓宽美国产业技术创新联盟的发展空间。四是由以单项联盟为主转向以多项联盟为主[30]。多项联盟是企业之间围绕多个技术项目而进行的合作。随着联盟广度的扩大、深度的增加，以及联盟网络化的发展，多项联盟将会取代单项联盟成为美国产业技术创新联盟的主要形式。五是由传统的合作技术开发方式转为化整为零、集腋成裘的新型战略方式。这种以核心技术为中心的联盟，通过扩散关系加强了成员间的协作和依托，既能发挥产业技术创新联盟的整体优势，又保持了自身产品的核心地位。

二、德国产业技术创新联盟发展情况

在德国，由于时间、目标和计划的不同，创新联盟有不同的名称：联邦经济技术部支持的创新联盟计划被称为"能力合作网"（Competenznetze）计划，国家高技术战略框架中的促进计划被称为"创新联盟"（Innovation Alliance）计划，支持中小企业研究联盟的计划被称为"创新网络"（InnoNet）计划，而联邦教研部支持尖端技术和领域的计划被称为"精英团体"（Deutschlands Spitzencluster）计划，其中的计划名即创新联盟名称。虽然名称不同，其实质都是促进经济界和科技界的结合，组成不同形式的产业技术创新联盟[57]。

在政府政策导向和全球竞争形势的双重影响下，德国建立了若干重要的产业技术创新联盟，涉及生物技术、交通与移动、能源与环境、现代制造、微纳光技术（微系统、纳米和光学）、健康与医学、新材料与化学、航空与航天、信息与通信九大创新领域，在地域分布上形成了各具特色的八大创新区域。有 460 家大企业和 6000 多家中小企业，以及 1600 家研究机构加入了产业技术创新联盟。

近年来，为推动产业技术创新联盟发展，促进区域优势形成，加速产业结构调整，提高创新基地竞争力，德国联邦政府对其项目资助政策做出了一些调整，主要表现为：由注重单项技术研发调整为注重整体技术优势的形成；由以线性研发模式为依托调整为以网状研发模式为依托；由侧重技术因素调整为侧重战略因素、结构因素；由注重点式技术解决方案调整为注重产业技术创新联盟全体成员均可获益的整体技术解决方案；由面向机构的资助方式调整为面向问题的资助方式；由单纯的政府经费资助调整为政府的全方位支持；由对具体研发成果的宣传调整为对区域优势的宣传。产业技术创新联盟的特点是：以面向市场的研发为重点，自筹经费与政府项目资助有机结合，拥有来自经济界或科技界的致力于联盟发展的领军人物，拥有能够提高联盟水准、扩大联盟影响的优秀人才。

德国高技术战略为产业技术创新联盟的发展提供了有力支持。

1999 年，德国启动创新网络计划，主要是促进竞争前的合作研究，其目的是促进知识向中小企业转移，引导鼓励和支持中小企业和研究机构组成合作研究创新联盟，以提高中小企业的创新能力和市场竞争力。同时，鼓励德国研究机构和高校的研究工作更多地面向中小企业的需求。新一轮的项目资助申请必须由 4 个中小企业和 2 个研究机构组成，联邦经济技术部最多可提供项目费用的 90%，参加企业承担至少 10%的费用。截止到 2008 年已有 9500 个企业和研究机构参加该资助计划，资助额达 1.37 亿欧元，批准项目 248 个。

2006 年 8 月，德国联邦政府史无前例地推出了第一个涵盖所有政策范围的"德国高技术战略"，以期持续增强创新力量，使德国在最重要的未来市场上位居世界前列。此举立即引起全球的高度关注。德国高技术战略的目标就是把科技界和经济界的力量结合起来，开辟主导市场，共同开发未来发展的重要领域，通过公共资金鼓励和吸引其他资金投入到重点领域的研究和开发上来，促进经济界和科技界联合，并为研究人员、创新者和企业家提供自由空间。德国高技术战略的核心是架起科技和经济的桥梁，开发出具有创新潜力的科研成果，并使其快速进入市场；最终目的是使德国成为世界上研究与创新最好的国家之一，使创意迅速转化成有市场的新产品、工艺和服务。通过改进科技界和经济界合作的框架条件，成功地促成了新的联盟——德国实施高技术战略最重要的伙伴"经济–科学研究联盟"。德国联邦政府高技术战略的投入总额为 150 亿欧元，此外，还计划追加 65 亿欧元的研究与开发经费，其中部分资金专项用于对产业技术创新联盟的支持。

德国经济界已就一系列课题（如有机光电、海上风力、氢及燃料电池、发电站技术、精确的网格、二氧化碳储存）结成了"战略伙伴关系"。金融界也表示要以实际行动支持高技术战略的实施。德国政府、经济界、科研机构和工会联合发起了"创新伙伴"倡议。该倡议的一项重要内容便是设立"创建高技术企业基金"，对新建高技术企业给予资助，为它们提供必要的风险资本。针对该倡议，其采取的措施之一就是"精英团体"计划。所谓的"精英团体"计划，就是政府支持最具有未来市场发展潜力的产业和地区组成精英联盟。2007 年 12 月，在第二轮筛选中，入选该计划的项目共 38 个；2008 年 3 月，12 个精英团队进入最后一轮竞争，历时一年多，经过三轮评选，2008 年 9 月最终评选出 5 个精英团体。德国联邦教研部在 5 年内提供 2 亿欧元的资金支持，重点资助这 5 个精英团体的发展。

三、欧盟产业技术创新联盟发展情况

欧盟的产业技术创新联盟主要集中在航空技术、工业自动化、微电子、生物技术及政府支持的高新技术等领域。同时，各国的产业技术创新联盟多集中于本国的优势领域。例如，德国企业在微电子领域的联盟居主导地位；瑞士企业加入的联盟偏重于生物技术领域；荷兰和法国的电视业、英国的医药业也都是产业技术创新联盟的重点支持对象。欧盟内部企业间的联盟主要偏重于欧盟所支持的技术领域，如"尤里卡计划"中的项目等。

欧盟的产业技术创新联盟的目标体现在三个方面：一是通过共同参与新技术开发降低成本，避免重复劳动；二是提高新技术创新的风险承担能力；三是以整体实力与美日企业对抗。这也是欧盟成员国企业间联盟的主要目的。

　　欧盟的产业技术创新联盟的合作方式灵活多样。开发新技术时通常采用共同研究方式，共同组建和使用研究设施。例如，法国布尔集团、德国西门子、英国国际计算机公司欧洲三大电子公司为开发高级计算机技术，于 1984 年成立了共同开发中心。在共同研究开发项目中，一般是各自独立，任务分担，最后根据各自的贡献各取所需。再如，英法两国多家企业和科研机构合作研制"协和式"飞机项目。在技术复杂的大型项目开发中，往往由联盟实体来整合各方资源。为了同美国波音公司竞争，欧洲空中客车公司把欧洲各国制造飞机的智慧和优势结合在一起制造了 A300 和 A310 宽体飞机。由德国负责生产机身，英国负责生产机翼，西班牙负责生产尾翼，在法国总装[58]。为确保"跨世纪发展"，在世界市场竞争日趋激烈的情况下，欧盟各国政府都非常支持产业技术创新联盟的发展，采取了调整科技发展战略等一系列措施，努力发展高科技，促进科技成果产业化。例如，欧盟构建的"第五个框架计划"强调专项研究与开发计划，加强成员国的合作，鼓励创新，促进中小企业参与研究与开发。

　　欧盟产业技术创新联盟呈现出以下一些发展趋势：

　　（1）联盟形式由一般的技术性合作转向组成集团性的虚拟公司。通过建立集团公司而形成的虚拟组织是动态企业集成的最高形式，可实现单个企业无法实现的速度经济。

　　（2）联盟的战略目标由区域化转向全球化。区域性的战略行为已越来越无法满足全球经济竞争的需要。只有与区域外具有较强互补性或较强实力的企业进行联合，才可以争取同质产品在时间上的优势，从而进一步占据全球消费市场。

　　（3）欧盟内部中小企业间的产业技术创新联盟进一步增强。事实证明，中小企业网络的创新性及互补性较强，尤其在一些高难度、高竞争性的领域，如生物技术领域，中小企业更能发挥自身优势。通过合作，中小企业为降低失业率和促进欧洲经济发展做出了重要贡献，成为欧洲经济的引擎。

　　（4）联盟发展战略从纵向一体化经营转向多样化经营。多样化经营指联盟的范围超出原来协议的规定。多样化经营战略减少了参与联盟的伙伴，避免了文化、管理风格上的协调费用，能更好地提高成员的绩效，还可以充分利用成员内部的闲置资源，获得更多的合作利润。

　　（5）联盟的目的从分担风险、降低成本转向组织学习。通过联盟可以使企业间知识形态的资源进行水平式双向或多向流动，从而提高合作方的创新能力。

四、日本产业技术创新联盟发展情况

　　日本的产业技术创新联盟自 20 世纪 60 年代兴起，其历史较长，实践经验丰富，成效显著。其早期的实践形式主要表现为企业在研发环节的合作，20世纪80年代之后，企业在技术标准环节的合作开始涌现。

从组建产业技术创新联盟的目的来看，日本企业更加注重通过联盟掌握自身所缺乏的稀缺资源，并通过学习、合作、竞争，培育企业核心竞争力，突出表现为在联盟成员的选择上，日本企业注重选择资源互补性强、具有核心技能的合作伙伴。因为在产业技术创新联盟的运作过程中，联盟伙伴的组织、技术和管理等各方面知识处在半内部化状态，能够显著提高企业获得知识资源的效率。通过联盟内的相互学习，日本企业迅速培育起自己的核心能力，建立起从核心技术到核心产品的一整套企业竞争能力体系，用以应对全球化竞争，这正是日本企业在20世纪80年代迅速崛起的关键原因。

日本的产业技术创新联盟最显著的特点是政府、科研机构、企业等各个主体间的合作创新。从联盟的治理结构看，日本企业多采用交叉式股权联盟形式，且更加注重联盟伙伴间的承诺。日本企业认为联盟中起作用的是"和谐的合作关系"，日本这种交叉持股实际上代表一种承诺。日本企业通常并不过于依赖法律合约来调节相互之间的关系，而是通过彼此间建立相互信任的机制来克服可能出现的机会主义行为。他们认为，信任就是"亲善"，来自制造商的管理咨询、技术支持和人员培训对提高信任度作用很大。双方的技术人员定期互访进行技术交流，推动了联盟伙伴持续进行技术创新，并不断改进生产工艺、降低成本、提高质量，增加了企业双方面对面沟通的机会。从产业技术创新联盟的文化建设来看，日本企业注重创造一种融合的联盟文化。企业文化是企业行为与作风的指导思想，联盟企业间组织文化的差异，通常会转化为经营管理上的差异，加大管理的难度，所以创造以合作为指导思想的产业技术创新联盟文化显得尤为重要。例如，东芝和摩托罗拉的合作联盟，其成功的关键在于双方企业文化的融合。东芝的采购主管与摩托罗拉的领导人员经常会面，进行技术及其他方面的交流，共同从事新产品设计工作[59]。

日本的企业间合作研发可分为三大类：一是参加者间缔结合作研发契约，并共同提供研发经费和开展者；二是参加者共同出资成立另一法人机构（公司）和组织开展者；三是依据"工矿业技术研究组合法"设立"技术研究组合"和组织开展者。根据日本公平交易委员会1982年首次开展的针对制造业企业的调查，企业的合作研发中94.2%属于第一类，5.5%属于第三类，仅有0.3%属于第二类。尽管以技术研究组合形式开展的合作研发总体所占比例不大，但多家企业（6家以上）参与的、大规模合作研发活动几乎都是以这种方式进行的[60]。

1. 技术研究组合

为鼓励企业积极参与政府主导的重大产业技术研发计划，日本政府于1961

年颁布《工矿业技术研究组合法》，并配套一系列财政补助金、各种税制优惠等政策，鼓励企业成立"技术研究组合（协作组织）"，以推动民间企业以多家企业协作组织方式积极参与国家的重大工业技术项目的研究开发。

技术研究组合系经济产业省或主管研究成果应用领域的大臣批准设立的非营利性法人，其目的是追求成员企业的共同利益，所以它不属于公益法人，而具有与企业相类似的性质。技术研究组合采用非出资制，以避免因会员中途退出时要求返还其拥有份额而妨碍到合作研究的实施，其所需资金由各会员分摊支付。技术研究组合以"拥有共同志向的多家（3 家以上）企业结成排他性的组合，共同开展特定的研究开发计划，完成目标任务后即解散"为前提，共同开展单个企业难以承担的、需投入巨额资金的大规模技术，难以依靠市场机制推动的社会相关技术，以及业界共性基础技术等的研发，并为成员企业开展实验研究、成果管理、技术指导、提供实验研究租赁设备及其他相关业务。

技术研究组合制度是日本 20 世纪 50 年代初引进英国的研究协会（research association）制度之后，不断发展完善而形成的具有日本特色的成功制度，是国家科技产业创新战略与企业发展需求有机结合的有效平台之一。英国的研究协会主要由产业单位组成，大部分为中小企业或事业团体在政府支持下设立研究所开展传统产业的技术研发；而日本的技术研究组合主要以技术课题为中心，其目标是解决周期长、风险大的大规模技术课题或产业共性关键技术问题，参加成员基本上是大企业。

技术研究组合中企业的参加形态可分为垂直合作型和水平合作型。前者是指在项目实施中负责技术开发的制造企业等与上下游企业等共同实施项目，后者是指相同业种的企业联合组成研究联盟共同实施项目。水平合作型实施方式在实际开展技术研究开发时，又分为由各企业按统一目标分担任务，将课题带回各自企业研究的"分担型"，面向一定的目标将各企业研究人员集中到某一场所开展研究开发的"集中型"，以及根据实际需要灵活组合分担与集中方式的"混合型"。水平合作型项目在 20 世纪 60~80 年代的追赶欧美时代比较普遍，而近年这一类型的项目已大大减少。这是因为日本的大企业在技术上已基本位列世界一流，它们更需要通过独树一帜的研究开发树立自己的领先地位，因此，它们不愿意与同业竞争对手开展水平合作，而更倾向于开展垂直型合作研究开发，建立某一技术领域的垄断地位。日本的国家重大产业研究开发计划项目基本上都是在政府的倡议组织下，由企业结成技术研究组合，并联合大学和研究机构，组成技术创新联盟进行共同研究开发。技术研究组合为提高日本的产业技术水平发挥了重要作用，其比较成功的案例有：20 世纪 60 年代的高分子原料技术研究组合、光学工业技术研究组合，70 年代的原子能制铁技术研究组合、超 LSI 技术研究组合，80 年代的形状记忆合金技术研究组合、激光浓缩技术研究组合，90 年代的太阳光发电技术研究组合、超尖端电子技术开发机构、超音速运输机推进系统技术研究组合，2000 年的电子商务安全技术研究组合、微化学加工技术研究组合等。截止到 2007 年 10 月，累计建立了 176 个技术研究组合，其中，144 个已完成使命解散，仍在活动中的有 32 个。

2009 年 4 月，日本政府再次大幅度修改《工矿业技术研究组合法》，并将其更名为"技术研究组合法"。根据新法的规定，研究组合应该由至少两名发起人同意，经由经济产业省或者主管研究成果应用领域的部门的大臣批准设立。组合会员要向组合分摊研究经费、派遣研究人员和其他工作人员，并组成相应的组织管理机构，如理事会及各种管理、运营机构。例如，VLSI 研究组合由各大企业的总裁和经济产业省的代表组成，主席轮流担任。另一家研究组合 ASET 的组织结构也类似，在理事长、副理事长、总经理及经理等职级下，分为事务局及研究本部，后者为本机构的重心，又设有研究企划部、第一研究部、第二研究部、第三研究部、装置技术研究所及电子系统整合技术研究所等单位，分别负责不同领域的研究，并定期对外公布研究成果。一般来讲，研究组合负有三大主要任务：一是负责研究的日常运营管理，推进合作研究；二是负责申请国家的研究项目，申请接受相应的资金补助和政策优惠；三是管理使用组合的各类资产和成果的处置[61]。技术研究组合运行情况如图 2.1 所示。

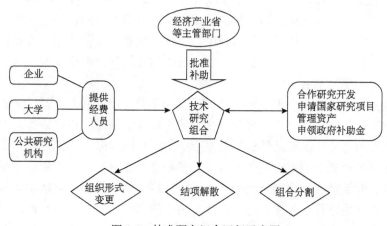

图 2.1　技术研究组合运行示意图

2. 技术标准联盟

随着高技术产业和经济全球化的发展，产品技术规格等的业界标准化和国际标准化渐成大势，其竞争日益激烈，成为左右企业竞争力的重要因素。1995 年 1 月，世界贸易组织成立，《技术性贸易壁垒协议》随之生效，要求各成员承担以国际标准为基础制定国内标准的义务。国际标准对于企业获取国际市场竞争力影响越来越大，亦成为左右国家竞争力的重要因素。

技术标准一般分为三大类：一是由官方或官方指定机构通过公开透明程序制定的明文化的"官方标准"；二是由企业集群，以诸如论坛、联合体、协会、集团等形式自主协调，以类似于官方标准的公开透明程序制定的"论坛标准"；三是由单个企业或企业集群等制定，并最终在市场竞争中取得垄断优势的"事实标准"。近年企业通过组成论坛等技术标准联盟，共同研发并推出论坛标准的活动渐成潮流，其在国际技术标准化中的地位越来越重要。

五、日本政府引导与支持产业技术创新联盟的做法与经验

1. 完善相关法律、法规、规范等制度，为产业技术创新联盟的发展创造良好环境

企业的技术合作联盟行为涉及参与者各方利益、权利与义务、研究开发的经营管理、竞争的公平性等诸多问题，政府有必要通过立法手段为其保驾护航。为此，日本政府自20世纪60年代初起，不断建立和完善与产业技术创新联盟相关的法律法规等。

1961年，日本政府颁布了《工矿业技术研究组合法》，其后根据实际情况和相关法律的立法与修订状况进行了多次修订（最新一次修订为2006年）。该法赋予技术研究组合法人资格，明确规定：成立此类组织的目的、原则、活动内容、成员资格、发起人数、认可条件与程序、章程、规章、事业计划、收支预算、费用分摊、公积金处理、罚则等事项。这一法律的实施使技术研究组合这一新生事物有法可依，规范发展。

日本公平交易委员会于1993年出台了《关于合作研究开发涉及反垄断法的指针》，在充分肯定企业合作研究开发行为的必要性的同时，提出该行为可能影响竞争公平性的几种情况和是否触犯反垄断法的判断标准等；2005年发布了《关于标准化活动中形成专利联营团体等涉及反垄断法的意见》，对"由众多相互竞争的事业者公开活动、共同制定规格，并进行推广普及"的标准化活动有可能涉及反垄断法的行为进行了界定。这一方面有利于规范产业技术创新联盟的行为，促进公平竞争；另一方面有利于打消参与企业的顾虑，促进产业技术创新联盟的健康发展。

此外，始于1896年民法的公益法人制度、1998年出台的《特定非营利活动促进法》、2001年颁布的《中间法人法》（2008年12月废止）、2006年伴随公益法人制度改革而推出的《关于一般社团法人及一般财团法人的法律》《关于公益社团法人及公益财团法人的法律》等一系列关于民间社团法律制度的建立和完善，亦有利于产业技术创新联盟以多种形式合法生存与发展。

2. 与法律配套，对产业技术创新联盟给予一系列优惠政策扶持

早在 1948 年日本政府就制定了"工矿业技术研究补助金交付制度"，从 1950 年开始通过业界团体对民间企业实施应用研究、工业化实验、试制机械等予以 30%～50%的经费补助。政府对于业界团体组织开展的共同研究活动，优先给予工矿矿业技术研究补助金。这对于弥补当时企业单独开展研发能力不足，鼓励其开展共同研究产生了积极的作用。

1961 年，《工矿业技术研究组合法》出台后，日本政府又相继推出了一系列配套措施，鼓励产业技术创新联盟发展，其主要政策如下。

（1）税收优惠等政策。对参加技术研究组合的企业或联盟本身给予税收优惠，包括：①企业分摊的产业技术联盟经费算入企业实验研究费；②产业技术联盟购置实验研究设备的费用可压缩记账；③会员用于购置合作研究开发的机械设备等固定资产购置费还可进行特别折旧。

（2）开放国有大型研究设施及资助民间企业建立共用研究设施。日本政府于 1985 年颁布《共性技术研究促进法》（2002 年最终修订），规定政府应为促进民间共性技术进步廉价开放国有实验研究设施。日本于 1988 年又出台《关于产业技术研究开发体制的建立与完善等的法律》（2002 年 12 月废止），对于民间单一企业难以承担的大型、造价高昂的共同利用设施，由国家出资建设，或以国家（中央政府和地方政府）补助、企业联合出资的方式兴建。已兴建的此类设施有：文部科学省出资建设的共同利用设施高温冲击风洞、实物尺寸振动实验设施，经济产业省资助、企业联合兴建的工矿业海洋生物利用技术研究中心、超高温材料研究中心和激光应用工程中心等。这些设施都向国内外企业和研究人员广泛开放。

3. 在科技计划与项目方面对产业技术创新联盟给予倾斜支持

政府将技术研究开发组合等产业技术创新联盟视作国家重大产业技术计划的实施主体和创造知识产权及产生重大技术标准的重要平台，往往将各类国家重大产业技术开发及标准化项目以发放委托费或补助金的方式交给产业技术创新联盟去具体实施。日本经济产业省的重大产业技术研究开发计划，无论是 20 世纪 60 年代的大型工业技术研究开发委托费制度，70 年代的阳光计划和月光计划项目，80 年代的下一代基盘产业技术研究开发项目，90 年代的地球环境产业技术研究开发项目、产业科学技术研究开发项目，抑或是进入 21 世纪后的研究开发计划和创新计划，尽管重大产业技术研究开发计划本身随着时代发展的需要不断创新变化，从追赶欧美型转向创新开拓型，其在国家科技基本计划中的定位也更加明确与突出，但实施的基本模式并没有改变，其承担主体基本上都是以技术研究组合为主要形式的产业技术创新联盟。重大产业技术研究开发计划项目在制度上形成了一套基本流程：①选定课题；②决定项目规模；③争取预算；④采取公开征集方式确定参与实施企业；⑤让参与企业成立技术研究组合等并签订委托合同。

4. 推出国家战略与具体行动计划，为企业技术标准化创造环境，并给产业技术创新联盟提供直接或间接的支持

2001 年以来，日本政府连续出台与标准化相关的战略、计划。例如，日本经济产业省相继推出"标准化战略及 27 个分领域标准化战略"（2001 年）、"国际标准化活动基盘强化行动计划"（2004 年）、"国际标准化战略目标"（2006 年）、日本政府知识产权战略本部推出"国际标准综合战略"（2006 年）等。2006 年 4 月开始实施的"第三期科技基本计划"，亦强调从研究开发阶段即考虑标准化问题的重要性，提出必须在研究开发计划中明确定位知识产权战略和标准化战略。这一系列从国家发展战略高度全面推进国际标准战略和行动计划，为技术标准联盟等产业技术创新联盟提供了良好的发展机遇。行动计划中可为产业技术创新联盟提供直接或间接的支持的具体措施主要有以下四个方面。

（1）增强企业经营者标准化意识，如通过举办国际标准化高层研讨会、论坛，经济产业省负担标准化认证、高官与企业领导座谈等形式，促使企业高层增强标准化意识，督促产业界自主制订行动计划并加以实施等。

（2）国家研究开发计划项目等采取研究开发、获取知识产权与标准化的一体化推进方式，重点支持可能与国际标准提案挂钩的研究开发活动，如在纳米技术、燃料电池等未来支柱产业的关键技术领域推进研究开发与标准化一体化项目等；在技术战略路线图的制定中融入标准化战略内容，引导产业界开展相关研究开发。

（3）通过设立国际标准化支援中心，为日本出任国际标准化组织领导职务者提供培训等支持，制定国际标准化指南、案例集，在大学开设标准化特别讲座，创设标准化能力检定制度等多种手段，培育世界通用型标准人才、专家与领导干部。

（4）加强日本国内官方及代表官方的标准化审议机构建设与民间标准化论坛等的合作，为各类标准化提案提供快捷通道；对于那些经认定符合国际规格基本要求的论坛标准，可简化手续将其先批准为日本工业标准（JIS），并迅速向 ISO/IEC 提交该提案。

六、日本产业技术创新联盟发展对我国的思考与启示

日本的技术研究组合等产业技术创新联盟作为国家产业技术政策的有效工具与重要平台，为国家重大产业技术计划的顺利实施、产业共性基础技术的开展、关键技术等的研究开发、支柱产业的技术进步和新产业的发展发挥了作用。我国如何将企业这一产业技术创新主体组织起来，形成推动技术创新的强大

合力是目前必须解决的紧迫课题。这方面日本的经验非常值得我们学习借鉴。

（1）产业技术创新联盟的发展需要宽松、适宜的环境。日本企业之所以能够成为名副其实的技术创新主体，其产业技术创新联盟之所以能够承担起成为国家重大产业技术创新政策的实施平台的重任，其前提条件是日本在各主要支柱产业均拥有一批具有自主创新能力和实力的企业。而要培育出一大批这类企业，则需要营造让国家和社会资源向促进企业技术创新方向聚集的社会环境，需要建立回报机制，需要国家将产业政策与技术政策结合推进，为企业生存发展、提高自主创新能力创造条件。日本产业技术创新联盟组织形式多样，这与日本不断建立和完善与民间社会团体相关的法律法规与制度软环境是分不开的。

因此，我国也应尽快研究出台与完善各类民间组织相关法律法规，为各种类型的产业技术创新联盟的设立和规范运行提供制度保证。

（2）产业技术创新联盟的发展离不开政府强有力的引导和支持。我国也应该借鉴日本的经验，尽快研究制定包括各税收优惠政策在内的一系列优惠政策措施，引导产业技术创新联盟发展。同时，应将国家重大科技创新计划与项目作为培育企业创新能力的有效平台，通过相关计划、项目等对产业技术创新联盟给予直接的资金、技术、人才等方面的支持。

第四节　国外产业技术创新联盟比较分析

一、产业技术创新联盟合作模式比较

产业技术创新联盟是产业联盟的一种重要实践形式，也是未来产业联盟的发展方向。因此，产业技术创新联盟是本书重点研究对象。美国、日本、欧盟产业技术创新联盟的具体合作形式有多种，不同合作形式之间存在不同之处，详见表2.3。

表 2.3　美国、日本、欧盟产业技术创新联盟合作模式比较

国家或地区	合作形式	主要内容
美国	政府引导型联盟模式	充分发挥政府的引导作用，调动产业链上产、学、研各方力量。联盟初期，政府提供经费支持，运行中后期更多通过科技计划目标、产业技术发展路线对联盟加以引导
	工程研究中心模式	政府在大学内设立的工程研究中心，着力于适合工业发展的跨学科技术研究，同时致力于高、尖端新型工程人才的培养
	工业大学研究模式	根据企业的要求开展课题研究，旨在加强企业与大学间长期科研合作。该模式具有很强的独立性，有自己的物质技术基础和研究人员。主要有单对多、多对多、合同计划三种合作类型

国家或地区	合作形式	主要内容
日本	技术研究组合	经济产业省批准设立的非营利性法人，多家企业形成的合作组织，共同开展共性技术等领域课题研究，组合在完成目标后就解散
	混合研究模式	日本国立大学与产业界进行的合作、委托及建立合作机构等形式的研究模式
	技术标准联盟	联盟按主体的不同可划分成具有法人资格的正式组织和不具有法人资格的非正式组织两种类型
欧盟	网络中心模式	以多个项目合作为基础组成虚拟科技合作结构
	技术转移模式	联盟以促进技术转移和成果推广为重点工作，多为非营利性机构组织
	战术整合模式	通过战术整合进行联盟合作，增强整体实力

从以上比较中可以看出，美国产业技术创新联盟的合作形式多样，合作范围相当广泛，合作层次更为深入。日本的技术研究组合模式的特点最为突出，是目前产业技术创新联盟最为规范的形式之一；技术标准联盟的兴起也是顺应了经济全球化的发展趋势，有利于国际竞争力的提升。在欧盟方面，联盟形式更具网络化特点，信息技术的应用及联合研究呈多元化特点，体现欧盟科技合作的一体化目标。

通过以上分析可以发现，一般在合作研究模式的探索初级阶段，由于企业的自主创新能力比较薄弱、科研机构及高校在科技研究实力中的优势地位等特点，联盟合作形式主要以推动技术成果转让及以科研方为主导的类型为主。伴随着企业研发需求层次的提高与高新技术的迅速发展，自主研发水平和风险抵御能力的增强，企业及科研方的合作意愿都得到了加强，通过不断进行知识技术等资源的流动和共享，推动了科技创新成果的转化，并且提高了利用效率，此时建立合作研究实体及加速网络化信息资源共享等占据了联盟形式的主导地位。

二、产业技术创新联盟运行模式比较

在产业技术创新联盟的实践中，除了组织形式的不同，美国、日本、欧盟在具体的联盟运作中，如在发展模式、市场环境、联盟目标等九个方面也呈现出差异化，详见表 2.4[62]。

表 2.4 美国、日本、欧盟产业技术创新联盟运行模式比较

比较项目	美国	日本	欧盟
发展模式	以市场配置为主	以政府主导为主	市场配置与政府参与相结合
市场环境	发达的金融市场，非官方中介机构较多	相对落后的金融市场，政府提供中介服务情况较多	中介机构发达，呈现网络化特点

续表

比较项目	美国	日本	欧盟
联盟目标	以产业利益为出发点,关注与前商业化研究领域的共性技术研究	瞄准事关产业竞争力提升的核心技术,解决产业共性关键技术问题	专注于共性基础技术及重大前沿性科技项目
项目选择	有着严格的甄选标准和程序制度,以及科技评估体系	有一套完善的项目管理评价体制和预算监督机制	项目的拟定、征选、评审有一套与其相配套的明确而详细的制度体系
管理机制	主要管理人员大部分来自成员企业	管理人员由政府专员和成员企业共同构成	联盟内设有统一的管理机构
组织运作	直线职能制,明确分阶段的合作研究目标,严格的项目合作路线图等	联盟内设有多个小型实验室,分类研究,具有分散性和灵活性	全过程的管理思想,组织呈现扁平化特点
资金来源	政府与企业分摊;完善的风险投资机制	政府与企业分摊,以政府支持为主	政府与企业分摊,政府分阶段支付;有风险投资介入
利益分配	按比例进行权益分配及参与企业管理;完善的知识产权法律体系	按比例进行权益分配及参与企业管理;完善的知识产权体系	按比例进行权益分配,有相关法律法规保证
成果的扩散和转移	健全的科技立法体系;递次扩散转移机制	资源流动、技术转让和成果转化、合作研究评估体系等丰富的机制类型	分类明确的成果转让、保护与推广制度;重视人才流动;完善的科技交流平台

通过对比可以看出,美国的产业技术创新联盟实际是在市场配置下的发展模式,政府主要采取宏观调控手段。同时,成熟的自由市场机制为联盟营造了良好的环境,联盟参与方还包括风险投资等各类社会中介服务组织。来自财政税收、技术研究成果的转移扩散和知识产权等方面的机制和法律制度可以说是美国产业技术创新联盟运行实践的重要制度保证。

日本产业技术创新联盟实践的突出特点是官方主导,日本政府直接介入联盟的技术创新活动,作为技术创新合作的领导和指挥者参与其中。灵活而多样的研究组织合作形式可以说是日本产业技术创新联盟高效运作的重要基础。日本丰富而多层次的联盟合作管理及运行机制可以说远远领先于美国和欧盟,但这些机制大都逃不出政府干预的范畴。

欧盟的发展模式介于美国和日本之间,为了调动欧盟各国的积极性、整合资源,欧盟各国政府在产业技术创新联盟运行发展中起到了重要的引导作用,为联盟实践过程提供大量的经费支持,以及建立完善、规范的管理制度。多类型、多层次的网络科技中介机构及对人才资源的流动高度重视,在联盟的科技成果转让方面发挥了重要作用。全过程的联盟运作管理思想及严格而规范的项目遴选评估机制,可以说是联盟发展的关键要素。

三、产业技术创新联盟政府作用比较

国外产业技术创新联盟的经验显示，产业技术创新联盟健康快速发展离不开政府的大力支持，政府的作用可以说是尤为突出。本书在对研究内容进行总结的基础上，将政府作用单独提出来，通过联盟筹备、建立和运行阶段性的具体比较，对各自的政府作用做了进一步研究，如表 2.5 所示。

表 2.5　美国、日本、欧盟产业技术创新联盟政府作用比较

阶段	美国	日本	欧盟
筹备阶段	企业发起，政府审核；给予资金帮助	政府主导筹建；资金支持	政府间接发挥作用；给予资金帮助
成立阶段	政府间接管理，宏观把握	政府直接管理	政府注重政策、计划引导
运行发展	优化产业技术创新联盟的外部环境	对联盟内部、外部均进行管理	重视联盟发展环境建设，强化引导

在产业技术创新联盟成立初期，不同国家由于经济体制不同，政府在产业技术创新联盟中所发挥的作用也各不相同，甚至在不同的发展阶段也会呈现出不同点。

通过以上对比可以看出，在产业技术创新联盟发展过程中，美国政府在产业技术创新联盟实践中主要起促进与监督的作用。在筹备阶段，政府作为研究经费的主要提供方来推动联盟发展；但在经过一定探索后，随着联盟的逐步成熟，联盟成员间合作意识逐步增强，彼此间的信任程度和知识共享程度不断加深，联盟逐步转向由企业推动为主的运作模式，政府在联盟运行阶段更多地处在宏观协调管理的地位。日本政府则作为联盟的主导者参与其中，以其完备的规划引导联盟合作实践的全过程。欧盟各国政府同样在筹备阶段给予产业技术创新联盟大量的资金支持，在成立及运行阶段均以引导为主，主要是通过制订科技发展计划，尤其侧重对中小企业的扶持，为联盟发展提供良好的环境。

综上，为了促进产业技术创新联盟发展，美国、日本和欧盟各国政府在联盟筹备阶段都对其给予大量的资金支持，以推动联盟发展；而在其成立及运行阶段主要是通过制定相应的政策，来引导产业技术创新联盟发展，为产业技术创新联盟发展提供良好的外部环境。

四、先进经验

（一）立法保障：产业技术创新联盟的"制度红利"

纵观日本和美国产业技术创新联盟的发展经验，基础工作是立法先行，明确产业技术创新联盟的公益性质，重点是开展共性技术和竞争前技术研发，从而为

政府制定并实施减免税政策奠定法律基础，为政府提供各种支持扫除制度障碍。发达国家实践表明，"制度红利"是产业技术创新联盟健康发展的基础性保障，也是其持续发展的重要驱动力量。

1. 日本产业技术创新联盟的立法保障

日本在 1961 年颁布的《工矿业技术研究组合法》规定技术研究组合可以享受财政和税收优惠：①企业提供组合的经费可以计作损失；②组合购买的或制作的用于实验研究目的的设备仪器可以以 1 日元进行压缩记账；③实验研究使用的固定资产，一年内可以只按固定资产税标准的 2/3 进行纳付。1986 年，日本颁布了《官民暂定合作研究制度》，1998 年颁布了《创造性科学技术推进制度》和《下一代产业基础技术研究开发制度》，2009 年 4 月日本将《工矿业技术研究组合法》更名为"技术研究组合法"，保留了原有的财政和税收优惠政策，并增加了新的内容：①放松了联盟成立的条件，如不再规定只有企业才可以参与研究组合，把范围扩大到企业、大学、独立行政法人研究机构；②增加了联盟组合的灵活性，如规定研究组合可以重组为法人实体，包括股份有限公司、合伙公司或新的研究组合，从而为研究成果的商业化和利用股市筹措研究经费等提供法律依据。

20 世纪 60 年代以来，日本制定和实施的一系列法律规范为官产学研合作，尤其是为产业技术创新联盟的发展提供了基础性支撑，同时，也大大拓宽了技术研究组合的行业范围，为政府部门持续给予支持提供了坚实的法律依据。

2. 美国产业技术创新联盟的立法保障

1984 年，美国颁布了《国家合作研究法》，打破了《反垄断法》对产业技术创新联盟的限制，鼓励建立研发联盟，提供了公司或企业开展合作研究开发的法律保障，为产业技术创新联盟的发展奠定了基础；同时，该法案减少了反垄断诉讼案中的赔偿责任，它规定，产业技术创新联盟如果在反垄断诉讼案中败诉，不需要按《反垄断法》承担三倍赔偿责任，只需承担一倍赔偿责任[63]。1994 年，美国对《国家合作研究法》进行了修订，增加了可以合作生产的内容，并形成《国家合作研究和生产法案》，允许产业技术创新联盟进行合作生产，从而使产业技术创新联盟从研究开发阶段扩展到生产制造阶段。至 2004 年，美国产业技术创新联盟已经登记注册 942 个[64]。

从 1984 年的《国家合作研究法》颁布到 1993 年《国家合作研究和生产法案》出台，美国用 10 年的时间，不但彻底摆脱了《反垄断法》对产业技术创新联盟发展的限制，而且将产业技术创新联盟的合作范围从研究开发领域拓展到生产制造领域；为产业技术创新联盟的发展扫清了法制障碍，也为政府给予政策和经费支持等开了方便之门，从而为产业技术创新联盟持续发展提供了良好的商业环境。

（二）实体运行：产业技术创新联盟的"利益驱动"

日本和美国产业技术创新联盟的运行，其核心驱动力来自联盟带来的新的巨大利益，主要体现在获得政府经费的支持、分享共同研发的专利成果、带动成员企业技术能力的提升和提高经济效益。

日本产业技术创新联盟的研究经费，除由成员企业分摊外，主要来自政府的研究补助。实际上，日本的研究组合多数是承接政府委托的研究计划而设立的，政府补助金是重要的资金来源。政府提供补助金，增加了创新联盟研究开发费用，降低了研究开发资金风险，激发了公司参与产业技术创新联盟的积极性。例如，1983 年，日本共有 44 个研究组合，研究总经费 644 亿日元，其中 328 亿日元（约占 51%）是由政府补助的。VLSI 组合运行期间，总经费为 720 亿日元，其中经济产业省的补助金为 291 亿日元，约占 40%。

VLSI 组合启动以前，日本半导体生产设备的 80%左右依赖从美国进口，VLSI 组合成立 4 年时间，专利申请数达 1210 件，商业秘诀申请数达 347 件，到 20 世纪 80 年代中期日本实现全部半导体生产设备的国产化，20 世纪 80 年代末日本半导体生产设备的世界市场占有率已经超过 50%。1980 年，全球半导体生产设备销售额最高的十大公司中，日本只有 1 家；然而，1989 年时已经增长到 5 家。缩小投影型光刻装置，1980 年前几乎全部从美国进口，但从 1985 年开始，日本该设备的国际市场占有率便超过了美国，到 2000 年时，除荷兰的 AMSL 外，生产销售这种关键生产设备的厂家已经是清一色的日本公司。

由于参与产业技术创新联盟的企业均可无偿使用研发成果，大量的技术创新成果迅速提升了日本企业整体技术能力，尤其是在存储器生产领域，成绩更为突出，日本企业抢占到该领域近 90% 的全球销售份额。产业技术创新联盟带来了大量的技术创新成果，不仅使参与联盟的公司获得了巨额的商业利润，也迅速提升了它们的技术能力，为公司的持续发展奠定了坚实的基础。

（三）组织协调：产业技术创新联盟的"人脉和谐"

日本和美国产业技术创新联盟的经验表明，产业技术创新联盟的成功运行需要有效的组织和人际沟通，选择合适的协调人至关重要。协调人不但应熟悉企业界的运行规则、研究开发规律，而且应了解政府部门的运行特点，善于沟通。

美国产业技术创新联盟的成功，很重要的原因是在合理的组织架构基础上加强信息交流、推进有效沟通，从而创造良好的人际氛围、激发创新潜力。

SEMATECH 创建之初，国会通过法案授权国防部部长代表政府参与联盟，60% 的技术人员来自成员公司，同时成员公司派遣高级技术主管参与联盟计划和技术预测。1988 年，政府参与方由国防部部长改为国防高级研究计划局（DARPA）

成员，他们参与董事会和技术顾问委员会，评价技术进步情况、协调各成员企业[65]。虽然，SEMATECH 成员企业在研究开发中存在着共同的利益，但由于公司间的竞争性，将其组织到一起从事共同研究开发是件很不容易的事情。为促进研究交流，每隔一段时间，各研究项目技术人员会聚集到一起，汇报交流各自的研究进展。在促进半导体制造设备供应商和半导体制造商之间的沟通合作方面，SEMATECH 通过组织一系列会议和短训班来实现。会议包括定期会议和主题会议两种形式；短训班主要是针对特定新设备的使用开办，同时，SEMATECH 还致力于提供和建立技术交流平台，联合体每年至少召开 200 次半导体制造技术会议，集中交流制造技术和制造系统中普遍存在的问题及解决方法[66]。有效的交流沟通、良好的人际协调，在很大程度上保证了 SEMATECH 运行目标的顺利实现。

美国政府所做的工作，除了引导创新联盟成员企业制订具体的研究开发计划和时间表外，另一重要任务就是推动成员企业之间加强沟通，协调它们的不同意见以达成共识，使联盟真正形成同舟共济的联盟实体。

由以上分析可知，产业技术创新联盟的成功运行和健康发展需要具备主客观条件，各企业主观上有创新驱动发展的内在需求（外在的竞争压力、内在的利益驱动）；政府部门客观上有促进发展的政策法规（法律保障、政策鼓励），外部环境上具有迫切的经济需求和技术创新潜质，目的是通过创新驱动发展，增加企业盈利，推动产业链攀升，实现战略性新兴产业的发展和振兴。简言之，产业技术创新联盟成功运行的关键是三重动力协同，即立法、利益及人和协同，其中，基础是立法，关键是利益，核心是人和（图 2.2）。

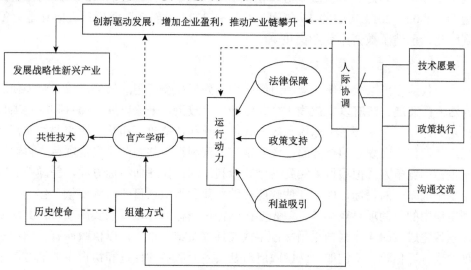

图 2.2　产业技术创新联盟组建及运行动力结构

第五节　国外发达国家发展产业中介组织的成功经验和启示

一、发达国家产业中介组织发展的成功经验

1. 加大专项资助力度

西方发达国家特别重视产业中介组织在社会发展中的作用，政府采取直接资助和间接资助的方式扶持各种产业中介组织发展。在瑞典，有众多的由国家设立的基金，如工薪者基金、事业保险基金及养老基金等。瑞典政府通过政策调整，将它们引入社会资助体系和风险资本市场。例如，瑞典 ALMI 商业伙伴公司是一个国有咨询公司，主要从事商业开发咨询活动，特别是向社会中小型企业提供技术转让咨询服务，同时提供资金支持。该公司成立于 1994 年，是由瑞典中央政府和地方政府共同投资设立的，目前，在瑞典有 22 个区域性分公司、40 个办公室、550 名工作人员，100%属国家所有，中央政府拥有 51%的股权，地方政府拥有 49%的股权。因此，该公司一方面覆盖全国，同时也与地方有着十分密切的联系。而美国、英国、法国也多方面对产业中介组织的发展提供帮助，主要体现在技术转让和孵化器方面。美国的孵化器已经由 1998 年的 600 个上升到 2012 年的 1250 个，其中，32%的北美企业孵化器由学术机构赞助，这些孵化器正在日益吸引来自世界各地的智力资本。英国贸易和工业部近年来也加大了对孵化器的支持，重点是生物技术企业孵化器，已经启动了新一轮的生物技术指导咨询和孵化器挑战基金。法国到 2014 年在全国已有 28 家孵化器正在运营，2000~2013 年底的 13 年间，总计有 3735 个创新企业项目在孵化器内得到孵化，创造了数万个就业岗位。

2. 实行多元化的扶持政策

当代西方国家大多使非营利组织成为其处理社会问题的伙伴，或者至少使之向这方面发展。政府以"花钱买公共服务"等政策，采取以规划项目和制定项目来实施计划、确立评估指标体系等方式，引导和扶植政府和社会所需要的非营利组织。例如，在规划项目方面，政府常与非营利组织共同商议选定项目，再通过招投标的竞争方式把项目落实到某个非营利组织；在评估指标方面，美国政府制定了全国统一的指标，用于评估政府资助非营利组织项目的实施质量。作为非营利组织中的资助项目获得者，首先要按照评估指标的各项要求实施项目，其次要在项目完成后的 4 个月内采用标准格式文件提交结项报告，以供政府有关部门对项目进行评估验收。例如，法国政府对社会中介服务的促进和协调主要通过国家创新署实现。

3. 以法制建设规范产业中介组织发展

发达国家的法制建设成果显著，尤其规范产业中介组织发展的法制建设环节相对完善。国外中介组织无论是自发成立、自主运行，还是自我积累、自我发展，都是依法运行、自我约束，都以相应的法律法规为依据。法律对于中介组织的性质、地位和作用等都有明确的规定。例如，在加拿大，非营利组织的成立与活动受到加拿大《宪法法案》产业《所得税法》产业《加拿大公司法》等法律的规制。加拿大非营利组织的经费可以百分之百地来源于政府，但作为对非营利组织的限制，当其在涉及参与政治、影响决策、关乎政策等政治目的的活动时，最多只能支出不超过全部经费的 10%。这样的限定理由：一是政府认为非营利组织花的多是政府的钱，应当以立法的方式对用于政治目的的开支加以限制；二是从历史上看，非营利组织参与政治曾经对议员造成压力且有所冒犯，而政府认为非营利组织的作用不能妨碍议员执行公务，因此要加以限制；三是有的非营利组织与一些极端的宗教、政治势力有牵连，政府必须限制它们用于政治目的的资金。西方经济发达国家或地区产业中介组织具有自我监管和监管社会的作用。一方面，产业中介组织对本组织成员的行为具有自我监管作用；另一方面，产业中介组织又受政府委托，从事专项的经济管理和社会监管活动。

4. 提高产业中介组织的市场化程度

竞争是市场经济的基本特征之一，也是现代市场主体生存和发展的必要条件。随着市场经济的深入发展，产业中介组织也应该逐渐提高市场化运作程度。发达国家特别注重产业中介组织的市场化运作，国外产业中介组织的产生不是基于外力的推动和行政安排，而是基于企业或个人对自身经济利益的追求，是经济规律作用的结果。例如，参加法国雇主委员会的企业众多，而这些企业完全是自愿的。由此所形成的产业中介组织不是政府的附属物或代言人，也不是政府的派出机构，而是在自主、公平、公开、公正的前提下承担其职责并获取利益的组织。国外的一些产业中介组织在组织机构上实行董事会管理，如美中贸易全国委员会即由董事会管理，其成员由杰出的企业领导组成。产业中介组织在经济来源和经费维持上，一方面来自会员的会费。例如，按照美国税法规定，协会不得接受任何个人尤其是政府的任何资助和捐赠，只能靠收取会费维持运转。美中贸易全国委员会的经费都来自会员的会费，企业缴纳会费的多少依会员在对华贸易或国际贸易中的规模而定。法国雇主委员会的财政达 113 亿法郎，均为会员缴纳的会费，会费的标准视企业的营业额和雇员人数而定。另一方面来自产业中介组织为企业或社会所提供的服务的收费。产业中介组织以其自身能力和获利空间进行自我积累、自我发展，并力图在竞争中取胜[67]。

二、发达国家产业中介组织发展的经验对滨海新区产业中介组织发展的启示

（1）走出"创新悖论"的误区。在一些国家，尽管其研究性基础设施建了不少，研究开发实力不可谓不强，但由于其创新体系中各主体间缺乏沟通和互动，没有有效的中介机构把研究机构和研究成果推荐到企业，同时把企业的需求反馈到研究机构，产业创新效果不明显，这就是所谓创新悖论现象。如何走出这一误区呢？法国的做法提供了一个有益的启示。在法国，政府对社会中介服务的促进和协调主要通过国家创新署（ANVAR，原名研究成果推广署）进行。ANVAR 是法国研究与技术部和工业部共管的一个国有工商机构，是法国社会中介市场的组织者和资助者。ANVAR 的专门业务称作"创新工程"。它充分掌握国际和国内的技术创新情况，了解各种技术转让机构、咨询机构和金融资助机构的运作。它的服务对象主要是中小企业，资助的形式主要是为其技术创新和技术转让项目提供无息贷款。由于这一做法行之有效，目前世界主要国家都开始重视本国企业社会中介服务的完善和发展，出台了很多有益于社会中介服务发展的新举措[68]。

（2）形形色色的组织形态。各国的产业中介组织可谓多种多样。从组织形态上分，有附属于某一机构的，也有以独立法人形式存在的，还有的是跨国家或地区的中介网络；按经营性质分，既有服务社会的公共机构、非营利的产业中介组织，又有以营利为目的的完全商业化的社会中介公司；按设立者身份，又可分为国家资助设立的产业中介组织、研究机构和大学设立的产业中介组织、协会创办的产业中介组织、独立的民间产业中介组织及商业化的社会中介公司等；对于不同性质的产业中介组织，政府的作用和影响也是不同的。国家资助设立的产业中介组织通常会得到政府的直接资助，非营利性产业中介组织则能享受到政府对非营利机构提供的减免税收等政策优惠。而对于商业性产业中介组织和公司，国外的政策基本上采取自由放任的市场机制，既不干预也不扶持。不过，在市场经济和法制健全的国家，产业中介组织同其他行业机构一样，必须按照相关法律法规运营，其活动受到相关道德规范和行业自律的约束。

（3）积极发展行业协会、联合会等产业中介组织。在市场经济发达国家，政府管制不断弱化，但企业之间的交易却规范有序，其中的一个非常重要的因素是行业协会或联合会担任了重任。其中，德国尤为突出。德国工业研究联合会（AIF）是全德工业合作研究机构的总部，包括来自 30 多个行业的 105 家工业合作研究机构。这些工业合作研究机构的成员均是企业，主要是中小企业[69]。各工业合作研究机构将各企业的科研创新计划集中统一起来，根据各计划的轻重缓急和市场潜力进行筛选和评价，那些对成员企业具有普遍重要性的项目被送到合适的研究所付诸实施。合作研究机构负责与研究所签订合同并全权监督研究成果向企业的转

让。通过工业合作研究机构，中小企业能够以相对较低的费用使用外部的研究成果。德国工业研究联合会所属的各个合作研究机构不仅协调企业的技术创新活动，还在创新的各个阶段——从确定技术、协助获得政府资金支持到技术人员的培训、成果的商业化等，为企业提供全方位的服务，加快了合作研究的成果应用于工业的进程[70]。

（4）充分利用大学资源。大学和研究机构创办的产业中介组织正在蓬勃发展。美国、德国、英国、法国等发达国家，在有关法律法规及政策的要求和鼓励下，过去20年里，主要的研究型大学和国家研究机构都设立了诸如技术转让办公室之类的机构，以促进大学和研究机构研究成果的商业化。这些技术转让办公室可以选择不同的技术转让方式，有的还经营孵化器或研究园，它们一般是非营利性的，但有些属营利性质。比如，在以色列，大学和研究机构的技术转让机构基本上以商业性私营公司的形式注册，大学和这些公司通过签订合同明确双方在技术转让方面的责权利关系。自1980年美国国会通过《贝尔-多尔法案》（专利与商标修正法）以来，美国的研究型大学对技术转让表现出越来越高的积极性。各研究型大学通过建立技术许可办公室、技术和企业孵化器、技术园、新创公司风险投资基金等多种形式，积极推进技术创新成果向私营公司转移，技术转让已经成为一流大学必不可少的活动[71]。

（5）积极支持崇尚技术转化的"校办"产业中介组织。在国外，"校办"社会中介组织中的技术转让活动有两种形态：一类是将技术转让视为一种派生物，即研究活动的后续补充，这一类占绝大多数，其组织及工作方式与大学技术转让办公室类似；另一类是将技术转让视为研究过程的一个有机组成部分，如美国麻省理工学院和斯坦福大学以崇尚创业和技术转让最为著名。据调查，美国有4000家公司（雇员100万人）是由麻省理工学院的研究生和教师建立的，如果把这些公司组成一个独立的国家，这些公司创造的总收入将使这个国家成为世界第24大经济强国。

（6）鼓励企业直接参与中介组织。在国外，有些企业不但投入资金，还积极参与研究工作。其人员实行双向流动，即大学的研究人员可以到企业去工作，企业人员也可以参与研究。企业还提供专门的仪器设备供使用。例如，瑞典的许多大型国际企业集团都参加了产业中介组织的工作，如爱立信、沃尔沃均参加了10个以上的产业中介组织，加入的企业中有约20%是中小企业。这种产业中介组织的运行依据"协议书"进行。协议书对大学、政府和各个企业的责任和义务做出明确的规定，包括组建、运行和项目资助等。所有参加的企业都有权免费使用全部的项目成果，而不限于使用以自己为主研究的成果。

（7）注重公共性和公正性。在发达国家，社会中介活动像研究开发一样，越来越多地依赖民间，但政府的引导和扶持在任何时候都是重要的和不可缺少的。

例如，美国政府对社会信息传播和技术标准制定非常重视，专门资助成立了国家技术信息服务中心（NTIS）和国家标准与技术研究院（NIST）。美国政府认为，社会信息传播是公共性的事业，能使全社会受益，同时，其直接商业价值不明显，故需要政府推动。行业和工业技术标准的制定也需要一个超越具体企业利益、不偏不倚的协调和组织者，同时，要考虑到消费者的利益及国际协调，这个角色也非政府莫属。需要指出的是：NTIS 和 NIST 虽设在商务部旗下，但它们都是执行机构而非管理机构，也就是说它们对企业主要履行服务和协调职能，对政府则提供政策咨询，本身并不具备很强的管理和管制职能。这有利于保持其公正性。

（8）鼓励发展作为"特殊法人"的半官方机构。在日本，半官方机构的典型是日本科学技术振兴事业团（JST）和中小企业综合事业团（JASMEC），这两家机构分别是依据《日本社会振兴事业团法》和《日本中小企业事业团法》成立的。JST 和 JASMEC 均为"特殊法人"，是半官方机构，分别隶属于政府内阁的有关省厅，相当于我国的事业单位。JST 和 JASMEC 分别接受各自对应省厅（即主管部）的领导，承担由省厅下达的年度国家攻关任务。在社会中介方面，JST 侧重于基础技术，JASMEC 则侧重于对中小企业的扶植。机构负责人由相应省厅的退职官员担任，大部分预算来自政府拨款。

（9）政府直接资助产业中介组织和网络。各国政府对产业中介组织的资助不少是集中在技术转让和孵化器方面，其中，以技术转让类产业中介组织最多。另外，技术企业孵化器也是受到政府资助较多的产业中介组织。孵化器是 1980 年以后从美国发展起来的。根据美国国家企业孵化器协会 2012 年报告中的数据，美国有大约 1250 个孵化器项目，大约有 32% 的北美企业孵化器有学术机构赞助。英国贸易和工业部近年来也加大了对孵化器的支持，重点是生物技术企业孵化器，已经启动了新一轮的生物技术指导咨询和孵化器挑战基金。截止到 2013 年，法国共有 28 家孵化器正在运营当中，其中大多数是涉及 2～3 个主要专业的孵化器，有 3 家专业孵化器。孵化器为企业提供的服务涵盖培训、指导、融资等方面。另外，以色列也是政府支持企业孵化器最为成功的国家之一。

（10）经费的多渠道来源。在法国，技术推广网所设的网络技术服务基金由国家社会成果推广署提供资金，一些大区议会也为其出资。网络的某些计划和项目也可利用欧盟的资金，如欧洲社会基金和欧洲地区发展基金等。网络技术服务基金（PTR）旨在促进企业创新、产业升级、新产品和新工艺的研制开发，用于支付企业委托外界所做的技术调研、科学调研或市场调研开发。受益者必须是在技术推广网覆盖区内、资金状况良好、员工总数 2000 人以上的企业，不含员工在 2000 人以上的集团子公司。受益企业须有确切项目，由网络调查员根据规定为其准备申请材料，申请批准后，技术服务基金为项目提供资助。资助的经费在项目的外部开支总额中所占的比例最高不超过 75%，直接由技术推广网付给企业的外部服务提供商。

（11）逐步形成自己的专业特色。中介服务是一种非常专业的工作，往往由具有技术、营销、法律专长和良好产业关系的人组成的团队才能胜任。产业中介组织对人员的要求是贵在专精，而不在多。这些机构虽然人员不多，但专业人员的素质却很高，他们大都具有理、工、商、法两种或两种以上的专长，有博士学位者，而且大都曾有在企业工作的经历，有利于形成专业特色、专业团队及专业技术平台，在某一领域打响品牌。以美国麻省理工学院技术转让办公室为例，其 2000年共有人员 29 人，其中负责技术转让的专业人员有 16 人（行政辅助人员 13 人），大部分的专业人员都有 12 年以上产品开发、技术销售、技术商业化方面的经验。每一个专业人员都能独自负责某一技术转让项目的全程服务，包括发明评估、市场及技术评估、与外聘律师联系进行专利申请、协议谈判、绩效监督等[72]。

经验表明，发达国家政府对于社会中介服务的促进应建立在满足经济发展的战略需要和弥补市场失灵、消除创新系统障碍两个方面上，利用政府政策、法规、资金等工具及信息获取广泛的网络联系，做市场不能做或做得不充分的事情，用经济学家的话说，就是提供市场匮乏的公共物品[73]。为此，政府作为制度设计者，要不断建立和完善有利于各类产业中介组织发展的制度环境，善于通过制度创新消除影响各类产业中介组织发展的障碍，促进社会中介服务的顺利发展。比如，在技术转让方面，政府有必要通过制定促进技术转让和商业化的政策和法规，理顺大学和政府研究机构在技术转让方面的责权利关系，加快大学和政府研究机构研究成果向企业的转移。不过，需要注意的是，无论是发达国家还是发展中国家，政府的支持都必须与各种中介服务的内在要求相适应，必须适应市场条件的变化。一些产业中介组织在其发展的初期可能完全是在政府的直接资助下成长起来的，但随着市场条件的发展，政府可能需要逐渐改弦更张，从直接资助转向更多地提供信息和网络支持，或采取与其他民间组织协作经营的方式。

第三章　国内产业中介组织发展概况

第一节　国内产业中介组织发展历程及其政策背景

我国社会产业中介组织的产生和发展大体经历了五个发展阶段[5]。

第一阶段（1949～1956年）。这一时期中华人民共和国刚刚成立，国民经济处于恢复发展阶段，经济运行仍以市场经济为主，产业中介组织发挥着重要作用。

第二阶段（1956～1978年）。1956年以后，由于我国实行的是计划经济，经济领域基本上没有中介组织生存的空间，非经济领域也几乎没有专门的产业中介组织。

第三阶段（1978～1992年）。这个阶段是产业中介组织的起步阶段。以党的十一届三中全会和十二届三中全会的召开为背景，党的工作重心转移到经济建设上来，经济体制改革全面展开，企业对政府的依附逐渐减弱，行业内横向联系的需要增强，行业协会应运而生。1979年，针对我国长期以来条块分割、缺乏有效行业管理的情况，政府提出了打破部门管理和地区分割，按"行业组织、行业管理、行业规划"进行改革的要求。因此，中国包装技术协会（中国包装联合会的前身）、中国食品工业协会、中国饲料工业协会等行业组织先后成立[74]。这一时期行业协会面临的政治环境是改革方兴未艾，为行业协会试点提供了有利的政策空间。当时，政府机构实行"三个转变"，即由部门管理转变为行业管理，由直接管理转变为间接管理，由微观管理转变为宏观管理，随着政府不断放松对社会经济生活的控制，一些协调企业利益关系、为企业提供服务的咨询机构、行业协会和律师事务所相继出现，这为行业协会提供了生长发展的空间和机遇。但这一时期产业中介组织规模小，数量少，社会影响不大。

第四阶段（1992～1998年）。这个阶段是产业中介组织蓬勃发展的阶段。以1992年邓小平同志南方谈话为标志，按照党的十四大确定的建立社会主义市场经济体制的目标及党的十四届三中全会关于"发挥行业协会、商会等组织的作用"的要求，行业协会获得长足发展。这一时期行业协会面临的经济环境是政府提出把社会主义市场经济体制作为经济体制改革的目标，作为市场经济重要组织载体的行业协会逐渐成为经济建设不可或缺的因素。根据建立现代企业制度的要求，越来越多的企业脱离对行政主管部门的依附，独立参与市场竞争。在走向市场的过程中，企业对行业协会在搜集和发布行业信息、举办业务知识和市场知识培训、推动行业技术水平和经营能力提高、协调同行业间及企业与政府间关系等方面的作用逐渐被重视。这一时期行业协会面临的政治环境是，政府逐渐将行业协会作为市场经济条件下经济管理的重要助手来培育。于是，为进一步推动行业协会的发展，1997年，国家经济贸易委员会（简称国家经贸委）选择上海、广州、厦门、温州等城市开展行业协会试点工作。1999年，国家经贸委印发了《关于加快培育和发展工商领域协会的若干意见》，对行业协会的性质、建立措施做了更为明确的表述。

党的十四大提出了建立社会主义市场经济体制目标后，产业中介组织进入了快速发展时期。这一时期，我国产业中介组织发展背景主要有三种情况。一是先官办、后脱钩，即先按国家要求和有关规定由有关政府部门按事业单位成立，运作几年后，又按照国家有关规定脱钩，成为自主经营、自负盈亏、自我发展的经济实体，如会计师事务所、律师事务所等。二是作为一些部门的事业单位，目前还未脱钩的带有中介性质的机构，如部分人才交流中心、土地房屋评估和质量技术检测等机构。三是完全按市场需求发展起来的中介机构，如房屋租赁、家政家教、婚姻介绍、劳务介绍等中介机构。这三类产业中介组织体现了我国产业中介组织管理、运作和发展中的一些主要特点。

第五阶段（1998年至今），这个阶段是产业中介组织全面发展的阶段。以国务院机构改革为契机，一些经济主管部门被撤销，组建了相应的行业协会，承担起行业自律发展的职能。我国加入世界贸易组织后，为适应新形势，许多外向型行业和新兴行业组建起行业组织[75]。这一时期行业协会面临的经济环境是，经济改革深化和对外开放扩大为行业协会的发展提供了前所未有的平台。加入世界贸易组织，也让我们逐渐认识到国外行业协会的作用，进一步深化了对行业协会在市场经济中具有重要作用的认识，从而促进了我国行业协会的全面发展。这一时期行业协会面临的政治环境是，随着中国经济与世界接轨，我的许多政策法律法规逐渐与国际规则相融合、与市场规律相适应。2001年2月，国家经贸委正式撤销了9个委管国家局，近300家下属行业协会中，15家由国家经贸委直接管理，称"直管协会"。此外，委托直管协会分别代管其他协会。直管协会和代管协会之间没有隶属关系，其业务主管单位都是国家经贸委。

下面以表格的形式，对我国产业中介组织（行业协会）不同发展阶段所面临的背景标志、经济背景、政治背景，以及政府在其中发挥的作用进行比较分析，见表3.1。

表3.1　我国行业协会不同发展阶段的背景标志、经济背景、政治背景和政府作用

时间阶段	背景标志	经济背景	政治背景	政府作用
1978~1992年 起步阶段	以党的十一届三中全会和十二届三中全会的召开为背景，党的工作重心转移到经济建设上来	市场经济体制尚未确立，但是商品经济的重新起航对经济管理方式的改革提出了要求	改革方兴未艾，为行业协会试点提供了有利的政策空间	对民间组织进行了彻底的清理和整顿，行业协会直到改革开放前基本上都不再存在

续表

时间阶段	背景标志	经济背景	政治背景	政府作用
1992～1998 年 蓬勃发展阶段	党的十四大确定的建立社会主义市场经济体制的目标及党的十四届三中全会关于"发挥行业协会、商会等组织的作用"的要求	社会主义市场经济体制被作为经济体制改革的目标	政府逐渐将行业协会作为市场经济条件下经济管理的重要助手来培育	选择上海、广州、厦门、温州等城市开展行业协会试点工作；出台意见，明确表述行业协会的性质、提出建立措施等
1998 年至今 全面发展阶段	国务院机构改革，一些经济主管部门被撤销	经济改革深化、对外开放和加入世界贸易组织	我国经济与世界接轨，政策法律法规要与国际规则相融合	撤销委管国家局，少部分其下属行业协会由国家经贸委直接管理，"直管协会"代管其他协会

第二节　我国产业中介组织发展情况

随着改革开放的深入和市场经济的发展，我国社会产业中介组织也进入了一个加速发展的新时期，并取得了一系列成绩。

一、产业中介组织数量发展迅速，从业人员增多

据中国经济体制改革研究会有关资料介绍，截至 2013 年底，我国取得执照资格和注册登记的各类市场中介组织有 200 多万个。我国近年来中介市场的从业人员规模也呈现出扩大趋势，形成了遍布城乡的中国产业中介组织网络。根据社会学者在 2014 年的一项问卷调查，产业中介组织从业人员已占我国总人口的 1.8%。其中，行业协会是市场经济发展的必然产物，它向政府和企业提供双向服务，既分担政府职能，又反映企业的意见和建议，是连接微观和宏观管理的中观媒介。截至 2013 年底，我国有各种社团约 20 万个，其中全国性和地方性社团分别为 1860 个和 19.8 万个。在全国性社团中，学术性、行业性、专业性和联合性的社团各占 38%、23%、9% 和 10%。市场经济的发展，既对行业管理提出了更高的要求，也为行业协会的发展提供了更大的机遇。商会，这是在市场经济条件下，通过不同社会利益群体之间的协商、对话、谈判、调整，实现不同社会主体和谐相处的社会产业中介组织。改革开放以来，商会获得了新生，各地工商企业纷纷自发组织商会，截至 2013 年底，中国民间商会的会员接近 115 万人，县级以上组织 3500 多个。中华全国工商业联合会已经在全国形成了健全的组织网络，地方各级商会有 2660 多个，会员达 90 多万人，与世界上近百个国家和地区的商会建立了联系，在海内外具有一定的信誉和声望。现在的问题是商会大多数是官方组织，因而也存在如何向民间转化的问题。

二、管理章程进一步规范

在国内，这些章程主要包括：为供求双方提供政策咨询、培训信息及其他所需信息或开展培训活动，指导供求双方依法签订合同，接受有关方面的委托依法开展代理业务，组织智力开发、人才测评及其他评估活动，从事被批准经营的其他业务，执行授权后履行的特定行政管理职能等。

三、对外交流越来越广泛

2013年，辽宁省技术出口的合同额为20.4亿美元，其中，直接作为"技术咨询和服务"出口的项目有近30项，合同额为2085万美元。这表明，产业中介组织在对外交流中的作用和效益，不仅表现为直接促成了大量技术出口项目的实现，而且其服务还直接作为技术出口而形成更突出的成果[76]。中国加入世界贸易组织后，国内的产业中介组织逐渐走向世界市场，特别是法律、财务和金融服务类的中介机构，其对外开放程度大大加强。随着我国对外开放程度的提高和国际经济一体化步伐的加快，外资企业不断增多，以为外商投资企业服务为宗旨的产业中介组织逐渐增多。

第三节　我国行业协会、产业联盟等产业中介组织发展情况

一、行业协会发展状况

1. 中国行业协会的数量和从业人数估计

我国的行业协会是伴随着改革开放而逐步发展起来的，近十几年来，行业协会的发展极为迅速。在我国的法律规定中，行业协会属于社会团体。根据《中国民政统计年鉴2015》的数据，截止到2014年全国依法登记的社会团体为60.6万个[77]，这其中包括了全国性社会团体及地方性社会团体。

根据民政部数据，2008年全国性社会团体的行业分布或行业分类中，有宗教、法律、生态环境、职业与从业者组织、农业与农村发展、卫生、国际与涉外组织、社会服务、体育、教育、文化、科学研究、工商服务业、其他等类型。其中，工商服务业占比为14.29%，这意味着全国性社会团体中的全国性行业协会的比例至少为14.29%。如果全国性社会团体中的行业协会构成比例也适用于地方性社会团体，并且这种比例每年度基本维持不变，那么我们就可以大致推测出，我国行业协会在全部社会团体中的比重至少为14%。考虑到2008年全国性社会团体的有关数据中，关于行业分类还有"其他"这一项目，而在"其他"项目中，也可能有

行业协会存在，所以单纯按照"工商服务业"这个行业来估计行业协会数量或比重，可能出现低估的情况。这样，我们考虑采用全国性社会团体的业务主管单位主管的社会团体比重来进一步估计全国性社会团体中行业协会的比重。2008 年，全国性社会团体涉及的业务主管单位有 97 家，在如此众多的业务主管单位中，由国务院国有资产监督管理委员会（简称国务院国资委）（17.13%）、商务部（2.89%）、住房和城乡建设部（简称住建部）（1.85%）、工业和信息化部（简称工信部）（1.5%）、中华人民共和国保险监督管理委员会（简称中国保监会）（0.17%）、中国银行业监督管理委员会（简称中国银监会）（0.17%）、国家发展和改革委员会（简称国家发改委）（0.93%）、中国人民银行（0.52%）、国家工商行政管理总局（简称国家工商总局）（0.20%）、中国证券监督管理委员会（简称中国证监会）（0.12%）等国家部委作为业务主管部门主管的社会团体最有可能以行业协会为主，这些部委主管的社会团体比重总和为 25.48%，我们估计行业协会占比大致为 25%。这一数据与中国社会组织网上显示的行业协会比重（约为 26%）大致相当[78]。

　　这样，根据我们的估计比重并结合 2012 年中国的社会团体数量，可以粗略计算出 2012 年中国的行业协会数量及年末职工人数，见表 3.2。行业协会的工作人员数量也是根据大致 25%的比例推算的，因为单位数与人员数量呈正相关关系。这里还假定行业协会与其他团体的工作人员数量相差无几，这样，如果行业协会数量占社会团体数的比重为 25%的话，行业协会的工作人员数量占社会团体工作人员数量的比重也大致为 25%。

表 3.2　2012 年全国及各地区社会团体及行业协会单位数和相应的职工人数

地区	社会团体		行业协会（推算数）	
	单位数/个	年末职工人数/人	单位数/个	年末职工人数/人
北京	3 392	32 205	848	8 051
天津	2 018	8 670	505	2 168
河北	9 909	121 963	2 477	30 491
山西	6 613	99 004	1 653	24 751
内蒙古	6 432	60 983	1 608	15 246
辽宁	9 865	150 009	2 466	37 502
吉林	5 557	80 275	1 389	20 069
黑龙江	5 874	124 809	1 469	31 202
上海	3693	33 698	923	8 425
江苏	21 843	154 569	5 461	38 642
浙江	16 452	130 383	4 112	32 596
安徽	11 023	184 060	2 756	46 015

续表

地区	社会团体		行业协会（推算数）	
	单位数/个	年末职工人数/人	单位数/个	年末职工人数/人
福建	12 019	181 483	3 005	45 371
江西	7 420	101 207	1 855	25 302
山东	17 745	136 871	4 436	34 218
河南	11 022	77 448	2 756	19 362
湖北	11 127	102 027	2 782	25 507
湖南	11 194	122 185	2 799	30 546
广东	15 853	140 809	3 963	35 202
广西	9 180	266 955	2 453	66 739
海南	2 018	8 221	505	2 055
重庆	6 176	42 437	1 544	10 609
四川	18 069	318 970	4 517	79 743
贵州	4 927	105 410	1 232	26 353
云南	10 701	254 243	2 675	63 561
西藏	409	5 997	102	1 499
陕西	9 162	172 048	2 291	43 012
甘肃	7 768	130 036	1 942	32 509
青海	1 998	14 280	500	3 570
宁夏	3 172	33 454	793	8 364
新疆	5 997	53 185	1 499	13 296
全国	271 131	3 469 467	67 783	867 367
中央级	1 873	21 573	468	5 393

资料来源：《中国民政统计年鉴 2013》，中国统计出版社，2013 年

　　为了更清晰地看出各地的行业协会数量和相应的职工人数的对比与差距，我们分别对行业协会数量和职工人数进行排序，见图 3.1。

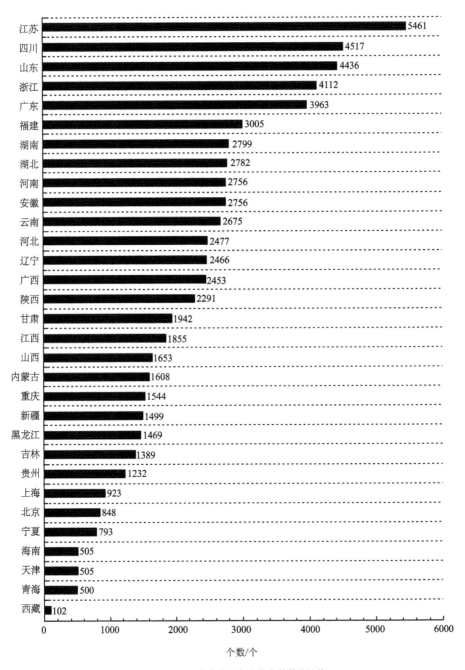

个数/个

（a）2012 年各省份行业协会数量估计值

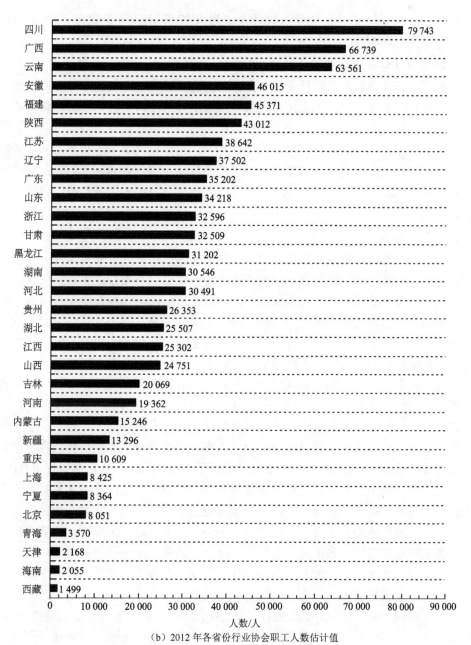

（b）2012 年各省份行业协会职工人数估计值

图 3.1　2012 年各省份行业协会数量及职工数统计

从图 3.1 中可以看出，江苏、四川、山东、浙江、广东的行业协会数量位列前五，其中，江苏为 5461 家，四川为 4517 家，山东为 4436 家。而由于行业协会的规模不同，所以行业协会数量多，并不总是对应着行业协会有更多的从业人数。四川的行业协会从业人数最多，为 79 743 人；广西次之，为 66 739 人；云南为 63 561 人。

2. 中国行业协会数量的省域分布

为了更好地显示出我国行业协会在各省份的分布情况，我们对行业协会的数量进行分组，然后用 Arcmap 可视化的形式输出分布图，使各省份的数量分布有更直观的显示和报告。

行业协会最多的数量组（3963～5461 个），主要集中于东部和东南部及四川省；处于 2291～3005 个这一数量组的地区主要集中于中部和西南部；处于 1232～1942 个数量组的地区主要为华北、西北及东北地区；而处于西南部的西藏的行业协会数量最少。

3. 发展特点

（1）自发性越来越强。早期，由于受传统体制的约束，企业发起成立行业协会的主动性不高、积极性不强，组建行业协会往往要由有关行业主管部门直接组织发起设立或者组织推动企业发起设立。现今，市场经济体制不断完善，政府职能转变加快，相关政策法规陆续出台，经济全球化深入发展，为行业协会的发展营造了一个较好的社会环境。近年来，行业协会的成立很多是企业自发自愿的行为，政府部门在其中的作用主要是协助和服务。

（2）自主性越来越强。我国的行业协会从政府管理到目前很多行业协会的自主管理，发生了飞速的变化。例如，在《广东省行业协会条例》颁布实施后，广东省新成立的行业协会已完全按照"五自"（自信、自尊、自力、自强、自主）的原则组建，独立办会、独立办公、独立人事、独立资产、独立财务。原有的行业协会都按照《广东省行业协会条例》的要求于 2007 年 3 月 10 日前进行了整改，尤其是原先由相关政府部门组建的行业协会纷纷实施了"转制"。之前行业协会中担任职务的国家公务员均已按照相关规定退出了行业协会，之前和相关政府部门一起办公的行业协会大都有了自己的单独办公场所。这标志着行业协会已经逐渐摆脱对政府部门的行政依附，朝着自主性、民间化、市场化的方向迈进。

（3）建设越来越好。如今，我国的很多行业协会都能在制度内建自律机制，以诚信在外树良好形象，制定一系列行业公约和规章制度，如行业自律公约等，在建立完善领导班子建设、队伍建设、制度建设等法人治理方面有了长足的进步，较好地维护了行业形象，并维护了行业内企业和社会群体的利益。规范、严格的自律机制使我国行业协会对自身行为进行规范，提高了社会公信力[79]。

4. 存在的主要问题

虽然我国产业中介组织发展迅速，但无论是外部环境还是自身的治理都还存在着诸多问题，具体表现在以下几个方面。

（1）我国现阶段产业中介组织角色定位还不准确，过分依赖政府，带有明显的官办色彩。

（2）产业中介组织自身能力不足，主要体现为筹资能力不强、高质量的人力资源匮乏、规模效应小、信息化运作手段不足、自律管理能力薄弱、诚信意识欠缺等问题。

（3）产业中介组织执业行为不够规范，主要体现为经营主体不规范、服务收费不合理、不正当竞争、无序竞争、从业人员职业道德素质低下等问题。

（4）产业中介组织的行业管理滞后，自律性产业中介组织总体上很不完善，存在着明显不足。

（5）产业中介组织发展的法律保障体系不够完善，无法可依、有法不依、执法不严的问题时有发生。

二、行业协会生成模式

与我国经济体制变迁和市场经济发展轨迹相同，中国的行业协会也在成长和发展中。根据行业协会产生的原因，我国的行业协会出现了三种不同的生成模式，即市场自发的结果、政府推动的结果和政府机构重组的结果。

1. 市场自发的结果

随着商品经济、市场经济的发展，企业、各类职业或从业者为了解决其共同问题、促进共同利益而成立了自治组织。例如，民营经济发达的温州地区，产生了温州低压电器协会、眼镜商会、家具协会等行业协会，这些协会是为适应市场经济发展需求，由同行业业主发起，自愿组建的社会团体。随着市场和市场经济的发展而内生了行业协会的模式，属于市场自发的内生模式。

2. 政府推动的结果

由政府推动建立的行业协会主要是适应政府需求、迎合企业需要，具有"民办官助"的特征，承担一定的行业管理职能。这种官民合作模式比较符合中国市场经济体制改革的特征，政府是中国市场化改革的主要和首要推动者。为适应市场化改革，同时考虑到行政管理体制变革的需要，政府有意识地推动行业协会的建立，积极扶持和推动当地行业协会的发展。自上而下地推动行业协会的生成，是中国行业协会发展的最重要的特征。例如，1997年，中共中央提出要深化金融改革、整顿金融秩序、防范和化解金融风险，要求加快银行自律制度建设，建立健全同业公会，制定同业公约，规范、协调同业经营行为。按照这个要求，中国人民银行加快了筹建中国银行业协会的步伐，具体表现为中国人民银行根据中共中央中发[1997]19号文件《中共中央、国务院关于深化金融改革、整顿金融秩序、防范金融风险的通知》关于"加快银行、信托、证券、保险、信用社等行业自律制度建设,建立健全同业公会"的精神,于 1998 年初召开了工作会议,并向国务院上报了《关于成立中国银行业协会的请示》(银报[1998]38 号)。

3. 政府机构重组的结果

1992 年,党的十四大提出建立社会主义市场经济体制,需要相应的体制改革。为适应市场经济体制,政府职能也需要相应变革。在这种情况下,一些政府职能部门主动转变为非政府机构,转制为行业协会。例如,以中国轻工业联合会为代表的全国性行业协会就是由一些原本为政府机构的部门转变而成的,如表 3.3 所示。

表 3.3　中国轻工业联合会的形成历程

时间	事件
1993 年	轻工业部→轻工总会
1998 年	轻工总会→轻工业局
2001 年	国家经贸委所属国家国内贸易局、冶金局、建材局、纺织局、轻工业局、机械局、石化局、有色局、煤炭局等 9 个国家局机构被撤销,相应成立了机械工业联合会、钢铁工业协会等十大行业协会[80] 轻工业局→中国轻工业联合会

这种适应政府职能转变的需要而生成的行业协会,从生产来源和模式看,具有比较典型的官办特征,甚至一些人将其称为官办协会,它们是伴随着我国经济和政治体制改革发展的阶段性产物。可以预见,随着我国市场经济的更加成熟和体制的更加完善,官办协会将逐渐消失。

由图 3.2 可知,我国有 48.4%的行业协会都是由有关政府部门引导建立的,行

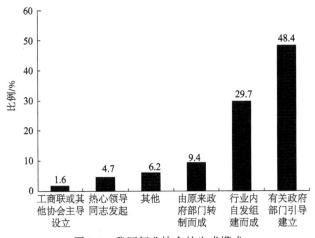

图 3.2　我国行业协会的生成模式

资料来源:《中国行业协会发展报告 2014》,中国工业经济联合会

业内企业自发组建的占比为 29.7%，而由原来政府部门转制而成的行业协会占到了 9.4%，这说明中国的行业协会近一半都是由政府推动设立的，而由市场自发产生的占 30%左右。这三项之和大约为 87.5%，这就说明我国行业协会的形成原因和生成模式确实为市场内生模式、官民协作模式及政府重组模式。

行业协会是以同行业企业为主体，代表行业利益的非营利性组织，它所拥有的权能由两部分组成。一是企业难以独自承担而又与其经营比较密切的权能。这部分权能既不属于政府，也不属于社会其他组织，只能属于行业协会，就其性质而言，属于"私益"权能，但相对于一个独立的企业，它又有"公共"的性质[81]。二是本来属于政府履行的权能，由于政府所行使的权力较多、难以包揽一切，便按照轻重缓急将某一部分管理权能授权或委托给行业协会等社会组织。这样行业协会与政府之间就存在着一个相互交叉、共同履行的权能，这些权能由政府执掌和监督，并移交行业协会行使或参与行使。政府所履行的社会公共职能与企业所行使的自身职能、行业协会所履行的行业公共职能都有了较明显的分工界限，行业协会权能也形成了来自内部固有权能与外部授权或委托权能两大体系[82]。

当然，出现这种现象也与我国市场经济体制的建立过程密切相关。在经济转型时期，企业自发组建行业协会的动力和能力都极其有限，而政府又急需建立市场经济的新管理体制。因此，政府不得不主动组建行业协会，而从我国的制度变革和转型的过程来看，虽然政府放弃了统制经济社会一切领域的做法，但是也在不同程度地影响行业协会的发展。许多行业协会不仅仅是市场机制的产物，同时是政府政策作用的结果，因而它们必须适应现阶段政治和社会结构的基本框架。所以，有些行业协会在结构上和功能上都或多或少带着"官方"或"半官方"的色彩。随着改革的进一步深化，半官半民的行业协会将逐渐减少，而市场自发组建的行业协会将逐渐占据绝对统治地位。因此，行业协会的发展道路是逐步脱离对政府的资源依赖性，增强自主性，提高自我管理能力，最终走向民间化。

然后，考虑到中国改革开放的渐进性，以及行业协会的发展离不开国家、政府、企业、社会的管理体制改革的步伐和最终的变革方向，半官半民或准民间行业协会作为一种协会的形态或许还将长期存在下去，但是数量可能大为减少。因为在一个掌握着众多资源和强大权力的中国政府面前，任何组织似乎都离不开政府，都在不同程度上从政府那里汲取资源来发展自己。同时，在市场经济逐渐发展和完善的过程中，政府干预市场的方式将发生重大变革，越来越多地采用间接的方式监管市场、管理经济社会事务，故而政府也需要行业协会这样的社会组织帮助它监管行业和市场，帮助它贯彻政策精神、稳定宏观经济、进行社会管理。所以，在这种现实和未来的发展趋势中，带有一定经济管理和公共管理职能的协会依然会存在下去。当然，它或许很可能是一种新的组织纽带和有效的整合力量，是履行一定政府职能的协会，而不再是传统意义上的"半官半民"协会。在政府占据优势位置的情况下，行业协会实际上成为政府行政的"第三渠道"，即政府通过行业协会贯彻执行政策。行业协会在服务于行业的同时，还作为政府的助手而存在。

三、产业联盟

1. 发展情况

进入 20 世纪 90 年代以来，产业联盟发展在我国也初见成效。中国借鉴了国际产业联盟的发展经验，在高新技术领域，形成了一批起点高、成果卓著的联盟，对产业发展、企业快速成长具有重要意义，同时对科技研究体系的构建和完善产生了深远影响。例如，TD-SCDMA 产业联盟、宽带联盟、WAPI 联盟、闪联等一大批高新技术领域的产业联盟日益兴起[83]。产业联盟目前已然成为一种重要的产业组织形式，对产业发展、企业成长，特别是高新技术企业的快速成长具有重要意义。

中国产业联盟的类型，从本质上说，包括平行联盟、垂直联盟和毗邻联盟三种类型。平行联盟，由相互竞争或共享行业价值链上重要组成部分的企业结成；垂直联盟，由通常具有买卖方关系的企业结成；毗邻联盟，由在不同行业运行的企业结成。

产业联盟分布在各行各业，具有不同的具体表现形式。按产业分类，有制造业、服务业联盟；按行业分类，有汽车、航空、家电、金融，以及生物、医药、信息业等联盟；按范围划分，有国内产业联盟和国际产业联盟；按组织的主导性划分，有政府主导型、企业自发型联盟等。产业联盟作为一个历史阶段的企业组织形式，其内涵是不断丰富和发展的，要不断调整和适应生产方式和生产力的变化与发展，在工业化时代、后工业化时代、信息化时代有不同的内容，如代表传统经济发展方式的外延扩大的联盟、代表新兴产业发展的新兴产业联盟。随着科技的进步和经济的发展，新的不同类型的联盟形式也出现了，体现出强烈的时代特征，如新能源、物联网、空间、气候联盟等，共同探索和应对人类社会发展中的新课题。

在我国，有影响力的联盟已经很多，它们的共同点：一是在联盟定位方面，聚集在行业产业链上协同程度最高的环节；二是在联盟的理念上，坚持"开放、协同、增值"；三是致力于技术标准的制定和共享。它们之间也有区别：一是代表层面不同。有国家层面的，也有地方层面的。二是依托不同。WAPI 产业联盟独立存在，体现的是国家意志；而中国 RFID 产业联盟属于中国信息产业商会的直属专业分会，长风联盟是北京软件行业协会分会，是商会协会的分支机构。三是在类型上，平行型的特点比较突出。但联盟成员在开展业务时，也会体现出垂直型和毗邻型的特点。

2. 我国产业联盟的性质和作用

产业联盟的性质。产业联盟是由国内外从事某一或某类产品、技术、服务相关产业的企事业单位和机构等，按照"自愿、平等、合作"的原则自发组织的互利共同体，是围绕相关技术、产品、系统、解决方案、运营和服务，开展研发、应用、标准化、产业化等工作的行业性、非营利性的企业组织。共谋发展、互利性、非营利性是产业联盟的首要特点。

产业联盟的作用。一是在企业组织方面表现出了新的形式，有利于企业在保持独立经营的同时，在产业联盟中取得更多的利益；二是产业联盟能在某一领域形成较大的合力和影响力，为成员企业带来新的客户、市场和信息，有助于企业专注于自身核心业务；三是产业联盟成员间一般没有资本关联，地位平等，独立运作，以较低的风险实现较大范围的资源调配。

3. 存在的主要问题

我国产业联盟的形成和发展时间还比较短，缺乏成熟的、可以借鉴的经验，因而在发展过程中，还存在一些误区和不足，主要表现为以下几个方面：一是联盟的定位有偏差；二是有些联盟成员之间互信度不够，期望值过高；三是联盟成员较难把握企业自主经营与联盟合作的度，影响协调的有效性；四是有些行业的产品周期变化较快，不确定因素使联盟很不适应市场的变化，如彩电联盟、EVD等联盟，成立后达不到理想的效果而自生自灭，值得引以为鉴。

另外，目前，我国大多数的产业联盟在管理上，以自发自愿为主，有些联盟并不具备真正意义上的产业性特点。国家对此还没有出台规范性的组织或行为指导意见。在联盟发展中，也要防止极少数人借用产业联盟的名义谋取利益，增加联盟成员的负担，更要防止联盟概念的炒作和泛滥。

第四节　国内典型城市产业中介组织发展情况、经验及启示

一、北京

（一）发展情况

据北京市社会组织公共服务平台网站数据，截至 2013 年 10 月，北京市共有

行业协会 587 个，其中市级 168 个，区县级 419 个。其中，管理行业协会数量较多的单位有：工业促进局 37 个，商务局 34 个，住房和城乡建设委员会 13 个，农业局 10 个，以上共计 94 个，约占市级行业协会总数的 56%。

北京以促进第三产业乃至整个社会经济发展为目标，来促进产业中介组织的发展，其多方面的重视、支持、鼓励和促进政策令人兴奋。在机构方面，成立了市长任组长、副市长任副组长、各部门一把手为成员的领导小组及办公室，把现代服务业分为八个方面，分头负责抓落实，中介服务业是其中的重要一部分，由专门的副市长负责。在资金方面，市财政每年提供 10 亿元资金促进现代服务业发展，其中，属于中介服务业的有 1 亿元，用于扶持产业中介组织发展、宣传教育培训、对外合作交流、课题调研、信用监管等。在项目上，通过打造 5 个区块中心促进中介业务发展和提升。

截至 2013 年底，北京市行业协会覆盖了大多数国民经济行业。从产业分布上看，第三产业行业协会数量最多，为 96 个，占市级行业协会总数的 57%；其次是第二产业，为 57 个，占 34%；第一产业有 12 个，占 7%；跨行业的综合性行业协会 3 个，占 2%，如图 3.3 所示。

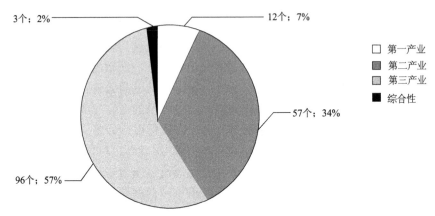

图 3.3　北京市行业协会在产业中的分布

北京地区产业联盟 2002~2008 年发展缓慢，在本书调研的 48 个产业联盟中，2002~2008 年平均每年成立 2 个左右。直到 2009 年政府实施"科技北京"行动计划以来，产业联盟，尤其是产业技术创新联盟才得到了迅猛发展。据不完全统计，截至 2012 年底，北京地区各类联盟已达 160 个，其中，产业技术创新联盟为 120 个左右。北京地区较为活跃的产业联盟约 100 个，其中 49 个为科学技术部（简称科技部）试点联盟，数量位居全国首位，9 个联盟申请登记为社团法人。产业联盟截止到 2012 年有 7000 多个成员单位，其中，企业约占 2/3，科研机构和高等院校约占 1/5，行业龙头单位牵头或参与的产业联盟达 80 多个[84]。

产业技术创新联盟构建的动因是指联盟建立的主观和客观驱动力量，即各成员与其他成员建立联盟合作关系的原因。从联盟外部和内部两个层面可以推断出其发展的稳固性和持续性。通过调研分析可知，更好地促进产业上下游的联系与合作是产业联盟成立的主要原因，其次是提升在行业中的影响力，联盟进行实地访谈是知识产权保护战略实施的需要。座谈中发现，如中国生物技术创新服务联盟（ABO 联盟）、国家半导体照明工程研发及产业联盟、闪联产业技术创新战略联盟等，成立之初都是围绕着特定产业或技术融合等的供给需求而组建的，联盟成立的动因非常突出。

本书调研的 48 个产业联盟共涉及 2574 家单位，其中，普通企业 1787 家，跨国公司 63 家，科研机构 266 家，高校 246 家，政府机构 21 家，第三方机构 24 家，行业协会 26 家，金融机构 14 家，其他用户机构 127 家。每个产业联盟的成员构成比例的平均值为：普通企业占 69.43%，跨国公司占 2.45%，科研机构占 10.33%，高校占 9.56%，政府机构占 0.82%，第三方机构占 0.93%，行业协会占 1.01%，金融机构占 0.54%，其他用户机构占 4.93%。从其构成可以看出，产业联盟已成为当前产学研用创新体系的重要形式，如图 3.4 所示。

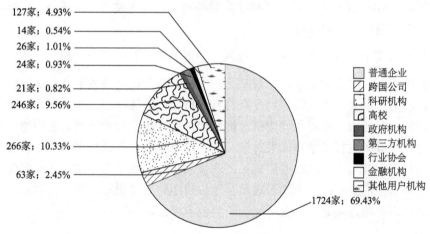

图 3.4　北京地区产业联盟成员构成

（二）北京产业技术创新联盟的创新之处

1. 以技术标准和知识产权作为产业技术创新联盟的核心竞争力

北京地区产业技术创新联盟的创新点之一就是联盟以技术标准和知识产权作为核心竞争力[85]。在 48 个产业联盟中有将近一半的联盟（共 20 个）制定了技术标准，总数达 490 个，其中，国际标准 51 个、国家标准 162 个、地方标准 72 个、行业标准 205 个。部分联盟国际标准和国家标准数量较多,有 8 个联盟制定了国际标准,个别联盟国际标准总数高达 20 个,表现出较强的国际竞争力;有 13 个联盟制定了国家标准,个别联盟制定的国家标准高达 50 个,表现出在该产业领域的优势和综合实力。另外,授权专利方面,19 个联盟有授权专利,获得授权专利总数达 200 个以上的联盟有 10 个,总数为 100~200 个的联盟有 1 个,总数为 50~100 个的联盟有 4 个,总数为 5~50 个的有 4 个。

2. 产学研用紧密结合,加强科技研发和成果转换

北京产业技术创新联盟普遍采用产学研用相结合的模式,在传统产学研基础上增加了与用户的结合,实现了以需求为导向的产学研用相结合的目标。比较典型的有长风联盟,在联盟成立时,它就把用户作为骨干力量吸纳进来,因为在基础软件产业链中用户是龙头,所以截至 2015 年,成员中 17%为用户单位。

3. 整合首都优势资源,推进服务创新

近五年,科技服务类联盟增长速度较快,北京地区共成立了 20 多家,占总数的 15%左右。这类联盟主要通过整合优势资源,以企业与市场需求为导向提供服务。例如,ABO 联盟以全球创新活动为服务对象,按研发产业链条整合资源,以市场化机制提供一站式服务。

4. 积极探索科技成果产业化新模式,以科技创新促进产业升级

经过多年的探索和实践,北京产业技术创新联盟在科技成果产业化方面大胆创新,取得了显著成效。例如,北京材料分析测试服务联盟,在促进成果转化上有自己的一套流程,即对科技成果进行评定;通过建立行业市场信息网络,组织北京企业对成果进行了解与成果对接;创造融资机会,提供技术与资本结合的渠道。饲料产业技术创新战略联盟成果产业化创新模式就是联盟成员企业优先购买技术成果进行产业化;多家联盟成员企业投资组建公司进行产业化;联盟外企业购买进行产业化,联盟内企业可优先购买技术产品。

二、上海

据上海社会组织网数据,截至 2013 年底,上海市已成立的行业协会有 620 个,其中工商领域行业协会有 229 个,产业联盟有 17 个。在 2013 年底参加评比的 136 个社会组织中,有 66 个行业协会。行业协会中评比结果为 5A 级的数量有 20 个,占评比数量的 30.30%;4A 级的数量有 43 个,所占比例为 65.15%;3A 级的数量有 3 个,所占比例为 4.55%,如图 3.5 所示。

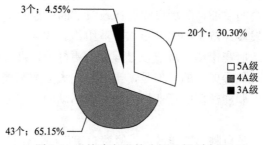

图 3.5　上海市行业协会评比级别占比

　　为了推动行业协会的改革和发展，上海市政府于 2001 年 10 月做出了加快行业协会、中介机构改革和发展的决定，在全国率先成立了行业协会发展署和市场中介发展署。行业协会发展署是政府授权的行业协会业务主管部门，围绕"行业服务、行业自律、行业代表、行业协调"的基本方针，赋予行业协会 10 项具体职能，主要包括：①组织行业培训、技术咨询、信息交流、会展招商及产品推介活动；②参与行业发展、行业改革及与行业利益有关的政府决策，提出经济政策和立法方面的建议，参加政府举办的有关听证会；③代表企业进行反倾销、反垄断、反补贴等方面的工作，如调查、确认、诉讼等；④依据协会章程或者行规行约，制定本行业质量规范、服务标准；⑤参与地方或者国家有关行业产品标准的制定；⑥通过法律法规授权、政府委托，开展行业统计和行业调查，发布行业信息和公信证明，进行价格协调、行业准入资格资质审核等；⑦承担法律法规授权、政府委托及其章程规定的其他职能；⑧协调会员与会员、会员与行业内非会员、会员与其他行业经营者、消费者及其他社会组织的关系；⑨开展国内外经济技术交流与合作；⑩维护会员的合法权益，代表行业企业与政府共同培育构筑协商机制。上述职能是行业协会活动的基本内容，使行业协会能够适应市场经济，并促进其发展。市场中介发展署负责经济鉴证类中介机构。两个机构合署办公，归市政府经济体制改革办公室（简称市体改办，上海市体改办于 2003 年被撤销）领导，属于按公务员管理的事业单位，署长由市体改办副主任兼任，定编人员 40 名。

三、深圳

　　到 2012 年底，深圳市的行业协会达到 380 多家，占全市社会组织总数的 6.7%。涵盖了该市高新技术、金融、物流、文化四大支柱产业与优势传统产业、商贸旅游业、建筑和房地产业、市场中介服务业、环保产业以及互联网、新能源、生物等战略性新兴产业各主要领域，成为该市社会组织中力量最强、最具活力和创造力的部分[①]。

---

　　① 资料来源：《深圳商报》，2013 年 1 月 28 日。

为促进行业协会的发展，深圳市政府在政策上的引导起了关键作用。

第一，政府为发展经济主动倡导设立行业组织。改革开放之初，深圳大部分的产业中介组织是政府在市场经济建设过程中为更好地发挥管理职能和实现行业利益，而从上而下地倡导成立的。但是，当时它们大多数都挂靠在相关政府职能部门，属于依附政府职能部门的行业性组织，其活动的开展需要相关主管部门批准和组织。

第二，提出"人员自聘、工作自主、经费自筹"的运作模式。1995年初，深圳市委、市政府六部门共同发布《关于全市性社会团体管理若干问题的通知》，确立了深圳产业中介组织"人员自聘、工作自主、经费自筹"的运作模式。该通知指出"今后，全市性的社会团体经费来源渠道均调整为自筹解决。各社会团体可根据自身活动的需要和经费收支能力，按照精简的原则，自行确定编制定员。其专职工作人员原则上从市内聘用，确需从市外调入业务骨干的，经市民政局审查同意后，向市人事劳动部门申请调（招）干调（招）工指标"，并要求"各部门领导应认真按照国办发〔1994〕59号文件精神，不兼任社会团体领导职务。如确需由有关部门领导兼任的，应报市政府批准"。对比此前的经费、人事等关键环节都无一不依赖主管单位的情况，"三自"原则使深圳产业中介组织发生了重大变化，有利于组织的自主性发展。

第三，成立行业协会服务署推进行业协会民间化。2004年，深圳市委、市政府发布《关于印发〈深圳市行业协会民间化工作实施方案〉的通知》。在该通知的指引下，深圳市政府和深圳产业中介组织紧密合作，以组织机构、运作机制的民间化为重点，完成了人员脱钩、办公场所分设、财务独立等具有划时代意义的工作。深圳市成立行业协会服务署，统一履行行业协会业务主管单位的职责，并以此为契机，强力推动行业协会民间化改革。其主要内容是：各行业协会在机构、办公场所、人员和财务等方面与原业务主管单位全面脱钩。这切断了各行业协会与政府各职能部门的行政依附关系，使行业协会真正拥有独立的社团法人地位。当年共有201名党政机关公职人员辞去在行业协会兼任的领导职务[86]。从此，深圳产业中介组织进入了具有现代意义的发展时期。

第四，行业协会由民政部门直接登记。2006年底，深圳市将行业协会服务署和市民政局民间组织管理办公室合并，组建市民间组织管理局。从此，深圳市实行行业协会由民政部门直接登记的管理体制，在全国最早实现了行业协会民间化。通过简化手续，大大降低了民间自发成立社会组织的难度；通过直接登记，切断了政府各职能部门与社会组织的行政隶属关系，实现了社会组织在程序意义上的真正民间化，使之获得独立的法人地位。

第五，扩大直接登记管理的社会组织类别。2007年6月10日，深圳市民间组织管理局正式挂牌运作。该局由市民间组织管理办公室和市行业协会服务署合并而成，为市民政局下设副局级行政事务机构。2008年9月，深圳市加大改革力度，出台了《关于进一步发展和规范深圳市社会组织的意见》，规定对工商经济类、社会福利类、公益慈善类社会组织实行由民政部门直接登记管理的体制。在此基础上，配合行政管理体制和事业单位改革，加大政府职能转变力度，重新拟定和规范政府、市场、社会三者的关系，着力从发展规范、职能转移、财政扶持等方面加强社会组织建设。随着社会组织的发展，深圳市制定了一系列政策措施规范社会组织的发展，先后颁发了《深圳市行业协会法人治理指引》《深圳市行业协会管理制度示范文本》《社工机构行为规范指引》等文件，同时，大力开展社会组织评估工作，促进产业中介组织等社会组织的自律与规范管理。重点是以民间化和社会化为核心，从登记管理体制改革入手，深化社会组织的系统改革，着力增强社会组织活力，促进政府职能转变。

第六，2013年12月25日，经过层层审议，多轮论证修改，新的《深圳经济特区行业协会条例》（简称新《条例》）正式出台。2014年4月1日起，该新《条例》正式实施。它有以下七大亮点。

1. 突破调整范围

新《条例》给出了行业协会新的定义，这一定义在组织形式上，除了包含行业协会外，还包括商会、促进会、联合会等，所以，它的出台同样适用于商会、促进会、联合会等产业中介组织。

2. 突破"一业一会"

突破"一业一会"垄断，充分引入竞争机制，使优胜劣汰成为可能。新《条例》规定：只要名称不相同，可以按照国民经济行业分类及其小类标准设立，也可以按照经营区域、产业链各个环节、产品类型、经营方式、经营环节及服务类型设立。此项规定将有利于有效发挥市场在资源配置中的作用，降低政府成本，优化经济治理手段，并在一定程度上促进行政体制的深化改革。

3. 登记程序大幅度简化

继实行行业协会单一登记体制后，进一步简化登记程序，取消原有的筹备核准环节，把行业协会设立登记简化为名称核准和登记成立两个环节，同时也大幅度缩短了审批时限。

4. 激发行业协会能动性

深化行政体制改革，建设法治政府和服务型政府，推进了政府向行业协会等社会组织购买公共服务。新《条例》专章对促进行业协会发展有明确的规定：一是鼓励行业协会工作人员实行职业化管理，规定市、区人力资源保障部门会同登记机关及相关部门开展职业资格评定等工作；二是建立经常性联系渠道，听取行业协会的意见，促使政府重视行业协会意见，激发行业协会能动性；三是明确政府编制向行业协会等社会组织购买公共服务目录，明确政府购买服务的种类、性质和内容，并向社会公布，费随事转；四是有步骤地推动政府职能转变，根据职能转变事项的情况和行业协会的承接能力双向推动；五是对行业协会从事推动产业技术改造、产业升级等工作，起草的行业标准、产业规划和产业政策被政府采纳的，给予奖励。

5. 完善现代社会组织体制

新《条例》第三十九条指出，行业协会应当严格执行国家有关非营利组织会计制度，接受财政部门监督，建立健全财务管理制度和监督制度，设立独立的财务和银行账户；行业协会的会计凭证、会计账簿、会计报表和其他会计资料，按照国家规定保管。

第四十条指出，行业协会应当建立信息公开制度，向会员公开下列事项：会费收取情况、服务项目收费及其他收入情况、经费使用情况、监事会及理事会决议决定和与本协会关联交易情况、章程规定的其他应当公开的事项。

6. 管理理念大改变

管理理念的改变，是新《条例》的最大亮点。一是改"年检制"为"年度报告制"，二是将"罚款"退出管理手段。同时，启用信用监管，建立"行业协会活动异常名录"制度，对行业协会年度运营进行监督抽查并纳入信用监管体系。这一制度的设计由被动式的年检改为主动抽查制度，由登记管理机关单一监管转变为行政和社会监管相结合，解决了既放得开又管得住的问题，得到了国家民间组织管理局的高度赞赏和肯定，为全国提供了经验。

7. 监管职责分工明确

新《条例》在行业协会监督管理方面，明确了登记管理机关和市、区政府有关职能部门的管理职责分工，把深圳市近年在培育、规范和引导行业协会发展中所取得的经验措施确定下来，建立了行业协会退出机制，明确了行业协会违法行为的法律责任。

深圳市行业协会的发展路径具体表现为以下四个方面。

（1）构建良好的政策体系。顶层规划是行业协会健康有序发展的关键，这更考验执政者的智慧，深圳社会组织改革在全国一马当先，也让作为其中最重要构成部分的行业协会受益匪浅。2009年的"部市协议"、2011年市委把"不断推进社会组织改革，完善社会建设体制机制"列为当年改革计划重点改革第一项，并在2012年9月出台了《中共深圳市委、深圳市人民政府关于进一步推进社会组织改革发展的意见》等，甚至深圳改革新热点——前海也在积极探索国际社会组织发展环境。

（2）为发展松绑。通过创新登记管理体制，推进行业协会去行政化、去垄断化。自2004年起，强力推动行业协会民间化改革。各行业协会在人、财、物方面与原业务主管单位脱钩，当年共有75个机关事业单位的201名公职人员辞去在行业协会兼任的领导职务。同时，将原行业协会服务署并入市民政局，组建市民间组织管理局，实行行业协会由民政部门直接登记管理的管理体制，在全国最早、最彻底地实现了行业协会的民间化改革。2010年1月，市民间组织管理局申报的"社会组织登记管理体制改革"荣获第五届"中国地方政府创新奖"。

去垄断化，推行"一业多会"是新方向。例如，在深圳的传统优势产业——电子行业，就成立了电子行业协会、软件协会、电子装备产业协会、云计算产业协会等15家专业性强、适度细分行业协会。引入竞争机制，激发行业协会通过提升服务质量吸引会员。

（3）加大培育力度。包括行业协会在内的社会组织承接政府职能转移事项，行业协会成为政府职能转移的主要承接者。

（4）保障廉洁生命线。通过完善行业协会内部治理及行业协会综合评估等举措保障其健康发展，探索建立行业廉洁风险防控机制。选取建筑、家具、物流、不动产估价、律师、注册会计师等24个重点领域的行业协会，成立廉洁建设委员会，推动行业诚信体系的建设。

深圳市行业协会的日常业务包括制定行规行约、行业调研和统计、行业培训、考核职能、资质认定、行业准入与行业展览、处理社会纠纷等。行业协会不仅是公共服务的提供者、行业自律的构建和维护者，还是社会管理和参政议政的重要力量。

2013年12月25日，深圳市第五届人大常委会第二十六次会议通过《深圳经济特区行业协会条例》，并于2014年4月1日起实施。该条例规定国家机关工作人员不得在行业协会任职，以消除目前部分行业协会存在的"政会不分"现象。

四、江苏省

江苏省在原外经贸企业协会、外经协会、货主协会、思想政治工作研究会的基础上，改组、融合其他一些行业协会，重新组建了新型行业协会——江苏省进出口商会。此次重组，具有以下几个特点。一是政会分开。江苏省进出口商会由同业企业自愿组成，是行业性、自律性的非营利性社团组织，在机构、人员和财务等方面都与政府部门脱钩。二是自主办会、民主办会。在江苏省对外贸易经济合作厅的指导下，按照国家的法律法规开展工作，既代表企业利益，又维护国家利益。三是具有行业代表性。会员中不仅有外贸流通企业、自营进出口生产企业、三资企业、外经企业，还有民营外经贸企业和大专院校、科研院所等。江苏省进出口商会在自身建设方面逐步建立和完善了"四个机制"。

（1）自治机制。商会要在机构、人员和财务等方面逐步做到与政府部门脱钩，最后达到完全自治，真正做到民办、民管、民用。政会分开后，商会独立承担民事法律责任，独立开展各项工作，自己决定组织结构、人员聘任和日常事务。

（2）服务机制。按照商会章程规定，关注企业的难点、热点问题，尽心竭力帮助企业解决难题；关注国际市场，搜集信息，建立快速反应机制，随时准备应对国际贸易中可能出现的问题；及时向政府部门反映企业的要求，提出政策性建议。商会对所有企业，不分所有制类型、经营规模大小和产品类别，都一视同仁，平等对待，提供一流的、周到的服务。

（3）协调机制。正确处理企业与企业、企业与政府、国内企业与国外企业、本行业与其他行业的关系，维护行业内部企业的利益。尤其是在遇到国外反倾销、反垄断、反补贴调查案件时，商会将出面组织有关企业，联系有关部门，协调有关利益，采取有效措施。

（4）自律机制。以行动影响和推动企业自律；通过制定本行业的职业道德、行为准则、资质标准、议事规则、仲裁规则等，规范企业行为，表彰先进企业，处罚违规会员企业，促使会员企业间相互监督、相互制约，规范企业间的竞争关系，避免出现设置行政壁垒、排斥外地产品和服务等各种分割市场的不正当竞争现象；严格执行国家的有关法律法规，维护国内外市场秩序，严厉打击"抬价抢购、削价竞销"、骗取出口退税、走私、贩私等违法犯罪行为。

五、发展经验与启示

通过对以上省份的分析，以上省份的政府都特别重视产业中介组织的发展，都制定了发展规划，出台了具体的政策意见。下面对以上省份的主要举措进行简要总结，以期对滨海新区在确立目标、制定政策上有所启发。

（1）尽快理顺行业协会的管理体制。从加强经济、政治、文化、社会、生态建设"五位一体"的高度，研究探索行业协会建设和管理的新体制。由于行业协会管理是社会管理的重要组成部分，有关部门在研究社会管理机构方案时，应将行业协会管理机构一并考虑。建议尽快研究行业协会管理机构的设置问题，理顺行业协会的管理体制，明确监管主体，为下一步工作创造有利条件。同时，加强行业协会的统筹规划和综合管理服务：①制定行业协会的具体管理办法，明确监管职责；②建立行业协会的考评体系和退出机制，对于经考核不合格的行业协会要促其退出；③研究和完善对境外协会驻京机构的监督和管理办法。

（2）加大对行业协会的资金支持力度。建议市财政每年安排一定额度的行业协会发展专项资金，用于资助行业协会从事社会管理和公共服务、政府委托行业协会的有偿服务及进行人员培训等工作。同时，建立行业协会考评机制，将专项资金的使用与行业协会的综合考评绩效挂钩。建议研究制定针对非营利组织的税收优惠政策。

（3）开展政府向行业协会转移职能或政府委托服务的试点工作。选择若干行业协会开展政府委托承担工作的试点，将诸如行业统计监测分析、行业标准制定及专业技术职称考核评定等职能移交给行业协会，并按照"费随事转"的原则，为行业协会履行职能提供必要的资金保障。及时组织对改革试点进行评估，总结经验，根据全市行业协会发展实际，稳步推进改革。

（4）建立行业协会参与政府决策机制。探索建立政府对行业协会的咨询告示制度、听证制度等，政府相关部门在规划行业发展及制定行业政策时，应听取行业协会的意见和建议，畅通政府与行业协会间的信息渠道，提高政府决策的民主化和科学化，支持行业协会更加有效地发挥"提供服务、反映诉求、规范行为"的作用。

（5）加快推进行业协会立法进程。建议尽快将行业协会立法列入地方立法计划，启动前期立法程序性工作。通过立法，进一步明确行业协会的法律地位、功能作用、权利义务，明确政府部门的监管职责。目前，相关部门已对党政领导干部辞去行业协会职务的问题提出了具体要求。建议财政部门针对行业协会脱钩和规范治理工作中的资产处置、财务规范等问题，劳动保障部门针对行业协会专职人员的社会保障问题，人事部门针对公务员兼职等有关问题，尽快制定配套政策，力争早日形成多层次、广覆盖的适应不同需求的行业协会体系。

六、我国产业中介组织发展趋势

（1）通过与发达国家产业中介组织的比较可以看出，我国产业中介组织在市场经济体制中，还没有形成一种独立的社会经济形态，并未真正成为一个产业，其发展中的许多基本问题尚未正确解决和合理界定，产业中介组织本身的管理体制、运作机制、服务功能等都存在诸多不成熟、不足与缺陷之处，特别是产业中介组织与技术创新的互动机制尚未真正形成，尚未在国家创新体系中发挥应有的作用。所以，我国产业中介组织总体上还处于发展的初级阶段。

（2）我国产业中介组织在发展定位上面临诸多选择，有待研究。在功能定位上，存在是以自身利益为主还是以社会利益为重，是主要面向传统技术还是现代技术这样的不确定性；在发展走向上，是以国有还是民营为主，以实体还是虚拟为主，主要在各类产业园区内还是园区外，重在提供集中化服务还是自然服务；在运行过程上，如何建立与创新主体的有效双向选择机制，规避运行过程中的种种道德风险；在关系协调上，如何处理与风险投资、组织、政府的关系等[87]；在管理上，如何正确处理计划与市场、自身成长与社会提供服务、孵化创新企业和培育企业家与孵化技术的关系。

（3）我国产业中介组织在发展趋势上良性循环趋势明显，规范化进程加快，这主要表现在以下几个方面。

第一，发展环境趋于优化。政治体制改革的深入，政府职能的转变，政府与产业中介组织关系的正确界定，良好的社会环境、经济环境的营造，以及有关法律法规、政策的制定与完善，为产业中介组织的发展营造了有利的宏观发展环境。

第二，市场需求不断增加。随着经济发展步伐、市场化进程的加快及各地技术创新体系的建立，各行业对产业中介服务的需求不断增加，特别是有关技术问题的企业诊断、有关企业发展战略方面的策划和产品战略方面的分析越来越多；专业化分工使企业更重视专门产业中介组织提供全方位、全过程的创新服务；突出个性特色和技术优势的中介服务越来越引起企业界和服务界的关注。

第三，行为向体系化发展，功能趋向高级化、完善化。市场需要、服务领域和范围的拓宽和扩大，使产业中介组织发展逐步体系化；随着市场竞争的加剧和国外中介机构的进入，产业中介组织正按照市场需要、不同技术创新需求，不断提升自身功能，逐步与技术创新实现真正的融合，与创新主体、创新行为真正实现良性互动。

第四，业务向规范化发展。根据市场的需要和竞争的发展，产业中介组织正不断通过健全相关制度、提高业务能力和服务质量、提供诚信服务等，逐步树立良好的行业形象，行业协会也正努力通过制定统一的行业行为规范、加大监管力度、加强行业自律促进科技中介服务规范化。越来越多的科技中介机构通过提供诚信服务、高质量的服务、良好的运作机制和运作方式，在市场竞争中脱颖而出，其规范行为不断得到推广，影响力不断扩大，起到了较好的示范作用，推动了产业中介组织行为的整体规范化进程。

第五，服务范围及服务水平趋向国际化。经济全球化和企业国际化战略的推行，必然使技术创新趋向国际化，为之服务的产业中介组织必然也随之趋于全球化、国际化，在全球范围内优化配置创新资源。国外中介组织的进入使得我国的产业中介组织逐步与之在竞争中学习、成长、共存，并不断提高服务的国际化水平。

第六，行业向产业化发展。作为服务业的一种，产业中介组织也注重在提供服务中创造经济效益和社会效益，因为它本身也面临存在与发展的问题，随着我国产业中介组织数量和服务质量的提高，它向产业化发展成为必然趋势，尤其是在经济发达地区，这种趋势和特征更加明显。

第七，高素质和高水平人才不断涌入。产业中介组织对人才的吸引力越来越强，来自不同社会领域的具有丰富理论知识和实践经验、强烈竞争意识和敬业精神、较好综合素质的人才正源源不断地进入产业中介组织，为其发展注入了最关键、最核心的活力因素。同时，规范、完善的科技中介人才培养体系、机制也正在建立和完善[88]。

第四章 天津市及滨海新区行业协会、产业联盟等产业中介组织发展概况

第一节 天津市产业中介组织（行业协会）发展历程

天津市行业协会有着悠久的发展历史。早在 1902 年 8 月，为适应天津工商业经济的发展，直隶总督袁世凯就批准设立了官办的商务局，1903 年 5 月，又批准在天津北马路当行公所创办天津商务公所。1904 年，奉清廷商部命令，天津商务公所改名为天津商务总会，1931 年，又正式更名为天津市商会。天津市商会是代表天津工商业资产阶级利益，以振兴商务和实业、繁荣市场为宗旨，由全市工商业各业按行业组织起来的社会团体。1950 年，天津市商会由天津市工商业联合会取代。1947 年，天津市工业协会成立后，一些同业公会脱离市商会，改由工业协会管理。1948 年，中华民国各行业同业公会全国联合会成立后，各行业公会分别隶属于中华民国各行业公会全国联合会。随着社会的繁荣发展，各行业同业公会相继成立，到 1942 年全市各行业同业公会发展到 126 家，1944 年为 145 家。

改革开放以来，天津行业协会的发展与全国基本同步。在 20 世纪 80 年代中期，天津市政府的一些专业经济管理部门普遍撤销了内设专业司局，并在对原专业司局的职能进行分解和转移的基础上组建了行业协会。

第二节 天津市及滨海新区产业中介组织发展状况

一、天津市产业中介组织发展状况

（1）发展趋势较好。天津市产业中介组织随着改革开放和市场经济的发展壮大，虽然起步较晚，但发展势头较好。截至 2014 年底，天津市产业中介组织的数量约有 2190 个，行业协会数量达 330 个，其中，工商领域的行业协会的数量约有 120 个。天津市行业协会在数量上呈现不断增多、在规模上呈现不断扩大的趋势，但整体水平与国内行业协会发达省份相比，还有一定的差距。

（2）领域不断拓宽。随着市场经济的发展，产业中介组织覆盖面从传统的领

域扩展到人才、房地产、法律、公证、审计、广告、经纪、家政等新领域，已形成具有多种机构类别、多种组织形式和多种服务方式的产业中介组织体系。

（3）管理逐步规范。1990年以来，天津市先后出台了一系列鼓励、促进和规范产业中介组织发展的法规和规章，例如，制定了《天津市技术市场管理条例》《天津市资产评估行业监督管理办法》《天津市科学技术进步促进条例》《天津市经纪人管理办法》《天津市人才流动中介服务机构管理办法》《技术合同登记管理办法》《天津市技术商品经营服务机构登记管理暂行办法》等，对产业中介组织的发展做出了具体规定；制定了《天津市技术商品经营服务机构登记管理暂行办法》《天津市行业协会管理办法》《天津市直属产业性行业社团经费扶持实施办法》等，规范了行业协会的管理。又如，为规范律师事务管理，天津市先后制定了《天津市法律援助机构执业证操作规程》《天津市律师协会贯彻律师职业保障协议的有关规定》《天津市律师执业规范》。

（4）作用日趋凸显。一是逐步成为提高政府宏观管理质量的重要助手。经济体制和行政管理体制改革要求政府转变职能，集中精力抓宏观管理，减少具体事务，将一些中观和微观，特别是行业性、社会性和公益性的事务转移到产业中介组织。随着政府职能和管理方式的逐步转变，产业中介组织在连接政府与企业、政府与社会的桥梁纽带作用中越来越突出。产业中介组织不断强化功能、规范运作，有效承接了政府分离出来的有关职能，充分发挥了政府管理经济社会的参谋助手作用。二是成为维护经济社会秩序的重要保证。产业中介组织抓住经济建设的热点、难点问题，着眼于促进市场公平竞争，维护国家、集体和当事人的利益。三是逐步成为培育市场体系和监督规范市场主体行为的重要力量。产业中介组织是市场经济的重要支持体系，它以公平、公正和客观为活动准则，通过制定有关行规行约，努力促进行业内自律约束机制的形成，实现行业"自我管理、自我教育、自我监督、自我服务"。在市场准入方面，会计、审计、律师和公证等产业中介组织，为市场主体及市场准入管理者提供诸如注册资金验证和有关法律文件公证等服务，以证实市场主体资格的真实性。在市场竞争方面，行业协会通过同行业企业之间的沟通与协调，避免同行业之间不必要、不正当的竞争。四是逐步成为优化政府民主管理的有效保障。政府管理的参与性已成为当代行政科学评价公共行政民主性的重要变量。通过产业中介组织在政府和社会之间确立起双方沟通关系，是实现"民众参与性管理"的一个重要渠道。

二、滨海新区行业协会及产业联盟发展状况

1. 行业协会发展状况

截至2014年底，我们在对天津市滨海新区行业协会、产业联盟等产业中介组

织的调研中，共查找到 65 个行业协会，涉及计算机、通信、软件、交通、建筑、健康、生物、医疗、煤炭、新能源、纺织、保险、电力、物流、投资、文化、证券、律师等行业[89]。其中，天津市滨海新区八大支柱性产业（航空航天、电子信息、汽车、石油化工、现代冶金、生物医药、新能源新材料和高新纺织业）中的产业中介组织占滨海新区总量的 66.7%。

（1）滨海新区行业协会的发展存在一些问题，主要体现为以下五个方面。

第一，组织规模小、数量少。为了适应滨海新区经济发展速度，新区内的行业协会在短时间内快速形成，但是由于时间和自身条件的限制，其数量少，还没有形成大的规模。

第二，职能发挥不充分。天津市滨海新区部分行业协会，由于成立时间较短，组织机构不成熟，没有详细的组织资料与平稳的运行机制，不能组织协调行业协会内部与外部的活动，造成行业协会职能的缺失。

第三，行业协会权力有限，政府集权。滨海新区内大多数行业协会是在政府引导下自发成立的，具有一定的行政色彩，它所拥有的权力较小，故在发挥组织功能的过程中遇到很多阻碍，导致行业协会的服务职能不能很好地发挥。

第四，政府购买量不够，行业协会经费不足。由于滨海新区的产业中介组织在新区内的发展处于起步阶段，政府、社会和企业的支持在一定程度上解决了产业中介组织的困难，但是还存在着政府购买量不足、社会需求量较少等问题，所以，滨海新区产业中介组织的发展还面临着很大的经费问题。

第五，专职人员年龄偏大。经调查发现，在部分由老同志建立起来的产业中介组织中存在着严重的人员老龄化问题。造成这种现象的原因是：一方面组织经费不足；另一方面是现代年轻人寻求高职位、高薪水的工作，不愿意加入产业中介组织这种正在发展的行业。

（2）滨海新区行业协会的发展呈现出以下趋势。一是行业协会与政府脱钩。所谓脱钩，就是要使行业协会逐步脱离行政色彩，但是"脱钩"并不意味着割裂。政府培育扶持是现阶段行业协会发展壮大的重要推动力，"脱钩"不是脱离政府的监管与支持，而是要改变方式，要用法制化、市场化、社会化的方式，为行业协会的发展创造良好的制度环境。二是行业协会的职能将更加注重为会员服务。之后的行业协会代表企业的利益更多一些，偏重于为企业服务，代表企业说话。比如，税收、价格问题，行业协会可以代表企业与政府谈判。三是行业协会由二元管理模式转变为一元管理模式。行业协会、商会等产业中介组织，今后可以依法直接向民政部门申请登记，不再经由业务主管单位审查和管理。四是突破"一业一会"的局限，实行"一业多会"的机制。但是并不是所有的行业都适合"一业多会"。"一业多会"在一些小型专业性行业协会中存在，是有利于竞争的，一定程度的"一业多会"应该被允许。在促进竞争时，还要克服"一业多会"的弊端，可以适当提高行业协会成立时的门槛，不只是要求成立时企业要达到多少数量才能设立，而是由经济份额占本行业的比重来规定行业协会成立的条件，这样能有效地遏制不必要的行业协会的成立。

2. 产业联盟发展状况

自 2012 年滨海新区推动产业联盟建设工作，截止到 2014 年，区内已成立并运行的产业技术创新联盟总数达到 19 家。其中，获得科技部认定的有 3 个，纳入培育重点的有 1 个（污染场地修复联盟），其他各类联盟 15 个，成员单位总数达到 432 家。各产业联盟成员间共享知识产权达 280 项次以上，共建研发平台 8 个，各成员 2014 年实现总销售收入超过 400 亿元，专利授权总数超过 1000 件。

（1）滨海新区产业联盟的发展在取得一些成效的同时，也存在着一些问题，主要体现为以下四个方面。

第一，联盟合作机制不够紧密。以产业技术创新联盟为例，作为技术合作创新的一种新型业态，滨海新区部分产业技术创新联盟在合作机制上仍处于较为松散的状态，在所属产业内部创新链条整合程度也存在问题。联盟成员间的合作仍停留在共同组织实施政府项目的层面上，且分工合作、成果共享的机制尚不清晰，协同创新机制尚未真正建立，自发面向市场共同组织开展创新活动的条件尚不具备。

第二，牵头单位的服务作用发挥不足。联盟牵头单位作为行业领跑者，应具备前瞻的视野、开阔的思路和强大的组织能力。但就目前的情况来看，部分联盟的牵头单位仅停留在信息搜集与发布、组织培训交流的初级层面。对行业未来发展规划和趋势把握不足，对联盟中长期发展的思路和目标尚不清晰，对各成员创新积极性调动不够，统筹协调创新资源的能力不足，服务联盟建设发展的作用发挥得不够。

第三，联盟总体数量不够多和覆盖领域不够宽。与滨海新区经济总量和各产业所处的地位相比，滨海新区各行业龙头企业对联盟建设意义的认识参差不齐，已建联盟涉及的领域尚未完全覆盖战略性新兴产业和优势主导产业，分工合理、机制健全、运行顺畅的优质联盟总数仍不够多。联盟总体数量与国内产业联盟发展较好地区相比也存在差距。

第四，联盟的作用和影响力还不够大。联盟建立的根本目标是通过良好的协同机制促进相关领域技术突破。目前，滨海新区已建立的大部分联盟在创新资源聚集方面的影响力没有体现出来，还没有成为滨海新区统筹协调各类创新资源，促进创新要素流动与聚集的重要载体。产业联盟对滨海新区整体产业发展、科技招商、关键技术突破等尚未表现出显著的带动性，并且，联合开展的技术攻关还不够多，形成的成果还不够明显和突出。

（2）滨海新区产业技术创新联盟的发展呈现出以下趋势。一是联盟目标逐步从技术研发转向产业链协作。产业技术创新联盟最初以合作研发为目标，旨在整合研发资源、联合承担研发风险，解决产业发展中的重大关键技术或共性技术问题。然而，随着联盟的逐步发展，联盟的目标不只在于技术研发，产业技术创新联盟还要以完善产业链协作为目标，通过联合企业间合作，促进创新产品上下游的配套，尽快形成有竞争力的产业链。二是联盟组织形式由政府主导转向市场自发。在产业技术发展还不成熟的初期，政府为了集中资源优势和力量、全面统筹的优势，作为一员加入到联盟中，这为联盟发展初期带来了资金支持，同时也使联盟面临资金来源有限、经济效益不佳、缺乏市场机制利益驱动等问题。鉴于以上问题，联盟要逐步转变为市场下的自主运作模式。三是中小企业间的产业联盟要进一步增强。截止到 2014 年，滨海新区科技型中小企业总数达到 15 232 家，在滨海新区经济发展中具有重要的作用，因为中小企业具有较高的创新性和互补性，在生物医药等具有竞争性的领域更能发挥自身优势。

三、八大支柱性产业的中介组织发展状况分析

（一）航空航天产业

滨海新区航空航天产业目前存在的问题主要是缺乏核心技术，产业层次低，附加值低，机体、发动机、航电设备等高附加值环节都在国外完成，缺少这些产品的研发和服务。

从航空航天产业链（图 4.1）上产业中介组织的分布来看，滨海新区内相关产业中介组织只有天津市航空产业技术联盟、天津市航空运输销售代理行业协会、天津市航空运动协会。该产业链上缺乏技术研发和服务方面的产业中介组织。

那么，是否应该成立发动机、机体方面的协会或联盟呢？从企业层面来看，虽然滨海新区已经形成"三机一箭一星一站"产业格局，成为国内既有航空又有航天的产业基地，同时，聚集了空客、航天科技、航天科工、中航集团等一批龙头企业，产值达到 230 亿元，但是这些龙头企业主营的是飞机机翼、飞机短舱组装、总装和起落架、航空电子产品的生产。而发动机技术、飞行控制技术、航电技术、机身特种金属耗材技术作为滨海新区航空航天产业的关键技术，配套企业很少，本地配套率仅为 3%。因此，滨海新区不适合建立侧重发动机、机电研发类的行业协会或产业联盟。

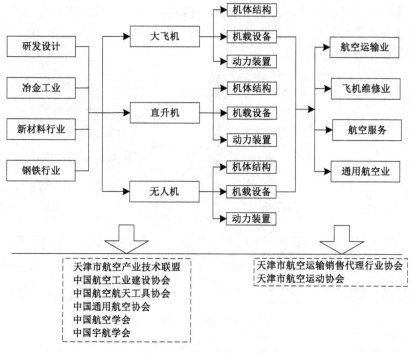

图 4.1　航空航天产业链

（二）石油（海洋）化工产业

1. 石油化工产业

　　天津市滨海新区是全国重要的石化基地之一，形成了石油天然气勘探与开采、石化、化工三大优势产业，以及完整的产业链，如图 4.2 所示。2010 年，天津市石化产业总产值 4000 亿元，GDP 为 9224.46 亿元，故石油化工在天津及滨海新区经济的发展中具有举足轻重的地位。

　　滨海新区石油化工产业链上的产业中介组织的数量极少，与该行业密切相关的产业中介组织只有三个，行业性的产业中介组织只有一个，即天津市石油成品油行业协会，缺乏上游石油天然气设计与开采及下游建筑行业产品（化学建材、装饰用纺织品）加工方面的产业中介组织。由于在轻工纺织产业链上已经成立了天津市建筑装饰装修材料协会，该协会同时为石化末端化学建材、装饰用纺织品的生产加工服务，故此处可以暂时不用建立化学建材、装饰用纺织品协会。

　　那么，是否应该成立石油和化工勘察设计协会呢？从企业层面看，目前，滨海新区内石油化工产业链上聚集了中石油、中石化、中海油、中化工、PPG、巴斯夫、LG 化学等国际知名石化企业，以及渤海钻探工程有限公司、蓝星石化等国内一流企业，它们是滨海新区石油化工产业的龙头企业。这些龙头企业主营油气勘探开采技术服务、炼油、乙烯、化工、化纤等业务。石油化工产业上的主要配套企业是天津渤海化工集团，主要涉及氯碱、有机化工、无机化工、精细化工、橡塑加工、生物化工等领域。

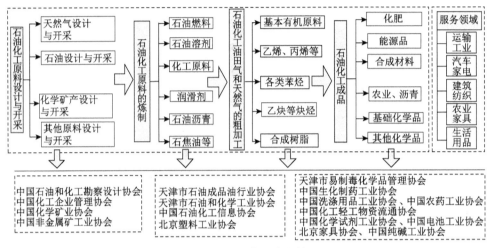

图 4.2　石油化工产业链

从产业链层面看，石油天然气开采及主要初级产品是滨海新区石油化工产业的优势环节，滨海新区有众多龙头企业都从事石油的勘察和设计，因此，可以成立天津石油和化工勘察设计协会，该协会主要履行石油和化工行业勘察设计方面的自律功能。

2. 海洋化工产业

天津是海洋化工产业的发源地，历经多年发展，形成了海洋精细化工、海水淡化和综合利用、海洋生物医药三大产业格局，如图 4.3 所示。

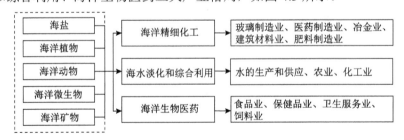

图 4.3　海洋化工产业链

2014 年，天津拥有重要海洋化工研究单位 10 家，主要包括国家海洋局天津海水淡化与综合利用研究所、中国盐业公司制盐研究院、天津海发化学工程研究所、天津市合成材料工业研究所、海洋资源利用研究院等。天津工业大学、天津大学、南开大学和天津化工研究设计院还掌握着海洋元素的无机化学合成和分离专有技术。从事海洋化工产品生产和新产品中试的企业主要有长芦海晶集团和汉沽盐场等。

从产业链层面看，滨海新区海洋化工产业在海水淡化技术、海水淡化设备、海水化学资源提取、海盐化工生产工艺，以及海洋生物医药方面的基因工程制备抗癌药、海洋功能基因酶方面存在优势；在精细化工下游产品加工，高压泵、膜装置、低温多效海水淡化设备、海水淡化铜管、海水养殖动物促生长剂方面存在不足。

鉴于以上分析，由于滨海新区内盐化工产业方面的产业中介组织只有天津长芦盐业协会和天津市滨海新区海水工厂化养殖联盟，应重点扶持海洋化工、盐化工类产业中介组织的发展，可以建立新型海洋生物制品产业技术创新联盟、海水淡化浓盐水综合利用创新联盟，让前者主要从事海洋生物医药方面的基因工程制备药及基因酶的研发，后者主要从事高压泵、膜装置、低温多效海水淡化设备、海水淡化铜管的研发。

（三）电子信息产业

滨海新区电子信息产业的产业链（图4.4）完整，但是电子信息产业层次低端，软件服务业研发投入低，仅为1.5%，缺乏核心技术。该产业链上的产业中介组织主要集中在中游中间件及软件和下游信息系统方面，组建了天津市集成电路行业

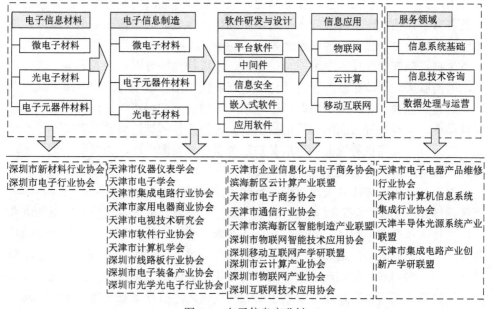

图 4.4　电子信息产业链

协会、天津市软件行业协会、天津市通信行业协会、天津市计算机信息系统集成行业协会、天津市滨海新区智能制造产业联盟等十多家行业协会和产业联盟。然而，新兴产业大数据、物联网方面的产业中介组织不足，而且缺乏上游关于材料研发和制造方面的产业中介组织（材料研发制造可以借鉴新材料产业方面）。

天津是国内物联网产业起步较早的地区，拥有较好的科研基础、产业基础和应用基础，初步形成了感知、超算、芯片、标准制定、解决方案、系统集成等较完整的产业链，率先从技术研发阶段进入应用驱动阶段。然而，从整个产业纵向成熟度来看，天津的物联网产业又属于初创阶段，政府既没有关于物联网产业发展的战略，也没有成立专门管理物联网行业的产业中介组织。

从产业链看，天津物联网各环节的研发、生产、营销主要分布在安防产品、计算机、软件、电子元器件等行业，虽然目前已经拥有了发展物联网产业所需的关键资源和节点，但都是不完善的，尚没有形成统一的物联网产业价值网络，另外，也缺乏必要的资源整合和整体的产业发展战略。又由于滨海新区物联网产业发展还不是很完整，加之该产业链上已经成立了一个滨海新区云计算产业联盟，可以为物联网研发制造类企业服务，暂时不必成立物联网产业联盟。所以，为了加强政府对整个物联网行业的管理，只需成立一个物联网行业协会即可。

（四）生物医药产业

滨海新区生物医药产业中存在的问题主要是生物医药和医疗器械企业发展规模偏小，其成果在食品工业、保健品业、饲料业等方面应用的程度不高。同时，产业各方面在技术研发环节投入不足，研发转化率低，化学药成品药比例低，主要仍以仿制为主。生物医药产业链如图4.5所示。

生物医药产业受技术专利、利益关系、地域特点等方面的因素影响，成立了天津医药联盟、天津市滨海新区转化医学产业技术创新战略联盟和天津市滨海新区抗癌新药创制产业技术战略联盟，但该产业的研究成果在原材料、食品工业、保健品业、饲料业等方面的应用偏低，以及在医疗器械制造研发上存在不足。而且，医药产业有其独特性而天津市又缺乏金属自然资源矿产，相关企业也不多，因此，医药原材料有关联盟没有必要成立。

那么，是否应该成立天津市滨海新区医疗器械研发及制造联盟、天津市滨海新区保健品产业技术创新联盟呢？从滨海新区区位看，处于发展核心地位的滨海新区生物医药产业集聚区和武清、北辰、西青、静海、津南等多个具有行业品牌效应的产业集群区共同组成天津市生物医药产业的"1+5"格局。同时，在京津冀经济圈中，它们对大健康产业产品的宣传、推广有较好的促进作用。因此，在滨海新区建立联盟可以有效地吸引周边高等院校的人才进行就业选择，保证了人才

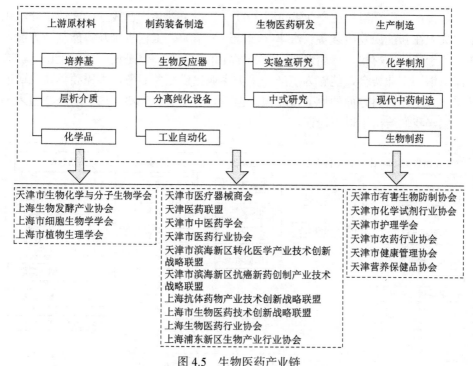

图 4.5　生物医药产业链

的补充。从产业链层面看，滨海新区医药及器械龙头产业集聚，大健康产业企业集聚，专业人才集聚，具备产业良好发展的条件，同时，优势环节也较为突出，例如，传统"三素一酸"具备优势，皮质激素、地塞米松、维生素等原料药生产保持领先；中成药制造环节（滴丸、软胶囊、中药注射剂）优异；生物芯片和干细胞技术处于国际领先水平，自主研发的微生物特异分子标识筛选技术居世界前沿；血压计、植入材料、理疗床等有一定的优势，九安电子血压计在全球的销售量名列前茅。但滨海新区的劣势也是比较明显的，如在技术研发环节投入不足，研发转化率低，化学药成品药比例低，仍以仿制为主；大型医疗影像设备的制造仍需加强提高，核心技术壁垒仍未突破；中药材在食品工业、保健品工业的应用少；基因工程的研究目前还比较缺乏等。

　　鉴于以上分析，滨海新区已经具备了成立医疗器械研发及制造联盟、保健品产业技术创新联盟的条件，让前者主要从事医疗设备的研发，尤其是大型医疗影像设备，后者主要从事保健品的研发。

（五）装备制造产业

　　滨海新区该产业中存在的问题是产业层次低，以代工制造为主，纵向产业链短，核心零部件的研发和生产能力薄弱，核心技术较少。

从该产业中介组织在产业链（图4.6）上的分布来看，已成立的产业中介组织主要集中在新能源发电装备、汽车（新能源汽车）、工程机械及智能制造方面，缺乏关于装备原材料、修船造船方面的产业中介组织。但是该产业链上由于已有天津市钢铁工业协会，能够为矿产开采类企业提供相关服务，不需要再建立矿产开采、金属原材料方面的协会或联盟。但是是否要成立天津市修造船产业技术创新联盟，我们给出了以下论证。

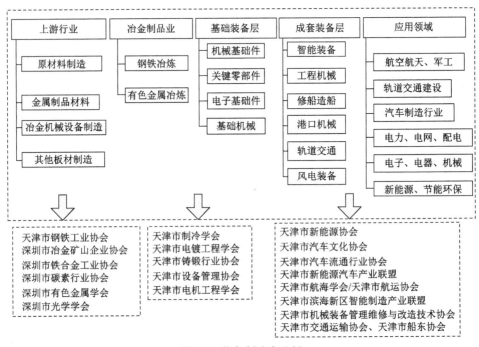

图 4.6　装备制造产业链

从滨海新区区位看，滨海新区加快建设北方国际物流中心、北方国际航运中心，将极大地带动港口航运物流业、海洋石油等产业的发展，为造船修船业带来巨大发展潜力。同时，发展船舶产业将会有效促进产业转型升级并带动就业，据相关统计，每出口一万吨船舶，可直接或间接带动1200人就业。

从产业链层面分析，滨海新区造船工程一流龙头企业集聚、工程技术集聚、专业人才集聚，具备系统集成、技术开发的先决条件和市场动力，同时，在基础材料、电子工业等方面具有优势。修船造船产业的优势环节为：船用钢板、船舶管系及加工组装。在船舶制造方面缺乏超大型邮轮（Very Large Crude Carrier，VLCC）、液化天然气（Liquefied natural gas，LNG）等高技术、高附加值船舶的制造技术和能力。

从企业层面看，滨海新区拥有渤海钢铁集团、天津新港船舶重工有限责任公司、天津新河船舶重工有限责任公司三大龙头企业，还拥有阿尔斯通、金桥焊材、赛瑞机器、大桥焊材等国际国内知名企业，目前仍有部分知名企业在招商中，越来越多的实力企业会相继落户滨海新区，这为修造船产业技术创新联盟的发展提供了基础。但是新区船舶配套产业规模小、布局分散，技术含量低、缺乏名牌产品，售后服务体系不健全，缺乏国际船级资质认证。

从项目层面看，滨海新区实施中船重工718所研发及产业化项目、新河船厂造船修船项目、船艇北方制造基地项目、船舶制造项目、中船重工临港造船修船基地等项目。此外，2011年5月，新港船舶重工有限责任公司与渤海钢铁集团、中船重工（天津）物资贸易有限公司达成合作意向，三方在项目投资、业务合作及技术交流等领域开展合作，共同建设钢材加工配送中心，开发出高性能、高附加值船用钢材产品，开拓高端市场，推动钢铁、造船及相关产业共同发展。

鉴于以上分析，滨海新区已经具备成立天津市滨海新区修造船产业技术创新联盟的条件。该联盟主要从事船舶制造VLCC、LNG等高技术、高附加值船舶制造技术的研发。

（六）新能源、新材料产业

1. 新能源产业

滨海新区新能源、新材料产业在风电产业、太阳能电池、电子信息材料、金属材料等环节虽然已经达到世界领先水平，但是仍然存在很多问题，尤其是在上游原材料的生产上存在供不应求、纵向产业链短且不协调等问题。同时，滨海新区该产业在核心零部件的研发和生产上，能力较弱，国外的部分高技术壁垒依然不能打破。新能源、新材料产业链如图4.7所示。

滨海新区新能源产业在部分核心技术研究方面尚未突破，高端产品及零部件主要以进口为主，自主研发生产能力有限。因此，有必要成立一个太阳能风电与集成系统产业技术创新联盟，以此来打破国外的高技术壁垒，同时促进行业以后的发展。对于是否成立太阳能风电与集成系统产业技术创新联盟，我们给出了以下论证。

从滨海新区区位看，滨海新区正在加快建设北方国际物流中心、北方国际航运中心，交通运输发达；同时，滨海新区处于京津冀发展圈，能够有效地吸引应届毕业生及高学历人才来此发展，既保证了人才的新鲜血液输送，又可以带动产业发展，拉动当地的就业。

从企业层面看，滨海新区拥有新能源产业方面的天津市津能电池科技有限公司、天津尚比光能技术开发有限公司、京瓷（天津）太阳能有限公司、天津德普机电有限公司、东方电气（天津）风电科技有限公司、维斯塔斯风力技术（中国）

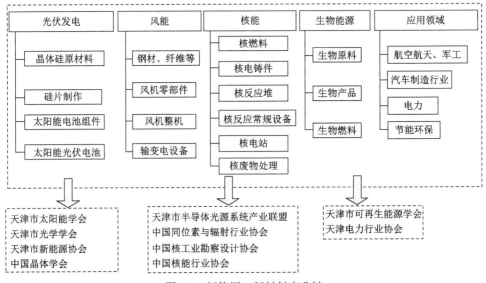

图 4.7 新能源、新材料产业链

有限公司、天津力神电池股份有限公司、天津市捷威动力工业有限公司、比克国际（天津）有限公司等行业龙头企业，以及众多配套企业（单在风电产业方面就有 120 多个配套企业）。

从产业链层面分析，太阳能光伏方面，薄膜电池及聚光电池领域已经相当成熟，滨海新区高新区拥有国内最大、品种最多的太阳能电池生产基地；风电产业方面，滨海新区聚集了维斯塔斯、歌美飒等全球行业 10 强中的 5 强，风电设备生产能力占全国的 30%，形成了风电整机及零部件配套的产业优势环节；在绿色电池方面，形成了正极材料、电解液、电芯制造和 PACK 组装的优势环节。尽管如此，滨海新区该产业链的劣势环节也是存在的，如太阳能产业的高纯度硅料提纯、晶硅电池的硅材料、聚光电池的系统集成；风电产业的控制系统、发动机（发电机）、变流器、风力发电场等设备的制造；绿色电池的负极材料制造等方面。

从项目层面看，友达光电多晶硅太阳能电池生产项目，太阳能薄膜电池研发、生产及总部建设项目，中国电子科技集团公司 500 兆瓦 CISG 薄膜太阳能电池项目，"十万屋顶"项目，年产 30 万辆电动汽车用锂离子动力电池项目，2 亿块聚合物电池项目，磷酸铁锂正极材料产业化项目，这些项目加上天津瑞能电气有限公司、天津赛瑞机械设备有限公司、西门子电气传动有限公司等公司的特色重点项目研究，使天津市新能源、新材料产业有明确的发展方向和专业完善的后方保障。

鉴于以上分析，我们认为滨海新区应该成立太阳能风电与集成系统产业技术创新联盟，主要致力于太阳能风电的控制系统、发动机（发电机）、变流器、风力发电场等核心部件的研发。

2.新材料产业

滨海新区新材料产业主要围绕先进复合材料、新型功能材料、电子信息新材料、金属新材料、化工新材料、生物医学新材料、纳米材料七大领域，形成了中国有色矿业集团天津新材料产业园、轻纺经济区新材料产业集聚区、大港区蓝星天津化工新材料基地等六大产业集聚地。2010年，天津市新材料领域产业产值达到361亿元，企业超过1000家，膜材料、先进陶瓷材料、硅材料、钛材料等多种材料的研发制造能力处于全国领先水平。

从企业及产业链层面看，滨海新区拥有天津冶金集团、天津钢管集团、蓝星石化、天津膜天膜科技股份有限公司、天津天女化工集团、天津中环半导体股份有限公司、天津力神电池股份有限公司、天津一阳磁性材料有限责任公司等在内的龙头企业及国家纳米技术与工程研究院，形成了钢材、合金产品生产、钢管生产、化工新材料生产制造、中空纤维膜生产、锂电子电池用正极材料、绿色电池生产、半导体材料生产、玻璃钢生产、复合材料研究、稀土永磁材料生产等优势产业链环节。但是，滨海新区该产业链在高端金属新材料、机用新兴复合材料等复合材料、IC电子器件及相关整机产品研发等方面处于劣势。除此之外，滨海新区化工材料和纳米材料的产学研用、技术成果转化还存在脱节。

鉴于以上所做的分析，滨海新区可以成立新材料产业技术创新联盟，主要用于高端金属材料、新兴复合材料技术研发及技术成果转让。

（七）食品粮油产业

滨海新区食品粮油产业加工基地虽然是我国北方最大的粮油综合加工基地，发展相对成熟，形成了集粮油加工、储存、贸易、物流于一体的产业链（图4.8），产业链完整，但是在粮油深加工方面还存在不足，应该加强相关产业中介组织在这方面的服务引导功能。所以，应该成立天津市食品粮油延伸产业联盟。

对于是否应该成立天津市食品粮油延伸产业联盟，论证如下。

从企业层面来看，天津市拥有天津可口可乐饮料有限公司、中粮北海粮油工业有限公司、京粮天津油脂、天津王朝葡萄酿酒有限公司、康师傅集团等龙头企业及高达食品设备有限公司等配套企业，但是，这些著名企业主要从事聚集饮料、粮油、葡萄酒、方便面等初级产品的生产，产品档次低、技术含量低，附加值高的产品不足20%。

从产业链层面看，滨海新区该产业的优势具体体现在区位优势、品牌优势、技术优势三方面。区位优势：天津具有辐射三北（东北、华北和西北地区）和港口优势，滨海新区对外开放度较高，有利于产业集聚，一批国内外知名企业纷纷落户天津。品牌优势：天津市所聚集的著名企业，使得滨海新区具有中国名牌产品5个，中国驰名商标5件，市名牌产品38种，市著名商标107件，"中华老字

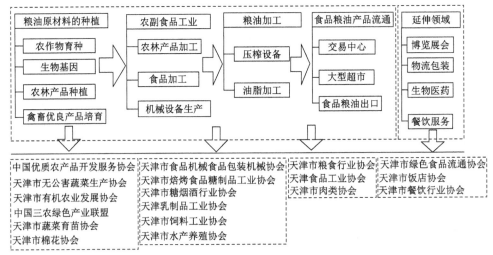

图 4.8　食品粮油产业链

号”23 家，“津门老字号”76 家。技术优势：天津市拥有 15 所在全国很有知名度的食品相关大专院校和科研院所，在食品科技攻关、新品开发、技术队伍及成果转化方面具有较雄厚的实力。尽管天津市食品粮油产业拥有以上优势，但是仍然存在很多不足：一是产品档次低，缺乏高附加值产品的生产研发，尤其是大健康产业产品的生产研发；二是食品安全保障能力仍显不足：食品安全专业人才配备不足，现代化、信息化的控制、追溯手段不适应，一些企业的产品还不能让人放心。

从项目层面上进行分析，临港粮油加工基地、食品级高果糖浆生产、面粉加工和食用纤维素生产项目、新加坡第一家外资食品项目、伊利奶制品生产基地、津酒蓟县生产基地、天津宝迪食品工业园等重点支持项目，使得行业今后发展前景大好。

鉴于以上分析，滨海新区已经具备成立天津市食品粮油延伸产业联盟的各方面条件。该产业联盟主要用于从事粮油末端高附加值产品及大健康产品的生产研发。

（八）轻工纺织产业

滨海新区轻工纺织产业已逐步发展成为包括纺织、塑料、包装、日化、手表、家电等行业的多元化产业结构。通过上下游的延伸，精密机械、塑料、日化等产业已形成较完整的产业链，如图 4.9 所示。并且，在依托天津市作为传统轻工纺织产业生产重地的基础上，一批大型知名企业的引入和大项目的落户极大地促进了滨海新区轻工纺织产业的结构优化。

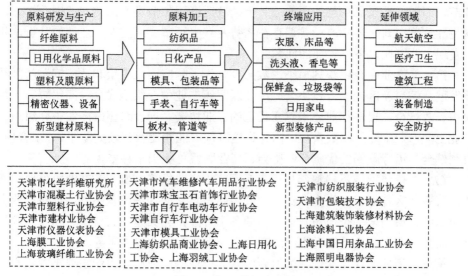

图 4.9　轻工纺织产业链

从该产业链上产业中介组织的分布来看，该产业链上产业中介组织较多，基本覆盖该产业链上的各个行业，只是在日化方面缺少相关产业中介组织，可以首先成立日用化工行业协会。

从企业来看，2010 年，滨海新区规模以上轻工纺织企业 244 家，产业规模稳步扩大，并涌现出一大批知名企业和名牌产品，形成了轻纺经济区、空港海鸥工业园、高新纺织工业园等产业集聚区。

从滨海新区发展方向来看，滨海新区引导清洁类日化产品向环保、浓缩、抗菌杀菌、加酶、漂白方向发展，有效利用石化末端及伴生的副产品；引导护肤类日化产品向天然性、营养性、功能性、安全性、稳定性方向发展，与粮油、海洋生物产业有效衔接；鼓励运用现代生物技术，生产海洋生物活性提取物、生物制剂、天然植物添加剂等天然成分用于日化产品中（参见新型海洋生物制品产业技术创新联盟）。

鉴于以上分析，滨海新区应该成立日用化工行业协会，支持日用化工行业协会开展以质量检测、建立企业社会责任和保护知识产权为重点的行业自律工作；引导企业向石化、粮油末端副产品的深加工上转变。

四、总结

从对滨海新区八大产业产业中介组织在其产业链的分布情况来看，八大产业所拥有的产业中介组织占滨海新区产业中介组织总数的 66.7%。滨海新区行业协会、产业联盟等产业中介组织虽然数量上有所增加，但是主要集中在产业的优势环节，即中低端产品初级层面的服务上，缺乏高附加值类产品的产业中介组织，这也导致滨海新区各大产业普遍存在劣势及缺失环节。通过对产业链的分析，我们发现主要存在以下三方面的问题。

第一，产业中介组织规模小、数量少。为了响应国家政策和适应滨海新区经济发展，滨海新区内的行业协会、产业联盟等产业中介组织成立时间比较短、规模小、数量少，很多行业还未建立相应的行业协会、产业联盟等产业中介组织，产业上的产业中介组织数量与国内先进地区同产业相比存在较大差距。分工合理、机制健全、运行顺畅的优质行业协会、产业联盟总数仍不够多。

第二，覆盖领域不够宽。与滨海新区八大产业经济总量和各产业所处地位相比，滨海新区各行业龙头企业对产业联盟建设意义的认识参差不齐，已建产业中介组织的领域尚未完全覆盖八大产业的各个行业，尤其是在大健康、物联网等战略性新兴产业方面更是缺乏相应的产业中介组织为企业提供服务。

第三，所处产业层次低。滨海新区八大产业的产业中介组织主要集中在产业中上游中低端产品的服务上，缺乏下游高附加值类产品的产业中介组织。

第三节 发展产业中介组织对滨海新区经济发展的作用

一、发展产业中介组织，有利于促进滨海新区政府职能转变

发展产业中介组织是促进滨海新区政府职能转变的前提条件和现实保证。产业中介组织不仅可以承担政府交由社会负责的事情，成为政府职能转化的外接载体，使政府从微观事物中摆脱出来，集中精力抓好宏观管理。而且，产业中介组织的发展和完善，有利于推动政府公共管理模式的转变，使其不仅能促进政府决策的民主化和管理的法制化，同时有利于政府间接管理方式的形成。

二、发展产业中介组织，有利于促进滨海新区产业集群发展

产业中介组织是成熟产业集群的一个有机组成部分，它作为产业的制度性分工，是市场的润滑剂和黏合剂，是产业集群正常高效运作的支持系统。产业中介组织推动集群绩效提升的机理是通过构建集群网络度，进而促进集群结构度和规模度的形成来提高集群绩效。产业中介组织建设体系不完善、功能不健全、运作不规范、职业程度不高都影响集群绩效的提升。

目前，滨海新区产业中介组织的发展与发达国家相比还有很大差距，其发展较晚，滨海新区对于如何发展培育产业中介组织还处于摸索阶段。为了借鉴发达国家产业中介组织的发展经验，发展培育滨海新区的产业中介组织，我们

有必要研究美国、德国、日本行业协会、产业联盟等产业中介组织的发展历程，以及政府在其发展过程中所给予的支持政策，探索促进滨海新区产业中介组织发展的经验。

在滨海新区以行业骨干企业为主体，培育建设一批综合实力较强、运转机制灵活、功能较为完备的行业协会、产业联盟等产业中介组织，有重点地涉及航空航天、石油化工、装备制造、电子信息、生物医药、新能源新材料、轻工纺织、食品粮油、节能环保、科技和信息服务、大数据、大健康等优势核心产业和战略性新兴产业，进一步整合行业协会等产业中介组织资源，调整现有结构，优化布局，提升改造原有行业协会，集中力量发展覆盖面广、行业权威性强、符合市场经济需求的行业协会，促进天津市及滨海新区产业集群快速发展。

三、发展产业中介组织，有利于培育和规范市场

产业中介组织介于政府、企业、社会团体与个人之间，由于非营利性产业中介组织具有非营利性，它并不追求利润的最大化，因此，其作为市场经济的支持体系，能够以公平、公正和客观作为活动准则，对培育统一的市场，规范市场经济主体的行为发挥着不可替代的作用。

四、发展产业中介组织，有利于为社会提供更有效的服务

完善公共服务是现代社会的基本职能，社会分工要求产业中介组织的服务应当是全方位、多领域的。就其服务对象而言，主要包括两个方面：一是为政府宏观决策提供信息咨询服务；二是为不同经济主体、法人和公民提供有关政策的、经济的、法律的、信息的多层面的服务。

五、发展和完善产业中介组织，有利于发挥其桥梁沟通作用

产业中介组织介于政府、企业、社会团体和个人之间，一方面同政府及其职能部门保持着密切联系，掌握着政府宏观决策层面和微观操作层面的大量信息；另一方面它们与微观层面不同利益主体的当事人交往密切，比较了解企业的需求。因此，在政府职能转变和企业向市场经济方向转型过程中，产业中介组织应充分履行其沟通协调的职能，发挥其桥梁沟通作用。

第四节　滨海新区经济发展对产业中介组织的需求分析

产业中介组织是一种新的为市场主体服务和促进市场配置资源的制度安排，社会经济发展对产业中介组织的需求与经济发展阶段的变迁是一致的，经济发展

阶段越高，对产业中介组织的需求越强。滨海新区目前处于工业化中期向后期过渡阶段，越来越成熟和完善的区域市场经济体制对产业中介组织的需求潜力巨大。同时，建设创新型城市对产业中介组织的需求增加。

根据迈克尔·波特的国家或区域竞争力优势的"钻石"模型理论，经济社会的经济竞争力取决于四方面的因素：第一，要素条件，分为初级的自然禀赋要素和长期投资形成的高级要素，如高级人力资源的集中、劳动者技能的提升、创新机制的形成等，在这些要素中，起决定作用的不是初级要素，而是高级要素；第二，需求条件，包括市场的开放性和市场的运行质量，前者能使企业对国际市场的变化做出迅速的反应，后者则表明了市场需求对企业产品的技术和质量的更高要求，即消费者对商品和服务更加挑剔；第三，相关支持产业，即同一地区是否形成了相关的产业链，或者说这一地区是否在主导产业周围形成了强大的研发、设计、配套、加工能力，并且这种能力具有国际性；第四，企业组织形式与区域竞争态势，即产业是否以集群的形式存在，各企业之间是否形成了激烈而有序的竞争态势。

具备以上四个因素，国家或区域经济竞争力就强，否则相反。提升区域竞争力就是要促进这四个因素的完备，这四个因素越完备，经济持续稳定增长的基础越坚固，而在促进这四个因素的完备方面需要中介组织发挥作用。

一、高级人力资源的集中需要人力资源服务中介，劳动者技能的提升需要中介培训机构

目前，滨海新区人才资源总量偏少，拔尖人才缺乏。因此，集中高素质人才，对产业发展需要的技术工人进行培训，对于促进滨海新区创新型城市建设具有重要意义。随着市场经济的不断发展，人力资源培训和管理的社会化趋势越来越显著，因此，社会化管理和培训不仅有利于人才在全国的自由流动，实现人才资源配置的不断优化，而且社会化培训和管理也便于在更大范围内利用管理人才、传递人才供求的有效信息，同时有利于降低人力资源的管理成本。这就是说，人力的集中培养、促进供求的平衡、引导人力资源流动等方面对人才资源服务中介的需求是巨大的。

二、不断提高微观主体对市场变化的适应性及行业内企业产品技术水平需要行业协会发挥统领作用

市场经济体制的完善与行业协会的发展是同步的。一位西方学者这样比喻行业协会的功能：行业协会好比一个有一定身份的保安，最初是以服务于企业为自己的神圣使命的，后来身价提高了，逐渐成了企业之间、企业与政府之间穿针引线的"交际花"，有时又像一个能指挥千军万马（所属会员企业）的司令员。完

善市场经济，行业协会在服务企业、服务行业、服务社会方面能发挥以下重要作用：①起草发展本地本行业的发展计划，供政府参考；②向政府提供本行业的经济政策建议、行业标准；③向政府提供本行业的发展趋势报告；④负责市场损害调查，代表行业组织进行国际协调和法律诉讼，维护企业在国际竞争中的利益；⑤协调行业纠纷，规范行业内部竞争行为，提升行业竞争力；⑥进行行业职业道德教育，维护市场秩序；⑦为企业提供必要的国际市场信息。

集群性是滨海新区产业的一个显著特点，也是产业具有竞争力的显著优势，但集群内企业之间缺乏协同性，损伤性竞争比较普遍。完善的市场经济条件下行业协会应具备的以上几个功能发挥得很不够，与政府服务企业、调节行业需求，与企业、行业本身发展的需求都有较大差距，这说明创建创新型城市、实现国家对新区的发展定位，促进产业升级，需要行业协会的发育、发展和发挥应有的作用。

三、促进支柱产业及相关产业的发展，发挥科技在加固产业链方面的作用需要科技中介组织

国家对滨海新区的发展定位是建设先进制造业研发和转化基地。工业化初期促进经济增长的主要因素是劳动、资本、自然资源的投入数量，工业化中后期变为主要是科学技术、制度创新、人力资本的积累，前者属于粗放型的经济发展路径，后者属于集约型的经济发展路径。滨海新区目前处在工业化中后期的经济发展阶段，这决定了滨海新区转变经济发展方式的紧迫性及科学技术在转变经济发展方式方面的重要性。目前，从全国市场看，科技的现实供给与潜在供给是丰富的，如何从全国统一的科技市场寻找适应滨海新区传统产业提升和新型产业培育技术是转变经济增长方式和培育滨海新区持久竞争力因素的关键。这个任务如果由市场微观主体——企业自己完成，不仅交易成本高，而且效率低，这个任务就落到了科技中介组织的身上。

四、加速提升滨海新区经济质量，提升企业竞争力需要金融中介组织

当前，滨海新区正处于加快转变经济发展方式，突破资源承载力和环境制约实现经济可持续发展的关键时期和攻坚阶段，迫切需要金融业重点加大对自主创新、转型升级、低碳发展和社会民生等领域的支持，推动滨海新区整体产业布局调整和优化升级，为未来滨海新区经济新一轮跨越式发展做出更大贡献。

五、中小企业成长需要企业策划中介组织助推

滨海新区民营企业占全市企业总数的95%，其中，中小企业又占整个民营企业的99%。据初步调查，滨海新区民营企业规模与资本有机构成和企业利润率呈

正相关，即企业规模越大、技术水平越高，资本有机构成越完善，单位资本创造的利润越高。这说明通过促进中小企业成长，推动滨海新区经济发展的潜力比较大。而中小企业的成长无论是靠资本积聚还是资本集中都离不开企业策划中介组织的服务，企业策划中介组织可以使中小企业成长少走弯路，使资本经营和产品经营与国际及国内经济发展趋势一致。

六、品牌经济的杠杆效应离不开品牌代理中介组织、广告代理中介组织的推荐与运作

截至 2014 年底，滨海新区的注册商标增加到 1.87 万件，其中，驰名商标总量达到 300 余件，名牌产品数量近 170 种。通过实施品牌战略，滨海新区一大批企业成为本行业乃至全国的知名企业。名牌的含金量随着市场竞争的不断加剧而不断提高。品牌运作得好，对经济的发展能起到事半功倍的杠杆效应。品牌经济城市的殊荣、强大的品牌集群阵容，以及不断增加的新的名牌、驰名商标的价值潜力都需要专门的中介组织挖掘。

七、提升市场运行质量和商贸流通业，需要商贸中介服务业

商贸中介服务业主要指各类商品交易中介、会展服务中介等。大商贸格局的构建是滨海新区商贸业发展的目标，商贸业已成为滨海新区第三产业的重点行业，为促进其健康稳步快速发展，需要大力发展能有效提供信息交流和整合功能的商贸中介服务业。

八、民意的表达需要自发性的民间组织发挥作用

市场经济的发展使社会阶层多元化，如何使不同阶层的群众和个人的利益得到有效表达并使利益得到综合与满足，就成为消除和化解冲突的关键所在。在政府与社会之间建立起一种良性的意见表达与整合机制非常重要，中介组织可以起到这个作用。从这个意义上看，中介组织的发展与完善，能使政府与社会以一种全新的整合方式实现政府对社会的管理。

第五节　滨海新区发展产业中介组织的优劣势分析

一、优势

1. 区位优势

滨海新区规划面积为 2270 平方千米，位于天津东部沿海地区，环渤海经济圈

的中心地带，背靠"三北"，腹地辽阔，是连接国内外、联系南北方、沟通东西部的重要枢纽，是亚欧大陆桥最近的东部起点，是临近内陆国家的重要出海口，这里聚集了国家级开发区、保税区和我国面积最大的保税港区——东疆保税港区等配套设施装备较为完善的区域。同时，滨海新区的天津港吞吐量跻身世界前列，其吞吐量在 2013 年突破了 5 亿吨，可与全球 400 多个港湾相联系。天津滨海新区共拥有港口 40 余个，构成了中国最密集的港口群，海上交通线发达，成为我国北方对外开放的门户。

自从成为国家综合配套改革试验区以来，滨海新区对本地经济的布局进行了合理规划：中部为于家堡金融区、响螺湾商务区，目前正努力建设为国家金融创新基地；西部为渤龙湖总部经济区和空港经济区，定位为高新技术企业的总部经济园区，重点发展生物科技与绿色能源主导行业等；北部以北塘国际会议产业区、中小企业总部区为代表，重点培养具有发展潜力的中小型企业。三大片区功能各不相同，相辅相成，形成了互动、共赢的经济生态体系，有利于吸引国内外企业总部落户于此。

2. 资源优势

滨海新区所处的环渤海经济区属于资源型经济区域，资源分布相对集中，蕴藏着巨大的发展潜力。滨海新区的油气资源相当丰富，渤海油田和大港油田是国家重点开发的油气田，2013 年产原油 3044.53 万吨，天然气 18.73 亿立方米。同时，金属和非金属矿产资源达 100 多种，其中，锰、硼不仅为国内首次发现，也为世界所罕见。滨海新区的土地资源也十分丰富，共有 1214 平方千米土地可供开发，这些地区交通条件好，开发费用低，具有很好的相对优势。另外，滨海新区也有丰富的海洋资源和农业资源，是中国农业发展的重要基地。

截至 2013 年底，滨海新区科技型中小企业总数达到 15 232 家、科技小巨人企业达到 762 家，其中，2013 年新增科技型中小企业 4179 家、新增科技小巨人企业 227 家，为产业中介组织提供了广阔的发展空间。

二、劣势

1. 建设资金不足

2013 年，天津市 GDP 为 12 885 万亿元，在我国 31 个省份中排第 20 名，在 4 个直辖市中排第 3 名，经济实力较为薄弱。而滨海新区作为天津下辖的副省级新区，其建设资金直接受到天津经济实力的约束。2009 年，滨海新区着力开展"十大战役"的基础设施建设，包括加快推进南港工业区、于家堡、响螺湾中心商务区、东疆保税港等十大工程，总计划投资超过 1.5 万亿元，而 2012 年天津财政收入仅为 1760 亿元，财力缺口较大[90]。滨海新区存在的财政缺口使得用于产业中介组织建设方面的资金有限，影响滨海新区产业中介组织配套设施的建设。

　　2. 牵头单位的服务作用发挥不足

　　行业协会、产业联盟等产业中介组织牵头单位作为行业领跑者，应具备前瞻的视野、开阔的思路和强大的组织能力。但就目前来看，部分行业协会的牵头单位仅停留在信息收集与发布、组织培训交流的初级层面。对行业未来发展规划和趋势把握不足，对产业中介组织中长期发展的思路和目标尚不清晰，对各成员创新积极性调动不够，统筹协调创新资源的能力不足，服务产业中介组织建设发展的作用发挥得不够。

三、机遇

1. 市场经济发展带来的机遇

　　受我国经济体制转型及发达国家经济发展历程的影响，我国对产业中介组织的需求不断增加。目前，在市场经济体制下，滨海新区需要构建政府、市场、社会三元社会治理模式，其中，政府的代表就是政府各职能部门，市场的代表主要是民营企业，社会的代表就是产业中介组织。政府应该把更多的空间和机会让给市场和社会，也就是民营企业和产业中介组织，让产业中介组织充分发挥其第三方市场资源配置的作用。

　　（1）企业有新期待。随着我国社会主义市场经济体制的不断完善，企业在扩大经营和持续发展方面的需求不断加大，对行业协会在行业自律、推动产业转型升级、协调行业间以及企业与政府间关系等方面的作用越来越重视，要求越来越高。特别是在经济全球化背景下，企业积极"走出去"参与竞争。国际竞争日趋激烈，同时贸易保护主义抬头，国际贸易活动中一些不宜或难以由政府和企业直接承担的事务，需要行业协会发挥作用，帮助企业开拓国际市场，应对国际贸易摩擦，争取国际话语权。可以说，行业协会在企业服务方面大有可为。

　　（2）政府有新需求。随着经济体制和行政体制改革的深化，传统计划经济体制下建立专业经济部门进行行业管理的模式已经被打破，政府在经济领域的职能越来越侧重于宏观调控和市场监管，不再直接干预企业的具体经营行为。政府要构建新型行业管理体制，就必须借助行业协会的力量，充分发挥行业协会熟悉行业、贴近企业的优势，引领和促进行业整体发展。也只有这样，政府才能腾出更多的精力抓宏观、抓大事、谋长远，把该管的事情管住、管好。另外，当前社会经济成分和组织形式日益多样化，人民群众参与公共事务和公共管理的意愿也不断增强，过多地依靠政府管理已经难以适应社会结构和利益格局的深刻变化，需要创新社会管理体制，发挥社会组织在社会管理中的协同作用。这也要求行业协会充分发挥自己的社会功能，承担起应有的社会责任。

2. 国家政策带来的机遇

自 1993 年十四届三中全会以来，国家为促进行业协会等产业中介组织的发展，相继出台了很多政策，把行业协会列为重点培育和优先发展类社会组织，与行政机关脱钩，直接向民政部门依法申请登记。在此次"三定"工作和行政审批制度改革工作中，将一些原来由行政部门承担的具体事务交给行业协会承担。这为行业协会的发展提供了有利条件。随着各项改革措施的落实，我国行业协会发展空间会越来越广阔，发展环境会越来越宽松，发展势头也会越来越好。

四、挑战

1. 企业有担心

我国的行业协会往往是在政府的直接推动下产生和发展起来的，许多都是在机构改革中由政府部门转变来的，有的则是由行业主管部门主导创建的，与企业自发形成的所谓体制外生成模式不同，不少行业协会还带有较浓的行政色彩，习惯于沿用过去那套管理理念和运行方式，服务意识较弱，会员代表性不强，企业和行业认同度不高，缺乏凝聚力、公信力和发展活力。如果在这种情况下承接政府职能，相应的监管和规范措施跟不上，一些企业担心行业协会可能会比政府部门管得更多更严。而且政府行使职能有财政保障，而很多行业协会本来就家底薄、负担重，改革后一些协会可能还会借机向企业增加收费，加重企业负担。

2. 政府有顾虑

目前，我国行业协会整体发展还不成熟，很多协会组织规模不大、人员结构老化、工作基础欠缺、社会影响力不足，如果行业协会自身能力建设不能同步加强，政府向协会转移的职能可能也难以有效履行。在这次"三定"过程中，一些部门就明确提出并非不愿转移职能，它们担心行业协会长期积弱，怕转移的事项行业协会做不了、做不好甚至出乱子。

第五章 天津市滨海新区产业中介组织的培育与发展

第一节 滨海新区发展产业中介组织的思路

一、统筹规划，建立健全产业中介组织的发展体系

首先，制定发展规划，明确总体发展目标。要根据不同的经济社会发展阶段，研究制定产业中介组织发展规划，明确总体发展目标。其次，建立调控机制，合理布局产业中介组织。对某些社会效益明显，经济效益相对不足或急需发展的中介领域予以政策倾斜，并给予一定的经费支持；对社会和经济发展特别重要但没有经济效益的中介领域，由财政直接投资，消除盲点，形成覆盖有序、布局合理的产业中介组织发展体系。再次，深化改革，切实转变政府管理职能。结合滨海新区政府审批制度改革，加快政府职能转变，把参与行业制度规范，行业内重大技术改造、技术引进、投资项目前期论证，制定和组织实施行业技术、经济、质量、管理标准，行业内部价格协调，对本行业企业的建议、兼并、改选、拍卖、租赁、破产、合并等进行前期咨询的调研和论证，将许可证发放、参与组织和举办各种展销会等活动职能交给产业中介组织。最后，结合深化事业单位改革、清理整顿产业中介组织，实行政事分开、政社分开，按照中介化、社会化、企业化的方向，中介化的事业单位要与主管部门脱钩、剥离，革除其"行政机关"和"事业单位"的身份；按区域化、社会化整合配置资源，打破中介业务由部门垄断和条块分割的局面，形成市场竞争。

二、分类指导，建立和完善产业中介组织的管理机制

行业协会、产业联盟类产业中介组织在发展方向上要与布局优化结合，扩大行业代表性，突破系统、部门、所有制局限。在运作模式上，要贯彻政会分开、企会分开和自主办会原则；在管理上，按照天津市出台的《天津市行业协会条例》管理由民政部门注册登记的行业协会；对于产业联盟，要由科技部门进行备案，由相关对口业务部门进行指导。

三、完善相关法规，努力为产业中介组织的发展创造环境

培育和发展产业中介组织需要优化外部条件，构建良好的社会环境。首先，

构建一个良好的法律环境。目前，在国家有关中介组织法律法规尚未完善的情况下，滨海新区可利用现有的管理权限，从实际情况出发，制定相关地方性法规规章，规范产业中介组织的组织性质、服务宗旨、服务客体、赔偿机制、法律责任、审批程序、监督体制等，形成能覆盖产业中介组织的地方性法规，为产业中介组织的发展创造良好的法律环境。其次，构建一个公平的竞争环境。要引入市场竞争机制，打破所有制、行业、部门垄断，使官办、民办、半官办半民办、官助民办等各种形式的产业中介组织同时并存、平等竞争，并各自独立、公正地开展中介活动，形成市场化优胜劣汰的良性机制。通过各种措施逐步降低产业中介组织特别是国有产业中介组织对政府的依赖，强化它们市场化和社会化的运作能力。再次，构建更为宽松的外部发展环境。通过进一步深化各类体制改革，在政策法规、人事、转制、税收、资金、创新环境、科研条件与服务设施建设等方面加大对产业中介组织的扶持力度，向产业中介组织"购买服务"，为产业中介组织的发展创造更为宽松的外部环境。最后，构建一个自律的内部发展环境。建立和完善行业行为标准规范、员工职业道德规范、服务规范等行业内部管理制度，强化内部监督；加强产业中介组织队伍建设，进行业务培训，提高人员素质；建立符合产业中介组织特点和要求的行业准入、资格认证和登记年检制度，推行从业人员持证上岗制度；加大对产业中介组织服务水平和行为规范的监督，加大查处违法违纪力度，提高违规违纪成本，建立强制性的摘牌机制。

四、建立信用机制，构建社会中介信用数据库

在中介市场上建立诚信机制是建立整个社会信用关系的逻辑起点。要在中介市场上改变无序竞争和恶性竞争的状况，就必须建立起完善的信用体系、有效的淘汰制度和严格的惩治措施。提高中介机构的违规成本，启动问责制、法律追究机制与民事赔偿机制。要尽快建立中介机构信用数据库。其内容应当包括：中介机构的名称、经营地址、行业分类、经营服务范围、注册资本、股东出资方式和出资额、从业人员情况、法定代表人（负责人）、联系电话、电子邮件、网址、设立分支机构情况，以及相关职能部门提供的论证、资信、纳税、用工、资质、知识产权、综合监管等方面的信息[91]。各职能部门要加强对口联系，加快本部门信息化建设，采取电子交换的方式，收集有关中介机构信用方面的资料，逐步充实和及时更新中介机构信用信息库，实现数据共享和对社会公开。

五、建立产业中介组织的评估机构

当今，西方发达国家普遍建立非营利组织评估制度管理第三部门，滨海新区也可以借鉴吸收其成功经验，对产业中介组织进行监管，特别是对规模和影响大

的产业中介组织重点管理，依靠社会和媒体实现对产业中介组织的动态监督。

第二节　发展产业中介组织的主要原则

一、遵循市场经济规律

企业是产业中介组织构建的主体，产业中介组织牵头单位是产业中介组织创新战略的制定者、组织者和实施者，以及创新资金和条件等创新资源的主要投入者。高校、科研院所是产业中介组织的主要技术支撑。坚持立足于企业创新发展的内在要求和合作各方的共同利益，充分发挥市场在资源配置中的决定性作用，通过平等协商，建立具有法律效力的契约，对成员形成有效的行为约束和利益保护，促进产业中介机构依法自主经营、自主发展、自我约束。

二、突出产业发展需求

紧紧围绕滨海新区战略性新兴产业培育发展与重点支柱产业转型升级的迫切需求，探索不同产业、不同行业、不同产品构建产业中介服务机构的有效途径，着力构建与发展有利于掌握核心技术和自主知识产权，有利于引导创新要素向企业集聚，有利于形成产业技术创新链的产业中介服务机构。

三、发挥政府引导作用

发挥政府公共资源的激励导向作用，突破行政区划界限，跨区域整合资源，区域间携手联合。对于实力强、运行好、具有较强公信力和代表性的协会、联盟组织，通过营造政策和法制环境，逐步准许其参与政府产业计划编制、项目推荐和管理等，承担公共性工作任务。从特别有需求、特别有条件构建中间服务机构的产业着手，分轻重缓急，成熟一个，构建一个。防止脱离产业发展及产业技术创新内在需求的"拉郎配"；防止不切实际的一哄而上；防止地区分割、封闭发展；防止缺乏成员单位自主投入的形式主义。同时，针对不同层次产业中介组织建设和发展需求，科学设定考核指标体系，明确考核方法和标准。考核结果与行业协会、产业联盟等产业中介组织支持政策挂钩，促进产业中介组织健康发展。

四、优化运行合作机制

将合作共赢作为产业中介组织机制建设的首要目标，认真研究分析产业中介组织运行机制特点，制定政策并加以引导。逐步实现产业中介组织由依托单一的核心成员向建立独立运营的实体单位过渡。通过理顺运行机制，发展壮大一批在区域内实力突出、作用明显的产业中介组织，打造滨海新区产业中介服务机构品牌，支持部分重点产业中介组织在全国形成相当的影响力。根据发展需要及时调整产业中介组织的成员结构和组成，并积极开展与外部组织的交流与合作。鼓励中介机构建立成果扩散机制，对承担政府资助项目形成的成果履行向成员外扩散的义务。

五、坚持发展与规范相结合

积极扶持各类产业中介组织加快发展，在大力发展的基础上逐步规范，制定中介机构市场准入标准，加强诚信建设，形成行业自律机制。对不同类型、不同业务领域的中介机构实行有针对性的政策措施，促进其快速发展。

六、加强经费筹集管理

建立经费筹集的长效机制。产业联盟的经费来源一般有：产业联盟成员自筹经费和缴纳的会费、各级科技计划项目经费、对外开展技术转让和技术服务的收入提成及其他合法收入。针对产业联盟经费，要制定相应的内部管理办法，建立内部监督机制，产业联盟可委托常设机构的依托单位管理联盟经费。政府资助经费的使用要按照相关规定接受有关部门的监督。另外，要建立利益保障机制。产业联盟研发项目产生的成果和知识产权应事先通过协议明确权利归属、许可使用和转化收益分配的办法，要强化违约责任追究，保护产业联盟成员的合法权益[92]。

第三节　发展产业中介组织的目标

一、行业协会

按照统筹规划、合理布局、科学定位、分类指导、优先发展、规范运作的要求，用 5 年左右的时间，基本形成适应天津市产业特点和经济发展需要、布局合理、覆盖广泛、功能完善的行业协会组织体系，建立符合社会主义市场经济体系，与国际通行规则有效衔接的行业协会运行机制，不断完善保障行业协会科学健康发展的政策法规和体制机制。

（1）行业协会结构布局更趋合理，发展有序。按照天津市总体发展思路和规划，在优势产业、支柱产业、主导产业中优先培育发展一批经济和社会急需的，滨海新区行业集中的，以及为滨海新区产业园和功能区配套的行业协会。力争在 3 年内，滨海新区行业协会新增 70 家，全市行业协会总数突破 380 家。

（2）行业协会功能逐步完善。行业协会的自律、代表、服务、协调职能基本确立。各级政府相关部门将适宜行业协会承接的职能委托或转移给适合的行业协会，出台政府购买行业协会服务的实施办法。行业协会通过准确把握行业发展动态和运行趋势，推动行业快速发展。自觉维护市场经济秩序，大力推进行业诚信建设，协调会员企业关系，引导行业健康发展。发挥行业协会作为政府的参谋助手的职能，积极提出行业发展和立法方面的意见和建议，为政府决策服务。

（3）行业协会规范发展，运行和监督机制健全。完善行业协会建立和退出的运行机制，法人治理结构逐步健全，实现内部有效治理，运转协调。全面推进行业协会评估工作，用 3 年左右时间，实现行业协会评估工作的全覆盖；用 5 年左右时间实现 3A 级行业协会达到全市行业协会的 80%，进一步提高行业协会整体水平。

截至 2016 年底，天津市及滨海新区登记备案的产业中介组织总量达 200 个以上，平均每年的增长速度约为 47%。到 2017 年底，评估等级在 3A 以上的行业协会将占已登记总数的 80%以上，行业协会专职从业人员总量将达 1000 人以上，专职从业人员中受过高等教育的比例将达 70%以上，高技能人才比例将达 10%以上。

二、产业联盟

紧紧围绕滨海新区战略性新兴产业培育发展、重点支柱产业转型升级、推进传统块状经济向现代产业集群转变的技术需求，发挥政府引导作用，推动重点产业领域产业联盟的构建与发展。到 2017 年，建设 25 个左右的滨海新区产业技术创新联盟，并积极推荐条件较好、绩效较优的联盟成为国家产业技术创新联盟。

第四节　重点培育方向及运行模式

一、培育方向

在对滨海新区八大产业产业中介组织发展现状进行诊断之后，我们认为应该在以下产业相关领域建立产业中介组织，具体如表 5.1 所示。

表 5.1　滨海新区支柱性产业产业中介组织培育方向

产业	成立组织	主要职能
石油化工产业	石油和化工勘探设计协会	主要发挥石油和化工行业勘探设计方面的自律功能
海洋化工产业	新型海洋生物制品产业技术创新联盟	①海洋生物医药方面的基因工程制备药及基因酶的研发；②护肤类产品与海洋生物产业结合；③运用现代生物技术，研发海洋生物活性提取物、生物制剂、天然植物添加剂等天然成分用于日化产品中
	海水淡化浓盐水综合利用战略创新联盟	从事高压泵、膜装置、低温多效海水淡化设备、海水淡化铜管的研发

产业	成立组织	主要职能
物联网产业	物联网行业协会	协助政府加强对整个物联网行业的管理
生物医药产业	医疗器械研发及制造联盟	主要从事医疗设备的研发,尤其是大型医疗影像设备的研发
大健康产业	保健品产业技术创新联盟	主要从事保健品的研发
装备制造产业	修船造船产业技术创新联盟	船舶制造方面 VLCC、LNG 等制造技术和能力的研发
新能源产业	太阳能风电与集成系统产业技术创新联盟	主要致力于太阳能风电的控制系统、发动机(发电机)、变流器、风力发电场等核心部件的研发
新材料产业	新材料产业技术创新联盟	主要从事高端金属材料、新兴复合材料技术研发及其技术成果转让
食品粮油产业	天津市食品粮油延伸产业联盟	粮油末端高附加值产品及大健康产品的生产研发
轻工纺织产业	日用化工行业协会	支持日用化工行业协会开展以质量检测、建立企业社会责任和保护知识产权为重点的行业自律工作;引导企业向石化、粮油末端副产品的深加工上转变

（1）石油化工产业。成立石油和化工勘探设计协会,该协会主要发挥石油和化工行业勘探设计方面的自律功能,除此之外,还要具有一定的核心技术研发能力。

（2）海洋化工产业。成立新型海洋生物制品产业技术创新联盟,主要职能如下：①海洋生物医药方面的基因工程制备药及基因酶的研发；②护肤类产品与海洋生物产业结合；③运用现代生物技术,研发海洋生物活性提取物、生物制剂、天然植物添加剂等天然成分用于日化产品中。成立海水淡化浓盐水综合利用战略创新联盟,主要从事高压泵、膜装置、低温多效海水淡化设备、海水淡化铜管的研发。

（3）物联网产业。成立物联网行业协会,主要协助政府加强对整个物联网行业的管理,发挥行业自律功能。

（4）生物医药产业。成立医疗器械研发及制造联盟,该联盟主要从事医疗设备的研发,尤其是大型医疗影像设备的研发。

（5）大健康产业。成立保健品产业技术创新联盟,该联盟主要从事保健品的研发。

（6）装备制造产业。成立修船造船产业技术创新联盟,该联盟主要从事船舶制造方面 VLCC、LNG 等制造技术和能力的研发。

（7）新能源产业。成立太阳能风电与集成系统产业技术创新联盟,该联盟主要致力于太阳能风电的控制系统、发动机（发电机）、变流器、风力发电场等核心部件的研发。

（8）新材料产业。成立新材料产业技术创新联盟，该联盟主要从事高端金属材料、新兴复合材料技术研发及其技术成果转让。

（9）食品粮油产业。成立天津市食品粮油延伸产业联盟，该联盟主要致力于粮油末端高附加值产品及大健康产品的生产研发。

（10）轻工纺织产业。成立日用化工行业协会，该行业协会开展以质量检测、建立企业社会责任和保护知识产权为重点的行业自律工作；引导企业向石化、粮油末端副产品的深加工转变。

二、运行模式

行业协会是除了政府、企业之外，市场资源配置的第三方组织，是我国社会主义市场经济发展过程中的重要市场主体之一，是联系政府与企业的桥梁、纽带和助手。

就目前滨海新区行业协会发展状况而言，行业协会不可能和政府脱离关系，让政府完全放权也并不实际。政府引导下的行业协会运行模式如图5.1所示。

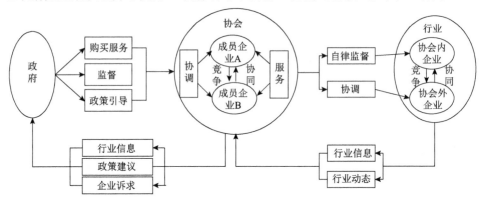

图 5.1　政府引导下的行业协会运行模式

在这种模式下，行业协会与政府之间的关系应该是互补与合作[93]。政府与行业协会应该各自承担其应有的职责，明确分工，发挥各自比较优势，来减少经济活动中的机会主义。政府凭借其权威及强制手段进行治理，然而在专业化、信息方面都存在局限，有限理性和信息局限很容易使其做出的决策产生制度供给与需求错误的现象，并带来较高的管理成本和服从成本，以及社会资源的巨大浪费。而行业协会能够发挥信息库的优势，积极参与政府的决策过程，使公共政策的制定更加合理，更具可操作性。由于具有不同的比较优势，两者合作，常常能发挥更好的效力。政府发挥其权威优势，而产业中介组织发挥信息和专业优势，二者之间建立的是一种互为补充的良好合作关系，从而能够克服某些特定领域均存在失灵的现象[94]。

在该运行模式中，政府为行业协会提供资金支持和政策导向，资金支持主要是以政府购买的形式进行；行业协会为政府提供行业信息，参与政府法规的制定，向政府反映企业诉求。该模式中行业协会的职能可以概括为：服务职能、协调职能和自律职能。

（1）服务职能。这里所说的服务职能主要包括两大部分：一是行业协会为会员企业提供服务，这种服务既包括为会员企业提供行业信息、反映诉求等服务，又包括为会员个人定制的培训、专业咨询、协助企业改善经营管理等有偿服务；二是行业协会为政府提供服务，主要是承接政府委托的一些项目。

（2）协调职能。协调包括协会内协调和协会外协调。协会内协调是协调不同规模、不同行业地位的企业之间的利益冲突，会员企业之间的合理竞争问题，会员企业破坏市场秩序的行为问题（如假冒伪劣）等；协会外协调是协调协会内外企业之间的竞争问题等。

（3）自律职能。这是协会对自己所在行业的会员企业实施的自我管理，自我管理一般体现为两方面内容：一是促使会员企业遵守行规行约，组织有序竞争；二是保证产品质量，诚信经营，不损害消费者利益。

当前，滨海新区中介市场不发达，产业技术创新联盟研发风险高、周期长、投入高、成果分享复杂的特点及中国当前产学研创新资源不均和能力不足的状况，决定了现阶段中国产业技术创新联盟主要还是以政府引导下的产业技术创新联盟模式为主[95]，具体如图 5.2 所示。

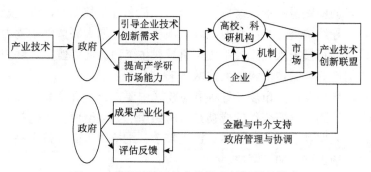

图 5.2　政府引导下的产业技术创新联盟模式

由图 5.2 可知，这种联盟直接表现为政府通过科技计划或科技政策，在以高科技企业为核心的产业技术领域，建立产业技术创新联盟引导机制。其中，政府部门是组织引导层，主要职能是提出规划与政策引导，通过组织、协调等手段来促进产业技术创新联盟的形成并维护其稳定；核心企业是主体层，在技术创新已成为市场竞争重要力量的今天，高技术企业可直接得到市场的技术需求，从而使产业技术创新联盟在市场机制的作用下更加有效。核心企业的职能主要是增强自主创新能力，加速科技产业化的步伐；高校和科研机构是支撑层，为联盟提供技术研发支持和创新人才支持。这种模式的选择源于产业技术创新在研发时具有风险高、周期长、投入高、成本风险复杂等特点，而我国企业力量有限，政府需承担起引导相关组织的责任，以市场需求为基础，通过相关政策和资金支持，使以企业为主体的产学研合作由自发、分散和无序运作向紧密、有序运作转变，加速产业技术的市场化。

政府引导下的产业技术创新联盟在实际运行中应明确参与各方的责权利，并注意以下四点。

（1）政府的角色定位。在实践中，一定要妥善处理政府与市场的关系。这种模式尽管强调了政府的组织引导作用，但不意味着政府在联盟中占据主导地位。必须充分认识到市场在资源配置中的决定性作用，在充分发挥政府的引导作用的同时，充分尊重企业的创新地位，防范政府替代市场的本末倒置情况的发生。

（2）政府介入强度。产业技术创新联盟合作进程可分为四个阶段：准备期、接洽起步期、深度合作期和合作后期。政府介入的强度根据产业技术创新联盟在各个阶段具体问题的不同而有相应的变化。总体而言，政府在准备介入阶段力度应该最大，其后应逐步减弱，到合作后期应该加强介入力度。

（3）政府作用发挥。模式运行中，要发挥政府配置资源的导向作用，创新资源配置方式，加大对联盟的引导力度。一是加强政策引导，通过优化市场经济环境、搭建信息沟通桥梁、提供技术支持平台、设立产学研合作管理协调机构等，促进产业技术创新联盟的形成与持续发展；二是通过参数调节，以金融、财政为调控手段，引导经济资源流向联盟，降低创新风险，增大联盟创新动力；三是通过计划手段，以科技投入为调控手段，引导科技资源流向联盟，将联盟创新集中到市场需要的产业关键技术和共性技术上来[96]。

（4）市场作用发挥。市场在这种联盟模式中要充分发挥资源配置的决定性作用，市场引导下的产学研合作的成功是政府组织引导联盟成员的选择，以及联盟构建的基础。联盟利益相关主体多、过程复杂、维持成本高、技术垄断等问题，也需要通过市场机制来加以解决。

第五节　滨海新区产业中介组织的功能定位

行业协会、产业联盟等产业中介组织是服务型、非营利性组织，是发挥市场资源配置的第三方，在企业与企业之间及企业与政府之间发挥桥梁、纽带作用，是政府管理和调控市场的助手。产业中介组织在引导行业发展、提高行业科技水平、加强区域交流合作、提高会员业务能力、促进会员维权、融洽会员关系、发挥桥梁和纽带作用、积极承接政府委托的职能、反映企业诉求、服务社会、参与慈善、促进和谐等方面发挥了重要作用，实现了促进经济社会发展和自身不断完善的双赢。随着行业协会的不断成熟，其服务会员、服务政府、服务经济和服务社会的职能作用日益凸显。滨海新区产业中介组织应发挥如下作用。

一、从不同的职能定位服务于经济

在滨海新区，与经济直接相关的社会中介组织大体可分为四类，它们根据各自的功能定位为经济发展发挥不同作用[97]。

第一类是属于商会性质的社会组织。该类组织是从跨行业乃至整个经济行业的利益出发，所代表的是工商业者、手工业者或农民的整体利益，因而在经贸活动、经济促进或生产经营中起着独特而重要的作用。这类组织主要有天津市粮油学会、塘沽商会、天津市滨海新区工商业联合会等。这种社会组织代表的不是某个行业或特定阶层的利益，而是整个工商界的利益。滨海新区的各类商会作为半官方的社会中介组织，除了为不同行业会员企业服务外，还按照法律授权承接一些经济管理和公共管理职能，依法参与国家和地方经济的管理并开展服务。

第二类是行业性质的社会组织，即行业协会。它是从一个行业的利益出发，代表的是本行业雇主的利益，其实质是雇主协会，该类协会是自发形成，自主入会，大致按专业性形成行业协会。行业协会作为民间性的社会中介组织，其职能是从本行业角度，一方面向行业内部企业提供专业化服务，另一方面面向社会公众和其他利益团体并为协会成员谋求利益。以天津市新能源协会为例，该协会是滨海新区较为成熟的行业协会，按照自愿会员制组成。多年来，在制定行业标准、平衡内部关系、协调劳资矛盾、提供市场服务、影响经济政策等方面，有力地促进了行业经济的有序运行和不断发展。

第三类是市场中介服务组织。该类组织的功能是在经济活动中为企业走向市场、开展各种活动提供经济鉴证、法律公证、技术监督、咨询策划、招商引资等方面的中介服务。由于滨海新区的产业中介体系还不够完善，其市场中介组织不是很发达，所以这类组织今后在为企业改进管理、降低成本、招商引资、开拓市场、提高效益等方面发挥作用。比如，在滨海新区设立了经济促进公司，是投资者到当地投资兴业的全方位的中介代理机构，主要在提供人员招聘、财政资助和促进、寻求合作伙伴、寻找合适的基地，以及基础法律、税务、保险的咨询等方面开展"一条龙"服务。

第四类是与市场经济活动直接相关的社会组织。该类组织代表着特定群体、阶层和利益集团的利益，主要包括合作社、工会、标准化委员会等。其职能主要是通过一定方式对市场条件和市场价格施加影响。工会不仅代表企业员工利益与雇主协会或政府协商谈判，而且要与广大员工进行沟通、交流，要根据社会生产力发展状况和通货膨胀水平与雇主谈判，通过企业适当提高工资水平来保障员工生活水平，增强购买力，刺激市场消费，进而促进经济发展。

二、从组织体制上保证职能作用的发挥

（1）根据自身的职能定位设置内设机构，以保证服务功能的有效行使，特别是在商会和行业协会体现最明显。例如，德国金属加工与电子工业协会，在德国工商界具有领头羊的影响作用。为了确保中介服务作用的有效性，滨海新区的协会内可以设立经济发展与工资部、国际社会与政策部、公共关系部、职工培训部、经济研究部等部门，这样不仅有助于在工资、工时、待遇等方面与工会进行协商，而且对于服务会员企业，特别是在滨海新区建立自由贸易区后，可以促进滨海新区企业的转制并轨，进而在对政府经济政策的调整施加影响等方面产生积极作用。

（2）按照平衡地区差异和统一要求的需要，从上下体制上健全各地分支机构，以使中介的职能能够有效地行使。通过设在各地的分会发挥作用，总会的任务主要是协调各分会的关系，使之在运作中统一标准和规则，缩小差异。

（3）围绕国家或地方经济发展的重大问题，通过成立常设专门委员会或临时专门小组组织有关专家、学者和企业家开展专题调查与研究任务，为政府决策提供咨询和参考。比如，设立职工培训、工资谈判、劳工法、城市交通、法律建设等专门委员会，及时对有关重大问题进行调研，并向政府提供政策建议。

三、从咨询服务上为企业和政府提供帮助

一方面，除了为投资者提供有关创业的各种咨询外，还要为管理当局提供倾向性的把关意见，尤其是商会和行业协会在这方面起着重要作用。例如，一个大型消费中心（大卖场等）打算在城市边缘设立之前，就需要得到行政许可，在当局受理申请时必须听取两方面的意见，即消费者群体和当地工商会的意见，工商会就会组织专门小组开展行业调查，进行总体分析后提供倾向性意见交给当局作为是否批准的重要参考。也就是说，在每个企业向地方法院登记前，工商会要向法院表明对该企业可否成立的立场和态度，即使对于已设立企业的更名或改组，法院也要听取当地工商会的意见。

另一方面，市场中介组织都从自身定位和不同角度提供专业性咨询服务。既要面向工商企业、公共事业，也要面向政府，其开展咨询的范围涉及各个行业的各项内容，不仅包括投资兴业、生产营销、管理制度、经营战略、对外业务、公关谈判、资产重组、摆脱困境等，还包括政府的经济管理、政策法规等方面。要在滨海新区形成以咨询中介组织为骨干，大型企业管理咨询为主体，商会、行业

协会参与，审计、税务等中介机构介入的中介咨询服务网络。

四、从职业教育方面为企业提供服务

为会员企业开展职业培训是商会、行业协会的一项重要任务，但侧重点有所不同。行业协会主要是通过举办比较应急的、专业性强的各种短期培训班，为企业提供岗前和在岗培训服务，这种服务一般是免费的；而商会除了组织开展一般性、综合性、基础性较强的职业教育并发给文凭外，还承担了政府交给的职业培训的宏观管理任务。比如，滨海新区的工商会既要从合法性、合理性及受训者的资格条件等方面对每个职业培训的合同进行审核，又要对企业或行业协会组织开展的职业培训的过程，包括考试情况进行监督，还要对在职培训中发生的企业职工与雇主之间的纠纷进行协调或仲裁。

五、从制度上建立有效的沟通协商机制

商会和行业协会之所以在经济活动中发挥着不可或缺的作用，得益于在管理制度安排上建立了多种形式的沟通协商机制。与德国的情况相类似，滨海新区也可分为如下四种模式。

（1）雇主与雇员的具体协商，主要协商的是企业内部管理中涉及员工利益的各种具体事项。

（2）雇主协会与企业的协商，主要是对雇主企业在执行协会统一规范的过程中遇到具体困难和特殊情况时的协商。

（3）雇主协会与工会的协商，主要就劳动工资、工时、条件、福利、待遇等进行协商，以避免出现罢工等情况。

（4）中介组织与政府的协商。随着市场经济的发展，对于滨海新区，中介组织与政府的沟通协商，要实现机构化和法律化，各中介组织都可在法定机构和程序中进行公开的协商、谈判、咨询、协调、听证、作证、建议和反映，争取各方面的共识。

六、从议事研究上对政策施加影响

滨海新区产业中介组织应从议事研究上对政策施加影响，具体包括：①通过组织专题研究对国家政策、法规产生影响。商会、行业协会一般都会就每个时期所关心的重大经济社会问题通过定期组织论坛，由有关专家、学者进行研讨，同时邀请政府官员参与，以此引起政府的重视，并影响政府政策的制定。②通过参与政府的决策过程起参谋作用。商会或行业协会一般要根据每年国家讨论、审议

的提案选择有代表性的会员企业组织内部讨论，还要邀请专家组成专门委员会进行研讨，经过商会或行业协会综合审议后，为政府下一部分的政策推行提供参考。在这方面商会的作用尤为突出。③承担政府交给的专题调研、政策草拟或参与论证等任务，使协会的意愿和要求争取得到政府的研究、采纳，以影响政府的施政。

七、从法律服务上为经贸活动提供支持

滨海新区产业中介组织应从法律服务上为经贸活动提供支持，具体包括：①接受企业的法律咨询并对企业经营的合法性进行审核。商会、行业协会及法律事务等中介组织除了日常要接受企业在经贸活动中遇到的有关法律问题的咨询外，商会、行业协会还要监督企业经营的合法性，特别是开展行业的诚信建设，既要对企业的合同进行审核，又要对会员企业信用情况进行跟踪检查，对发现的苗头性问题及时警告，对问题严重的按行规行纪处罚。②为企业的反倾销提供法律援助。在滨海新区建立政府参与、行业协会主抓和企业经办的反倾销机制，其中，协会组织起着重要作用。一方面，由滨海新区工商会、工业联合会和外贸商会相互协作，共同商议反倾销有关问题，并根据掌握的情况向政府反映，通过与政府沟通、商议采取相应的对策，与此同时，及时向有关行业协会、企业通报反倾销信息；另一方面，由工业界的各行业协会，通过与工业联合商会、行业协会协商反倾销的具体策略，代表企业参与反倾销的具体工作，协助企业解决反倾销中遇到的具体问题，并及时通报有关情况。

八、从信息服务上帮助中小企业开拓市场

保护国内市场、开拓国内外市场是商会和行业协会的一项重要任务。商会和行业协会着重从三个方面帮助开拓市场：①及时向企业提供各种商业信息，使中小企业能够及时掌握国际市场的情况，特别是价格和需求的变化，并据此调整生产；②通过举办各种活动，如产品推介、企业参展、组团参加博览会或投洽会等为会员企业提供交流的机会，加强相互之间的了解和沟通，以利于各层企业间积极地竞争；③通过在世界各地建立的联系网络，为会员企业寻找产品市场。

第六节　支持滨海新区产业中介组织发展的路径

一、开展对产业中介组织发展的理论和实践研究

（1）对产业中介组织基本理论进行研究。重点研究产业中介组织的概念、分类、性质、功能，以及促进产业高新、集群、链条式发展的重要地位和作用机

理等。

（2）对国外的产业中介组织的发展和运行情况进行研究。重点研究国外产业中介组织与社会发展之间的关系，研究国外产业中介组织的管理办法和经验，研究国外产业中介组织的运作和治理机制等。

（3）要调查研究天津市及滨海新区产业中介组织的实际情况。建议由天津市及滨海新区统计局、民政局、科学技术委员会等部门，进行联合调查研究，以全面掌握天津市及滨海新区产业中介组织的客观情况和存在的问题，研究和制定产业中介组织的基本管理制度和规定。

（4）加强天津市及滨海新区产业中介组织的发展对策研究[98]。整合各方研究力量，充分利用已有研究成果，组织来自学术界、政府部门、中介组织的研究力量，针对天津市及滨海新区产业中介组织的发展，围绕改革的战略目标，开展政策性、对策性研究，并将各方的研究成果吸收到产业中介组织的改革实践中去，最后，以政策和法律法规的方式，指导天津市及滨海新区产业中介组织的培育和规范管理工作。

二、科学制定发展规划，营造良好政策环境

根据滨海新区产业发展需要，研究制定符合滨海新区发展实际和特点的产业中介组织发展规划和相应的政策措施，营造促进产业中介组织发展的良好氛围。

（1）加强组织领导。建设滨海新区产业中介组织服务管理体系。有关部门要把产业中介组织的建设作为区域性产业创新体系建设的一项重点工作提上议事日程，按照上下对口、方便工作的原则，理顺职能，切实加强对产业中介组织的工作指导。

（2）优化政策环境。在逐步完善现有政策的基础上，进一步为产业中介组织发展创造良好的制度环境，从政策上切实保护产业中介组织的合法权益。依托滨海新区科学技术委员会现有技术创新联盟相关政策，抓紧研究制定关于滨海新区重点产业中介组织机构认定及扶持办法等政策文件。

（3）加强发展规划。启动关于滨海新区产业中介组织机构发展规划的制定工作，对产业中介组织机构建设进行统筹、协调，有步骤、有重点地推进各类产业中介组织机构建设；建立产业中介组织行业协会，通过协会加强对产业中介组织机构的引导和管理；加强管理与监控，建立产业中介组织机构的市场诚信机制；建立理事会制度、专业委员会制度，以及登记制度、资格认定制度、科技行政性事务受托资格准入制度、年度统计制度、绩效考核与奖励制度等。

（4）加大扶持力度。以滨海新区现有财政技术创新联盟支持资金为基础，设立产业中介组织机构建设专项基金，重点支持促进科技成果产业化的产业中介组

织机构。设立产业中介组织发展规划、发展战略类的软科学研究计划，就如何进行社会化科技创新服务平台建设开展研究。

三、激活机制、理顺关系，突出重点、分类指导

理顺政府与产业中介组织机构的相互关系，做到政府推动与市场调节相结合。着眼于市场需求，注重市场机制在资源配置中的决定性作用，对不同类型的产业中介组织机构实行与其规律和特点相适应的政策和措施，突出重点，分类指导。

（1）明确界定营利性和公益性的产业中介组织机构。凡是市场能够发挥主体作用、产生较大推动力的领域，如各类产业联盟等，当放手由市场去驱动其发展，政府职能部门的工作重点应当放在规范市场和维护市场信用上；凡是市场能够发挥作用，但由于政策、条件和环境的限制，市场机制尚不成熟、市场作用发挥有限的领域，政府部门可以通过市场扶持和政策导向，倡导和鼓励服务模式创新，吸引社会资源加入，如生产力促进中心、创业服务中心、行业协会等[99]。

（2）区分重点扶植与一般指导的关系。以政府推动为主，辅以市场调节，对服务于滨海新区重点产业共性技术的产业中介组织机构和一些公共服务平台项目宜加大投入，重点扶植，加快建设一批龙头产业中介组织机构。而对那些市场化程度高、发展迅速的机构宜以市场调节为主，在发展中加强规范和管理。

（3）对骨干机构和一般性机构要区别对待。对各类产业中介组织机构中的骨干机构要择优扶持，使其发挥产业中介组织骨干作用，加强行业的规范管理。培育骨干产业中介组织机构，发挥其示范带动作用，构建产业中介组织机构中坚力量。大力扶持和培育一批骨干产业中介组织机构，使其在能力建设、制度规范和网络化协作等方面发挥示范带动作用，对骨干产业中介组织机构加大扶持力度，使之进一步上档次、上水平、上规模、上效益，构建滨海新区产业中介组织机构中坚力量。

四、全面提升服务能力，健全中介服务体系

（1）建立完善的产业中介组织服务系统[100]。逐步建立起集信息集散功能、技术评估功能、技术咨询功能、市场预测功能、决策支持功能、项目孵化功能、投资融资功能、客户服务功能于一体的全方位功能模式，以推动滨海新区产业中介组织的规范化发展。信息集散子系统建立技术中介与技术源、企业及与技术转移有关的其他部门的信息网络；技术咨询子系统根据已有的各方面信息，协助客户对拟采纳技术的先进性、科学性、经济性、适用性、风险性进行咨询评价；市场预测子系统根据已有的信息资料，分析技术吸纳后的市场供求状况及其发展趋势

等；决策支持子系统根据已有信息资料和技术吸纳企业的人力、物力、财力、资源情况及市场预测结果，协助客户进行决策；项目孵化功能是指技术转移中介机构在实力允许的情况下，对某些发展潜力与市场前景良好的技术进行初期阶段的投资，以使其进一步完善成熟，具有更好的市场性与营利性[101]；客户服务子系统是对技术吸纳客户进行有关的咨询，包括转移方式及转移各方权益咨询、转移合同及法律程序咨询、客户在技术转化过程中的随时咨询及客户经营状况诊断等。

（2）建立集成化的产业中介组织服务网络体系。鼓励产业中介组织在专业领域联合社会上的专业技术服务机构，与科技密切相关的科技咨询和技术转移服务等机构，以及与科技密切相关的产业中介组织服务网络。充分依托天津市大学科技园、各专业孵化器组织，在某一行业的企业相对集中、产业中介组织机构自然集聚、专业服务特色明显、有较强服务需求的区域，聚拢一批产业中介组织机构，在区域范围内逐步形成专业服务特色明显的区域服务网络。

（3）着力打造服务能力强的品牌中介机构。着力推进产业中介组织的独立性与社会化转制进程。加速非独立的中介机构与隶属单位脱钩，逐步转制为独立经营的社会化服务组织；鼓励发展股份制的专业中介机构，并在工商、财税等方面提供必要的优惠和方便[102]。按照产业中介组织服务的定位，着力择优扶持培育品牌，提升服务水平，开拓市场型的中介服务业务链，打造会展交流、技术交易、技术评估、项目管理、培训教育、人才服务、信息网络、招商引资等业务链，让产业中介组织担负起应有的社会责任[103]。

五、整合科技服务资源，构建公共信息平台

（1）政府宜在整合各机构现有信息资源的基础上，深入实施"四网一信箱"工程：加大公共科技信息平台建设，着力打破公共信息渠道不畅的瓶颈，逐步建立共享信息网络；建设知识产权网及科技信息网，整合现有信息资源，着力打通公共信息渠道，形成若干科技数据库、资源数据库、专利数据库、技术标准库、政策法律库、技术文献库等；建立区域性科技创新服务网络，从而促进设备与信息的流动和共享，以适应电子信息技术和互联网时代的产业中介组织发展的客观需求；设立科技信箱，为广大科技人员和企业的信息交流提供互动平台，以使科技工作信息化，提高科技工作效率。

（2）推动建立信息资源共享机制，加强构建资源信息平台。进一步整合资源，利用高校人力资源与设备优势，建立研究实验基地和大型科学仪器、设备共享平台。鼓励已建成的信息平台向产业中介组织机构全面开放，向社会部分开放，方便企业免费获取公开信息。

（3）改善资本市场环境，推动风险投资与投融资咨询服务机构的发展。充分

发挥企业和银行的市场主体作用、政府的调控作用和中介机构的服务作用，实行企业、银行、中介、政府联动，市场化运作与政府扶持相结合，促进发展与防范风险相结合，提高信用水平与开展担保相结合。充分发挥中介机构对中小企业信用管理的促进作用，制定中介机构的相关执业规范，提高中介机构对中小企业信用的约束力。

六、借鉴国外先进经验，构建国际合作平台

学习和借鉴发达国家的成功经验，积极寻找合作机会，与国际同类机构开展多种形式的合作，把国外先进的管理经验和专业化运作与服务模式引进过来，尽快提升我们的服务能力。努力构筑开放的国际技术交流平台，广泛聚集国外的科技资源，促进滨海新区产业中介组织的国际合作与交流，使滨海新区产业中介组织的服务和国际接轨，熟悉和掌握发达国家依托中介组织推动国家经济发展的先进理念，并逐步成长为外向型的产业中介组织。

七、发展行业协会，推进人才培训与行业自律

（1）加强人才队伍建设。有针对性地开展对产业中介组织的人才培训工作，鼓励再学习、再培训，同时，要不断吸纳知识结构符合岗位需要的优秀人才。建立技术经纪培训基地，制订培训计划，多层次、多形式、多渠道地加速培养技术经纪人，特别是培育一支适应市场化运作，懂法律、会经营、有技术、善管理的技术经纪人队伍。要积极努力地创造培养、引进人才的宽松环境，充分利用高等院校、科研院所、情报机构及留学归国等人才群体的资源，吸引优秀的专业人才进入各类产业中介组织机构，在工作条件、生活条件上给予其必要的保障，在政策上给予其必要的激励，使其在工作中能够充分施展才华[104]。努力造就一批有高尚思想、职业道德、业务技能娴熟的高素质产业中介组织专业队伍。

（2）加强产业中介组织服务业信用体系建设，建立信用评级制度和风险防范机制。支持产业中介组织加强自身能力建设，为行业发展提供及时、准确的政策咨询和指导，组织会员开展同业交流、跨行业分工协作及进行市场开拓，以及开展人员培训等，建立行之有效的自我管理、共同发展的高效运行机制。鼓励相关行业协会推行职业资格认定制度，建立产业中介组织职业资格标准体系。建立信誉评价信息发布和查询制度，定期对产业中介组织的机构规模、服务质量、社会知名度和用户满意度等进行客观、公正的评价，评价结果向社会公布，使信誉监督管理社会化。

八、加强对产业中介组织工作的引导与协调

政府相关主管部门要把发展产业中介组织作为构建领域创新体系、建设创新型城市的重要举措来抓，并提上议事日程。加强对各类产业中介组织服务的监管，要重点防止弄虚作假、垄断市场等违法违规现象出现。加强各相关部门的协作、配合，建议与天津市发展和改革委员会、财政局、人力资源和社会保障局、民政局、农业局、工商行政管理局、质量技术监督局及科学技术协会、总工会等有关部门建立产业中介组织发展联席会议，研究制定发展规划，共同促进产业中介组织的健康有序发展。

第六章 天津市滨海新区行业协会及产业联盟等产业中介组织发展的保障措施

第一节 行业协会发展的保障措施

一、规范行业协会的内部管理和运行机制

（1）改革行业协会的组织管理体制和决策机制。坚持行业协会的民间化性质和"自愿发起、民主选举、自筹经费、自聘人员、自主会务"的原则，逐步实行自治性管理。健全行业协会的组织管理体制，推行会员大会（会员代表大会）、理事会（常务理事会）及会长权力和权力运行规范的法定化，完善监事会制度和政府监管机制，确保会员的合法权益不受侵犯。行业协会设秘书处，为协会的常设机构。规范行业协会常设机构的管理，推行工作人员职业化。协会秘书长要逐步实行聘任制和职业化，对理事会（常务理事会）负责并定期报告工作；副秘书长及其以下人员要相对稳定，全面实行劳动合同制度。

（2）搞好行业协会内部制度建设。行业协会要搞好业务发展定位，积极发挥行业服务、行业自律、行业协调、行业维权、行业监督和联系会员与政府的桥梁纽带作用。要依据相关法律法规及协会章程，建立健全内部会议、学习、人事、财务、审计、监督、民主决策、请示报告，以及劳动合同、对外交流管理等规章制度，科学界定各层级组织的职能和运作程序，做到以制度管会、以制度管事、以制度管人。在对外交往中要严格遵守有关法律法规和外事纪律，坚决维护国家利益。

（3）加强行业协会内部的财务管理。行业协会要实行财务独立，建立健全财务管理、财务核算、资产管理和财务审计等制度，使财产权属清晰，并对所属分支机构、代表机构的财务实行统一管理。严格执行民间非营利组织会计制度等财务制度、财经纪律和财会人员亲属回避制度，实行账目公开、年初预算、年终决算和法定代表人离任审计制度，且每年都要向理事会、监事会报告财务工作情况。行业协会的资产来源必须合法，任何单位和个人不得侵占、私分或者挪用行业协会的资产。

（4）拓宽行业协会经费筹措渠道。在健全和规范会费收取、使用制度的基础

上，鼓励行业协会按照市场化原则通过提供优质服务和组织合法活动等多渠道筹措经费：一是可以通过承担政府授权委托事项、购买服务事项等获得工作经费；二是可通过举办展览会、研讨会及开展培训、信息咨询等获得有偿服务经费；三是可通过开展经济技术合作、开发推广新产品和新技术等获得协作和开发经费；四是可以按照会企分开的原则开办非法人或法人经济实体，进行合法经营活动取得收入。

（5）规范行业协会的收益和分配。行业协会不得从事以营利为目的的经营活动，依法所得不得在会员中分配，不得投入会员企业进行营利。开展服务活动收费应符合国家有关规定，并公开收费依据、标准和收支情况；对依法或经授权强制实施的仲裁、认证、检验、鉴定、评审及资格考试等行政事业性收费，应执行行政事业性收费的有关规定，收费收入全额纳入财政，实行"收支两条线"，严禁强制入会并收取会费；凡强制入会并收取会费的，由财政和物价部门按乱收费行为依法查处[105]。

二、推进行业协会的管理体制改革

（1）实行政会分开。行业协会要严格依照有关法律法规和章程独立自主地开展活动，从职能、机构、工作人员、财务等方面与政府及其部门、企事业单位彻底分开。要妥善处理行业协会在人、财、物等方面的历史遗留问题，在职公务员不得在行业协会兼任领导职务，确需兼任的要严格按干部管理权限审批。目前，使用的产权属于政府所有的办公用房，自《关于支持我市行业协会商会加快改革和发展若干意见》发布实施起 3 年内仍由行业协会无偿使用和管理，3 年后应按有关规定交纳房租。对于使用的其他国有资产按相关规定办理。

（2）规范对行业协会的监管。要从体制、机制上保障行业协会自主开展活动，减少对行业协会业务活动的行政干预，强化对其遵纪守法和履行政府委托、划转职能情况的监管。登记管理机关、行业行政主管部门和其他相关职能部门要加强沟通、密切配合，按照政企分开、分类管理、健全自律机制的原则，实行规范化管理。登记管理机关要按照法律法规要求把好登记管理关，不符合行业发展要求和社会主义市场经济发展方向的行业协会不予登记。各行业行政主管部门应加强对行业协会的业务指导，并依据有关法律法规和政策规定对行业协会的有关活动实施行政监督，对其履行政府委托、划转的职能进行指导和监管。

（3）充分发挥行业协会在行业管理中的作用。政府及相关部门应及时公布涉及行业发展的法规规章、政策文件、政务信息等；研究制定事关行业发展改革和行业利益的重大决策、核准重大建设项目、组织开展对企业的重要监督检查、重大奖项的评审和重大处罚的认定、生产或经营许可及行业准入资质等行政许可事项的审定、行业劳模评审等，应当听取相关行业协会的意见。

（4）建立政府与行业协会的沟通和对话机制。政府及相关部门要定期或不定期地就相关行业的发展改革等问题与行业协会进行沟通与交流，充分听取其意见。行业协会主管部门要及时了解掌握行业协会的意见、建议，并定期向当地政府报告。

（5）建立对行业协会工作的综合评价制度。在搞好对行业协会正常年检工作的同时，行业协会登记管理部门要同相关部门研究建立对行业协会自律管理及工作绩效的综合评价制度。评价结果可作为衡量其是否具有承担政府委托、授权和配合事项能力的重要依据。

三、建立重点支持和购买服务的政府投入机制

1. 建立政府支持行业协会发展的机制

政府对主导产业和重点行业协会及行业协会组织开展的重大公益性活动给予适当支持。主导产业和重点行业协会名录由发展改革部门会同登记管理部门和行业主管部门提出意见，报同级政府审定。

2. 建立政府购买行业协会服务的机制

对行业协会受政府委托开展的业务活动或提供的服务，由政府按照市场经济规则进行购买，所需资金由财政部门安排。购买服务分为长期固定性服务购买和临时性服务购买两种形式。

（1）长期固定性服务购买。对于主导产业行业协会和部分综合性重点行业协会提供的长期固定性服务，如委托开展的行业统计分析、预测预警、信息发布、撰写年度发展报告，以及有关行业管理工作等，政府应与其建立长期的购买服务关系。长期固定性服务购买，由购买部门提出具体项目，经财政部门核定后，纳入年度部门预算，提交同级政府审定。

（2）临时性服务购买。政府及相关部门可以购买行业协会的临时性服务，其中，需要财政资金支持的购买服务，要按项目进行管理，由购买部门结合编制下年度部门预算提出项目申请，由财政部门审核汇总后，提交同级政府审定。对临时性服务购买事项要严格控制，各部门不得将自身正常职责范围内的事项作为临时性服务购买的项目内容。

除此之外，要规范购买行业协会服务行为。发展改革部门要会同财政、行业协会登记管理等部门抓紧制定政府购买行业协会服务的相关实施办法，并对购买服务资金使用效果定期进行评价。

四、完善推动行业协会改革发展的政策措施

（1）推动行业协会结构布局的调整和优化。通过制订行业协会发展计划，优先在滨海新区八大产业及新兴产业方面牵头发展行业协会，不求数量，要讲质量，真正让行业协会发挥作用。行业协会是全行业企业的协会，要突破部门、地区和所有制限制，扩大行业协会的覆盖面，要把行业内国有企业、私营企业、外资企业、混合所有制企业及境内享有国民待遇的所有合法企业尽量吸纳到行业协会中来，让行业协会真正成为行业企业的代表，从而使行业协会的影响力得到提升。要积极创造条件，按照市场化和国际化的要求，通过培育发展和重组改造，着力形成一批具有广泛行业代表性、与国际接轨的重点行业协会。建立科学的评估机制和优胜劣汰的退出机制，鼓励适度竞争，推动行业协会向职业化、规范化和国际化方向发展，努力提高服务质量。

（2）落实和健全行业协会社会保障制度。要把行业协会的社会保障纳入社会统筹保障体系，行业协会常设机构工作人员应按照国家有关规定和属地管理原则，参加当地养老、医疗、失业、工伤和生育等社会保险，履行缴费义务，享受相应的社会保障待遇。对纳入机构编制管理行业协会人员的人事劳动关系和社会保险待遇等问题，人事和编制管理部门要同有关部门做好衔接，并按照政策规定提出具体处理意见。

（3）加强行业协会专职人员的培养和培训。要将培养一支职业化的行业协会从业人员队伍作为推动行业协会改革与发展的基础性工程，特别要把行业协会秘书长人才的培养摆到突出位置。引导高等院校设置行业协会管理课程或行业协会管理专业，支持现有行业协会开展从业人员特别是秘书长人员的培训和深造，鼓励引进市外乃至国外行业协会秘书长管理人才，以从业人员的职业化和高素质化来推动行业协会的规范化、国际化。

（4）落实对行业协会的税收扶持政策。经社团登记管理机关批准成立的非营利性行业协会，按财政部门和民政部门规定标准收取的会费，不征收营业税；经认定符合条件的非营利性行业协会的收入免征企业所得税。财税部门要认真落实税收扶持政策，支持行业协会加快发展。

（5）加强和改进对行业协会的工作指导。各级政府、各相关部门要积极采取措施，指导行业协会开展行业服务、自律、协调等工作。发展改革部门要会同民政、人事、财政等部门，抓紧制定配套措施。市、区人民政府要结合实际，制定具体实施办法。

（6）健全推动行业协会发展改革的组织领导机制。各级、各相关部门要加强对行业协会改革和发展的领导，市内要建立相应的组织协调机制，具体工作由天津市发展和改革委员会、民政局、人力资源和社会保障局、财政局等办理，其他相关部门要从各自职能出发搞好配合。

第二节　产业技术创新联盟发展的保障措施

一、加大政府对产业技术创新联盟的引导和支持力度

发展产业技术创新联盟既要基于市场经济规则，又要发挥政府在产业技术创新联盟构建中的推动作用，突出产业技术创新联盟的产业特征。产业技术创新联盟的创新不仅是核心技术的攻关，更重要的是整个产业竞争力的提升。政府应瞄准产业技术研究前沿，在振兴重点产业和培育战略性产业中，围绕不同产业，将与各产业技术创新联盟相关的所有主体聚集起来，积极推进以企业为主体、产学研紧密结合的产业技术创新联盟的建立；并积极引导其围绕行业发展的重大硬性产业技术问题，开展产业发展战略研究和共性、关键技术研究，促进产业结构调整和优化升级。

政府要积极创新资源配置方式，发挥政府配置资源的导向作用。政府应加大财政资金的投入力度，如成立专项资助资金、设立政府奖励基金、设立风险基金或提供专项贷款，对好的项目予以投资等；发挥调控功能，引导更多的社会资源支撑产业技术创新联盟的发展。加快制定专门针对产业技术创新联盟发展的财税、金融、政府采购等方面的政策，促进各类科技发展资金尽可能向产业技术创新联盟倾斜；发挥银行等金融机构的作用，积极探索建立社会化的引导基金；发挥国有资本经营预算支持企业自主创新的重要作用，促进产业技术创新联盟的发展。

加快相关法律法规的制定和完善，健全为产业技术创新联盟服务的社会服务体系。建立产业技术创新联盟是一个系统性很强的工作，涉及多个性质不同的合作主体之间的利益关系，要使联盟各方都受到法律保护，对产业技术创新联盟进行规范管理，并为其制定激励政策等。同时，加强产业技术创新联盟信息平台建设，解决信息不畅或不对称问题；加快知识产权信息服务平台建设，为产业技术创新联盟提供信息开发服务；加快为成果转化服务的技术支撑平台建设，缩短科研机构与企业之间的供需距离；积极发展促进产学研结合的各类专业中介机构，引导其发挥信息沟通、技术评估、法律咨询、组织协调、知识产权服务等中介作用，提高服务水平。

二、创新组织模式和运行机制

建立多元化的产业技术创新联盟模式。根据项目具体情况的不同，产业技术创新联盟的核心主体应有所变化。一般来说，在具备较好应用前景或目前应用条件的产学研项目，特别是在竞争性产业中应用的产学研项目中，企业应成为核心，

以获得较大的应用收益支配权，同时，企业也有较高的积极性为产学研项目提供投资支持；而在战略性产学研项目中，由于它往往缺乏工程可行性和经济可行性，因而采取以政府为核心主体的模式比较合适；在技术突破上超前程度较大的产学研项目则适合采取以科研机构和高校为核心主体的模式，企业为其提供试验和应用验证场所，政府或社会组织给予比较大的经费支持。同时，要加强对联盟发展的规范管理。对试点联盟进行分类管理和支持，建立对联盟的系统评估制度体系；强化科学化项目管理机制的落实，包括评估、监管和项目的协调；对试点联盟的试点工作进行系统跟踪评估，对没有达到试点目标要求的联盟及时调整，建立试点联盟动态调整机制。同时，建立专职化执行机构，促进联盟强化秘书处职能，雇佣更多全职工作人员，更好地发挥组织协调作用，更好地完成各项合作创新任务。

三、构建产业技术创新链

从一般意义上讲，产业共性关键技术的供给和科技成果的转化是产业技术创新链中最薄弱的环节。因此，产业技术创新联盟的发展要把构建产业技术创新链作为重点任务：一是要积极建设共性技术研发平台，通过体制机制创新实现资源的共享和开放；二是大力开展基于产业技术创新链的集成创新，突破共性关键技术，实现联盟成员的优势互补和创新要素的系统集成；三是通过构建产业技术创新链，支撑企业占领价值链的高端，赢得产业发展的主动权；四是以联盟为依托，贯通科技成果转化渠道，加速科技成果转化为现实生产力[106]。

四、制定动态推进的联盟目标

围绕研究开发任务，最大限度地集合各方优势，尽快实现创新，是产业技术创新联盟的一般目标。在选择产业技术创新联盟目标时，首先应从创新过程的末端考虑，尝试开发商业化、产业化条件，以利用可开发的创新应用方式；在具备可利用的商业化、产业化条件下，开发创新应用方式，以利用可开发的创新途径；在具备可利用的商业化、产业化条件和创新应用方式条件下，利用可开发的创新途径，开发具有突破性的创意[107]。这种循序渐进的动态推进方式可以将联盟各方的优势加以有效利用，并形成较强的竞争优势，有利于促进创新程度的提高。

五、建立推动联盟发展的机制

在产业技术创新联盟的发展中，要进一步探讨产学研紧密结合的体制机制，既立足于当前，又着眼于中长期发展。

（1）鼓励和引导产业技术创新联盟进行机制体制创新，鼓励各联盟立足自身产业领域和实际发展情况，积极探索多种形式的联盟组织运行模式，以提高联盟的运行效率；探索创新资源整合模式支持联盟用市场化、专业化的机制或引进第三方管理机构整合创新资源，实现创新资源共享；探索为产业内中小企业进行技术服务的各种有效模式与途径，促进联盟技术扩散。

（2）完善产业技术创新联盟成果分享机制和联盟风险分担机制。联盟各方应围绕知识产权创新、应用和保护，明确各方利益，正确解决投入、决策、风险共担、利益分配等关系到联盟正常运行的问题。在进行成果分享时，各方应对自主知识产权、技术秘密等技术成果的归属与产业化收益进行约定，通过周密的协议安排共担风险。针对联盟风险共担问题，应完善促进联盟发展的风险投资机制，重点完善风险投资退出机制，并建立和完善科技风险补偿机制。事先做出明确规定，明晰权益归属，在遵守联盟章程的情况下，允许风险资本自由退出。设立由政府财政、金融机构、企业等共同出资建设的联盟风险补偿基金，委托基金管理公司运作，对于运行失败的联盟，按核实的投入额给予一定比例的补偿[108]。

（3）建立产业技术创新联盟的内部协调与信任机制。成员之间相互信任，能有效降低运行成本，提高联盟运行效率。因此，必须妥善解决成员间的摩擦，建立起联盟成员间的协调和信任机制。第一，要建立联盟信息交流机制。其内容包括资料交流机制、人员交流机制、高层互访机制、情报互通机制、高层正式磋商机制、高层非正式磋商机制、高层对话交流机制、高层私人交流与友谊缔结机制等。第二，充分发挥政府在联盟运行过程中的特殊监督协调功能。通过制定联盟组建实施意见，制定详细的、有针对性的监督制度，规范参与主体行为，加强科研成果的知识产权保护，形成合理的利益分配机制，消除各方疑虑，提高相互间的信任度，促进联盟的健康稳定运行。第三，建立联盟的危机处理机制，包括冲突文化协调制度、危机防范与预警制度、争端处理制度等。第四，探索联盟可持续发展的动力机制。产业技术创新联盟的终端主要源于联盟内部的冲突和不协调。因此，产业技术创新联盟应密切关注与各市场要素的互动，高度关注国家科技创新总体战略布局，通过内部的资源和信息统筹，积极促成内部各方的联动，积极建立"政府推动、内部联动、市场互动"的可持续发展动力机制。

附录一 案 例

MCC 案例分析

1. MCC 成立背景与目标

20 世纪 60 年代是计算机与信息技术的起飞阶段，西方发达国家纷纷在微电子技术与计算机技术方面争取领先地位。日本政府方面由经济产业省策划技术发展方案，并组织日本计算机工业内 80 多所小公司和日立、东芝等 5 家大集团公司进行紧密合作，争取达到技术制高点。直到 1982 年，日本在微电子技术领域提出的论文与专利数量及产品市场份额超越美国，跃居世界第一。

到 20 世纪 80 年代，面对日本在微电子和计算机领域的强大挑战，美国必须迅速做出回应。1982 年 2 月，微电子工业 16 家企业与机构举行会议并讨论，同意以产业创新联盟的方式合作建立美国微电子与计算机技术公司（Micro-electronics and Computer Technology Corporation，MCC）。MCC 是美国微电子工业在产业联盟上的一次重要尝试，它改变了美国大企业之间互不合作的历史传统，开创了美国第一个产学研全面结合联合开发的历史先例。从 MCC 成立的 1982 年到其 2004 年正式解散的 22 年时间里，MCC 帮助美国微电子产业转化了 600 多项新技术，发布和授权了 500 多项新专利，为美国微电子产业在国际市场上的竞争提供了巨大优势；MCC 开发的新技术及其研究报告与科研教学资料为美国数百所公司与高校提供参考和支持，大大促进了微电子工业技术的进一步发展和突破。从历史发展的角度看，MCC 走完了一个产业创新集群完整的生命周期，见证了美国微电子工业的发展与兴衰，其管理模式与演化路径值得深入研究与借鉴[53]。

2. MCC 主体结构与运作模式

1）参与主体

产业创新联盟的主体对产业创新联盟发展的方向与效率有重要影响。在 MCC 案例中，组成产业创新联盟的主体主要有三个：成员企业、高校与科研机构、联盟核心科研机构。MCC 的组织结构如附图 1.1 所示。

（1）成员企业。企业是产业创新联盟的主导者与主要推动力，其主要任务是为联盟的持续运营和发展提供基本保障和经费支持。企业需要参与产业创新联盟的决策运作，根据自身和行业的创新需要，决定技术创新的战略发展方向，制定

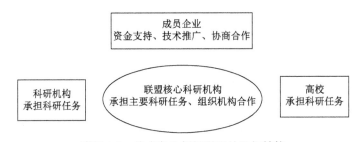

附图 1.1　美式产业创新联盟的组织结构

产业创新联盟的长远发展规划。在研究工作上，企业可以派遣部分职员参与产业创新联盟工作，与创新与研发部门保持畅顺沟通，分享科研经验与实践成果。企业对产业创新联盟的科研成果具有优先使用权，并根据参与份额拥有其部分的知识产权。通过企业，产业创新联盟的成果能得到转化并推向市场，在参与竞争的同时获取盈利与经验。

在 MCC 中，参与的企业主体主要为对微电子与计算机技术发展有浓厚兴趣的企业，如数据控制公司（Control Data Corporation）、国际半导体集团（National Equipment Corporation）等大型企业。随着 MCC 的发展与演进，参与的企业成员常有所变动，在高峰期有超过 100 家企业成员参与 MCC 的决策。在 22 年内，一方面，企业为 MCC 制定了研究开发系统架构设计、先进微电子封装、硬件系统工程、软件技术开发四大研究方向，并提供了共计数百亿美元的经费供其从事技术研究，为 MCC 的持续运营与前进方向提供了重要支持；另一方面，企业也从 MCC 获取与转化了超过 600 项技术，建立起了企业与产业创新联盟之间的互利结构。

（2）高校与科研机构。高校与科研机构在产业创新联盟内分担了研发职能，它们通过其科技力量和智力资源参与联盟运行。产业创新联盟本身拥有一个庞大的、有组织的研究机构，但除此之外，也需要与其他高校和科研机构进行紧密合作，加快研究工作的进展，所以，处于辅助地位的高校与研究机构也是联盟必不可少的一部分。一方面，高校和科研机构为产业创新联盟培养与提供相关研究人才；另一方面，可以根据自身的研究特长，从产业创新联盟处承包一定的研究课题进行攻关研究，从而获取研究经费。

MCC 曾经与 82 所高校和 48 所科研机构进行科研合作。本地区的高校与科研人员资源是 MCC 选址的重要考虑因素。与 MCC 有合作关系的高校中，以总部所在得克萨斯州为最多。美国在微电子与计算机领域名列前茅的高校，如加州理工学院和麻省理工学院，都跟 MCC 有过合作关系。各高校与 MCC 的合作动机在于从经济上获取更多的经费和资源，在科研上了解学科发展的最新动态。与高校合作对 MCC 人才结构也产生较大影响，20% 的研究人员是从高校科研人员中获取的，7 个项目总监中有 2 名是来自合作高校的。

（3）联盟核心科研机构。联盟核心科研机构是产业创新联盟最重要的主体，它是由联盟的成员企业经过协商合作后，基于共同利益合作成立的一所大型研究机构。联盟核心科研机构作为一个独立的科研机构，本身具有强大的科研力量，能完成企业所制定的科研规划与任务。另外，核心科研机构作为产业创新联盟的主体，负责代表企业去跟其他科研机构与高校进行技术合作。

MCC 自身作为产业创新联盟的核心科研机构，具有庞大的科研结构与较强的科研能力。MCC 本身具有相对独立的地位，能根据科研需要自行制订财政计划与科研计划，自身也可以作为与企业和高校参与科研合作的主体。

2）管理模式

产业创新联盟的管理向来是非常复杂的。在自由市场环境下，如何兼顾参与主体之间的利益，建立一个互信合作的科研平台，对产业创新联盟的运行效率与持续寿命有重要影响。MCC 的管理模式在创办时经过精细的设计，在科研效率、吸引新成员方面都展现出巨大的优势，因此具有重要的参考价值。

（1）组织结构。MCC 作为企业合作创新的联盟本身是一个独立的组织，具有独立法人的地位。它的组织形式是一个以科研工作为主要任务的非营利组织，其主要任务在于通过联合开发为企业提供新的技术与专利，供企业进行转化获利。MCC 具有一套自主独立的组织结构、完整的企业管理体系、独立的财政与经费预算制度。MCC 的内部管理结构如附图 1.2 所示。

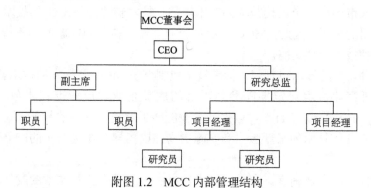

附图 1.2　MCC 内部管理结构

从附图 1.2 可知，MCC 的组织结构包含以下重要主体。

第一，MCC 董事会。MCC 董事会是 MCC 的最高权力机构，由产业创新联盟的成员企业组成，各公司根据自己投入的资金数量决定持有 MCC 的股份数目，进而决定其表决权的大小。董事会的主要决定包括：① CEO 与研究总监等重要人员的任命；②技术研究的长远计划及财政安排；③对新企业成员加盟申请的批核；④制订技术转化与专利税计划。

第二，CEO。CEO 是 MCC 内最重要的行政人员，由董事会选出。CEO 一方面负责管理副主席与职员、研究总监及其下属人员等人员，支持管理机构内的日常科研运作；另一方面要跟其他合作主体，如科研机构、地方与联邦政府等充分沟通，以争取到它们的支持。CEO 作为对 MCC 内部运作最熟悉的成员，有义务参与董事会的会议，向董事会汇报并对重要问题发表意见。

第三，研究总监。研究总监是 MCC 在科研层面的重要主管，由董事会任免。每一位研究总监主管董事会每年制定的一个大型研究方向，确保董事会的技术规划的落实。研究总监为其研究的方向制订具体研究计划，并带领项目经理与研究人员实施计划。

（2）科研资金分配。科研资金分配问题是指就 MCC 需要进行的各研发项目的资金预算分配，以及对每一个项目成员企业的承担比例分配问题。MCC 每年需要向董事会会议提交技术计划草案及各项目所需的经费供董事会审核。董事会经过会议讨论挑选及批核，修订并通过预算案，供下一步实施。

在每一个科研项目上，实行企业平分研究经费的原则。参与提供项目经费的企业可以获得优先免费使用科研成果的优势，并能平分项目成果以后产生的专利转让费；而选择不参与项目和提供经费的企业，若需要使用该项目的科研成果，则需要支付三倍于科研经费份额的费用进行购买。这种科研资金制度在保证项目科研基金的同时，保证了企业参与的自由。

（3）科研成果转化。成员企业根据自身的特点，将相关的技术转化开发出新产品并投入市场，这个过程被称为技术转移。技术转移是 MCC 的技术走向市场和走向应用的过程，因此，MCC 和成员企业对技术转移的问题相当重视，并为此制定了三种技术转移策略。

第一种，标准技术包制度。标准技术包制度是 MCC 最基本的技术转移制度。MCC 的研究项目组会定期向参与项目的成员企业发放标准技术包（standard technology procedure，STP），以保证企业能够了解技术发展的最新动态。每一个 STP 内都包含该技术的最新版本和实施指南，以指导企业进一步的产品开发和技术实施。

第二种，监察员制度。在某些技术项目中，成员企业对技术的发展动态保持高度热情与关注，认为 STP 的发放周期过长，而且缺乏交互性，不能很好地帮助企业实施技术转移。在这种情况下，企业将采取监察员制度来保证技术转移的顺利和有效进行。参与项目的成员企业有权派遣一名员工作为监察员参与项目工作。监察员定期向成员企业进行汇报，保证企业与项目组之间的信息同步，并在企业对科研成果进行再开发时发挥指导作用，保证产品顺利开发。

第三种，合作转化制度。合作转化制度是 MCC 在科研成果转化上的重大尝试。1991 年，MCC 与得克萨斯大学联合成立技术转化机构 EXTRACT，专门为相关技术的产品开发进行研究与服务。EXTRACT 通过优惠的价格从 MCC 购买技术的专利授权，而后进行产品开发，制造出产品的原型和蓝图，再将其出售给企业，由企业投产并推向市场。合作转化制度得到柯达、摩托罗拉等 20 多家 MCC 成员企业的支持和采用。

3) MCC 的发展历程

产业创新联盟作为一种产学研结合的合作模式，其内部结构的演变会受到多方面的影响。产业的发展、市场的改变、技术的发展都会对产业创新联盟的生命周期造成影响。环境的改变将对产业创新联盟产生什么影响，联盟如何动态调整自身模式去面对新的挑战是一个十分重要的问题。综合 MCC 的发展历程，可以将其生命周期划分为三个阶段：初创期、繁荣期与衰落期。

（1）初创期。初创期是指产业创新联盟的起步阶段。从技术的角度看，初创期时新技术还处于引入阶段，其市场产品概念与前进方向并不明确，从而需要核心科研机构发挥重要作用，利用它们的科研资源与智力去为新技术开辟道路。从组织结构的角度看，作为一种新的合作创新方式，成员企业对产业创新联盟的效率存在担忧。可见，初创期是产业创新联盟最脆弱的阶段。

MCC 的初创期是从 1982 年正式成立到 1987 年拥有稳定的科研成果输出为止的 6 年。MCC 是为应对日本提出的"第五代计算机"这一新概念而成立的，由于当时此概念处于引入期，业界对此概念的了解并不多，概念体系也不成熟，科研工作遇到了一定的困难。同时，美国反托拉斯法案对大型企业进行联合与合作垄断方面的限制，导致 MCC 所采取的合作模式在政策法规上时常受到挑战，处于不利地位。

MCC 之所以能够克服不利条件，顺利渡过初创期，主要得益于其组织结构的优势与联盟内部的紧密配合。在成员企业方面，MCC 初始的董事会成员均为在微电子产业内有名望、有地位的大型公司，如贝尔实验室、摩托罗拉等。MCC 董事会为 MCC 提供了可靠的资金支持，并选举任命了美国海军上将、中央情报局前副局长 Bobby Inman 作为首任 CEO。这位有浓厚官方背景的 CEO 为 MCC 的建立与发展做出了巨大的贡献，包括游说美国政府放松反托拉斯法的限制、争取美国政府部门的政策支持等。另外，高校与科研机构对与 MCC 合作有浓厚的兴趣，这对 MCC 的早期发展也十分有利。

（2）繁荣期。繁荣期是指产业创新联盟突破初创期的难关，开始实现稳定增长的时期。从技术的角度看，联盟内新技术的发展方向开始明朗，科研输出稳步提高，科研机构与企业已经可以联合制订一个比较详细并可实施的研究计划。从组织角度看，产业创新联盟联合开发的概念已经逐渐深入人心，更多中小企业开始乐意参加产业创新联盟，以联合开发的方式提高自己的竞争力。在繁荣期，联盟的参与成员数量开始稳步提高，凝聚力逐步增强，呈现出一片稳步发展的景象。

MCC 的繁荣期是 1987～1994 年。其间，MCC 在技术上实现重要转向，将研究重点从"第五代计算机"的概念转变为软件开发与超导体研究，制定了计算机辅助设计、软件技术、计算机技术、技术封装、高能超导体五大研究方向。项目资金分配政策也由初创期的集体决定、大片分配、长远安排转变为落实到某个企业资助某个项目的点对点项目投资。从组织上看，董事会成员数量稳步增加，从原来的 12 名增加到 22 名，并新添了 55 名企业作为非表决成员。MCC 的股价由初创期的每股 150 000 美元上升到繁荣期的每股 1 000 000 美元，且仍然有不少企业愿意投资加入，这为 MCC 的科研经费支持提供了巨大的保障。在繁荣期，董事会任命具有丰富的高科技企业管理经验的 Grant Dove 作为 CEO，并在管理结构上鼓励研究人员去为企业提供服务、为科研成果的转移与市场化提供服务。这些转变体现了 MCC 在繁荣期所采取的面向企业和市场的产学研结合的方针。

（3）衰落期。随着整体技术与市场环境的改变，行业的技术重心与科研合作模式开始偏移，这些因素对整个产业的结构与未来发展构成巨大的挑战，促使企业另寻合作模式与出路，从而导致整个产业创新联盟的衰落，以至解散。

MCC 的衰落期是 1994～2004 年。在技术方面，由于互联网与个人计算机技术的崛起与发展，计算机技术的发展方向逐渐向微型化与网络化转变，这个方向与 MCC 一贯坚持的面向大型企业的研究方向相反。在组织结构上，中小型研究机构的兴起对 MCC 的市场构成了巨大的挑战。由于企业需要的科研项目日趋小规模化，企业更倾向于与小型的新兴研究机构合作，采用外包的形式让其进行开发。许多 MCC 的原成员开始陆续退出，成员数量开始逐年锐减，直到 2001 年，MCC 董事会提出并通过了解散 MCC 的决定。自 2001 年起，MCC 不再增加新的科研项目，到 2004 年，一切旧项目完成后，MCC 正式解散。

3. 经验总结

MCC 作为组建产业创新联盟的一次重要尝试，其合作模式与经验教训对后来者有相当重要的参考价值。产业创新联盟的组建，不仅关乎一家企业、一个行业的存亡和发展，对整个国家未来的科技发展战略都有重要影响。通过梳理 MCC 的兴衰历程，我们可以得出以下四点借鉴。

（1）政府需要积极配合产业创新联盟发展。从政府政策的角度看，MCC 的创建与发展缺乏美国政府的政策支持。MCC 的组建完全是行业内大型企业决定与努力的结果，美国政府不但没有在政策和经费上给予支持，而且对大企业的合作具有相当大的戒心，从法理上对 MCC 的存在提出质疑，这导致 MCC 初创期需要花费大量的精力放在政府公关和维持成员的稳定上，从而相应地减少了企业的科研资源。当然，美国政府也通过 MCC 后来的成功吸取了重要的经验，对后来的企业创新联盟，如半导体技术制造公司、新一代汽车合作计划等提供了一定的帮助，促使其顺利建成。因此，政府对产业创新联盟应该以一种长远的、带有国家战略性思考的眼光来看待，从联盟的发展方向上给予足够的政策引导，积极将政府对相关技术的发展路线与课题等各种项目交托给联盟进行合作。在组织建设上，政府要发展自身优势，协调联盟成员之间的矛盾，促进其融洽地进行合作。在政策上，政府需要为联盟的发展提供便利与支持，特别是在初创期为企业在相关领域提供政策与税务的优惠，对核心科研机构提供资金支持，吸引更多成员加入联盟，推动联盟的发展。

（2）产业创新联盟的结构设计应该平衡多方利益。在组织结构上，MCC 开创的多主体联合开发的组织结构尤其适合集中科研力量，对大型重大课题进行攻关研究。董事会与股份制的实施，一方面可以为 MCC 后续的科研工作集资提供支持，另一方面也提供了一个民主的表决平台来综合成员企业的利益考虑，为 MCC 的未来科研规划和发展方向做出合适的安排与决定。核心科研机构保持相对独立的地位，拥有企业的充分授权支持，可以自行选择合适的方式以合作或独立的模式进行科研工作，这对实现科研的专注与高效率也有充分保障。在科研保持相对独立的同时，随时保障企业与科研项目的沟通，让企业获取科研的最新一步进展，这对为企业实现技术转化、保障企业的市场领先地位有重要作用。总体而言，MCC 的管理结构对今后的产业创新联盟，尤其是重大的工业产业科研联盟的组建有十分重要的参考价值。

（3）根据产业创新联盟的不同阶段及时转变策略，这种转变牵涉到科研方向、人员任命、合作机构选择、董事会组成等具体决定。比如，在初创期，就需要实施以保证联盟结构为目的的组织战略，任用性格刚强、有决断力的人任职 CEO，积极加强联盟与各主体的联系与合作；步入稳定期后，将需要实施专注为企业服务的战略，任命熟悉企业技术需求与运作模式的 CEO，保证科研的顺利进行与技术转移的效率；到衰退与转型期时，则实施转型战略，对联盟的发展方向和合作模式进行更新，以适应时代的需求。在这一时期需要任命有创新精神且有改革魄力的 CEO，以保证改革的顺利实施，防止联盟衰落与解散。

（4）产业创新联盟要注重合作模式的创新。在合作模式上的创新可以促使联盟成员之间建立起新型的、高效率的合作方式，充分发挥不同组织的优势去为产业的发展服务。MCC 强调并鼓励新型合作模式的建立，比如，为技术转化机构 EXTRACT 提供启动资金与优惠的专利购买价格，与高校联合组建科研实验组以专攻项目问题等。这些新的模式都为将来产业创新联盟的建立与管理提供了有价值的参考经验。

台湾工业技术研究院

1. 概况

成立于 1973 年的台湾财团法人台湾工业技术研究院（简称台湾工研院），是一个由台湾当局设立的、非营利的、致力于科技服务的应用技术公共研究机构。台湾工研院主要起了两个作用，即直接从事知识生产和作为企业组建研发联盟的平台。作为应用技术研究机构，台湾工研院充分利用自身的科研优势直接从事技术的研发工作，即知识生产。尽管知识生产是建立的初衷，但是目前该机构的另外一个职能，即为企业组建研发联盟搭建平台的作用已经充分显现出来。

台湾工研院的突出特征为开放性。作为一个开放系统，台湾工研院研究的课题不仅与同类研究机构合作，而且更强调同企业进行技术创新与开发合作，为企业间特别是中小企业间的研发合作搭建依托平台。由于企业的加入，围绕台湾工研院，形成了企业研发网络，使台湾工研院的技术开发直接契合了企业的需求。更重要的是，聚合了众多企业分散的研发资源，解决了台湾产业以中小型企业为主、研发资源有限、创新能力不足、无法长期承受创新风险的问题。通过构建企业研发网络，集中力量实现群体突破，使企业与企业在事实上构成了研发联盟，进而形成了开发前瞻性、关键性、共同性技术的能力，并且直接将成果转移给产业界，推动产业的发展。再者，本土企业的联合还有助于与跨国公司展开竞争。

台湾工研院系统芯片技术发展中心邀请台湾 7 家系统与芯片厂商共同规划并将自行开发制造下一代整合 WLAN IP 的相关芯片组，成立了新世代 WLAN 研发联盟，参与厂商包括正文、宏传、上元、络达、嘉硅、和康、弥士等。台湾工研院电子与光电系统研究所联合台湾 27 家厂商成立台湾前瞻光储存研发联盟，研发新一代蓝光 DVD 光驱标准的制定，经过将近 1 年的努力，提出蓝光 HD-DVD 标准草案，作为发展 HD-DVD 的参考。

在近 30 年的发展过程中，台湾工研院带动了台湾新科技产业的建立，为台湾高新技术产业的发展做出了十分突出的贡献，造就了举世闻名、位居新竹科学工业园区的半导体产业。现在的联华电子、台湾集成电路等都与该院的电子所有关联。该院对台湾 IC 产业的技术研发也起了极大的促进作用[109]。

2. 台湾工研院具体分析

1）组织演化、组织理念与业主变迁

台湾工研院的任务是：提升产业技术，创生新兴产业，改造并升级传统产业；开发产业技术，通过推广和应用优化产业结构。围绕这个任务，台湾工研院历任院长在不同时期形成了不同的组织理念[110]。

（1）王兆振：致力于台湾工研院基础性研发能力建设和人才培育。

（2）方贤奇：以配合官方发展战略性产业为工作要旨。

（3）张忠谋：积极推动技术扩散，涉入高技术领域。

（4）林垂宙：加强技术服务，积极参与产业活动。

（5）史钦泰：坚持"全资源经营"理念，力主整合台湾工研院有形资产与无形资产，形成总体产业效益，强化产业竞争力，发挥台湾工研院整体价值，等等。

值得强调的是，史钦泰主张的"全资源经营"理念是台湾工研院自 1973 年 7 月成立以来的重要沿革。具体包括三大策略：①提高有形资产的附加值；②开发无形资产的有形价值；③发挥杠杆和桥梁作用，整合可用资源，追求产业效益最大化，使台湾工研院得以永续发展。

为了提升产业技术，台湾工研院随着产业需求的变化而不断进行自我调整。随着产业需求激增，台湾工研院开始扩散研发成果，并适时转移人才，促进高新技术产业创生。当前，台湾工研院则以积极创造经济效益为主，推动产业界投入研发活动，配合官方均衡发展产业，开发前瞻性技术领域。

总之，台湾工研院的主业一直在变动之中。在成立的前十年，处于萌芽期和成长期，致力于建立基本能力，网罗并培养人才；发展期的重点在于积蓄研发实力，将技术成果推向产业界，并积极开拓新的研究领域；茁壮期，扩大技术服务层面，追逐服务效益，增强与产业界的联系，加速产业技术发展并促进产业升级；进入全资源经营时代，通过整合有形与无形资源，呈现出创新与国际化的新态势。

2）资源投入、经费结构

按照《工业技术研究院设置条例》的有关规定，台湾工研院由官方出资创立基金而成立。历经 30 年的发展，台湾工研院的经费来源逐渐从纯粹依赖官方投入转变为以合约经营为主。1990 年以来，台湾工研院强化了产业服务，以 1：1 为量化指标，即承接公共部门（含官方相关机构）项目的经费与面向产业服务的企业委托项目经费比例持平。经费结构如下。

（1）公共部门项目经费：台湾官方相关部门委托。

（2）技术服务项目经费：军方、企业委托项目，以及面向产业的咨询、培训、检测、分析等服务项目。

（3）创生企业收入：通过技术创新，接受委托的特定产品研发项目。

（4）业务外收入及捐赠收入。

3）人力资源结构

人力资源现存量 6000 人左右，平均年龄约为 36 岁，硕士、博士学历占总人数的比例由成立之初的 18.66%上升到 51.97%。台湾工研院已经成为一个专业研究机构，平均工龄 10 年以上，大部分为专业人员，几乎涵盖了所有技术领域，分布在 7 个研究所与 5 个研究中心。

台湾工研院不仅是技术研发机构，也是高技术人才、高级经营管理人才的孵化器。到 2002 年，从台湾工研院转业到各界的人员累计超过 1.5 万人。台湾工研院输出人力资源的原则：①遵守知识产权及相关纪律规定；②避免影响重大项目的进行。

4）运作机制[111]

（1）经费投入机制。在台湾工研院创办初期，官方提供了充足而稳定的经费补贴。1973～1983 年，官方的补贴约占台湾工研院经费支出的 60%。经过 10 年的探索和运作，台湾工研院通过向产业界推广科研成果，提供相关服务，实现了在没有官方补贴情况下的收支平衡且略有节余。到 1984 年，官方停止了补贴。之后，特别是 1990 年以来，台湾工研院强化产业服务，实现了承接公共部门（含官方相关机构）项目的经费与面向产业服务的企业委托项目经费比例持平，且后者呈增长的趋势。具体的经费结构主要包括以下各项。

第一，专案计划：官方经济部门技术处等委托的科技研发计划。

第二，技术服务：军方、企业委托项目，以及面向企业的咨询、培训、检测、分析等服务项目。

第三，计划衍生：专案计划所产生的技术，接受民间及官方等的委托从事特定产品的研究开发项目。

（2）研发项目选择机制。台湾工研院研发项目的选择始终以产业为导向。无论是为满足产业的技术需求而进行的研发，还是以技术为出发点创造新兴产业，产业的先期介入都是研发项目选择的重要方式。早期，项目的选择一般都要经过调查企业的实际情况、邀请产业界及学界专家参与评审，或者以业界参与合作的方式，来确定拟研究的技术发展方向是否符合产业需求。为适应产业情况的不断变化，台湾工研院以技术为出发点成立研究单位，如环保方面应成立防污中心，通信技术方面应成立电通所等，强调一个研发单位对应一个产业类别。随着产业界能力的提升，台湾工研院研发项目的选择也逐渐被整合，而且特别重视前瞻性，不再由原来的各单位简单对应各产业。对于那些预期能较持久地具有创新性的产业，投入更多的资源和人力，体现了与时俱进的思路和谋略。

（3）技术研发机制。台湾工研院所进行的研发注重与学术界、产业界错位进行。基础研究主要由学术界来承担，生产技术及配合销售尽量由产业界完成，台湾工研院则关注前瞻性和共性应用技术的研发。但是，它与学术界、产业界又是紧密合作的，其技术研发机制主要包括自行研发、技术引进，以及与产业界、学术界合作研究等多种形式。自行研发主要以台湾工研院的各个所或中心为主进行，但非常重视满足产业界的需求。技术引进在台湾高科技产业发展过程中曾起到非常重要的作用。台湾工研院创立初期没有集成电路装备技术等高新技术，为了迅速掌握其中的关键技术，台湾工研院承担了引进技术开发初期的技术风险和人才培育工作。利用从美国 RCA 公司转移来的技术和经验，建立了试验工厂，制造出了集成电路，促成了台湾集成电路制造业的形成和发展。台湾工研院与产业界、学界建立了广泛的联系。课题不仅可以在同类研究机构中进行，也可以与企业合作研发。技术人员的交流更是如此，它鼓励技术研发人员向企业转移，也鼓励科技人员创办科技型企业。为加强与企业界的互动，台湾工研院还推动了开放实验室的建设，由企业就特定研究主题与台湾工研院进行合作研究，其目的是借此加大产学研合作的纵深程度。台湾工研院与大学的合作，则主要包括人员合聘、借聘、学术研究的合作、研究生的培养、场地与设施的共享，以及建立联合研究中心等。

（4）技术扩散机制。为实现产业技术升级，台湾工研院有意加大技术扩散力度。其技术扩散的主要方式有：①技术转移。针对个别企业的技术合作与技术服务，针对多家企业的共性技术研发，针对产业内尚未有承接对象的前瞻性技术创新，都是台湾工研院予以关注和技术转移的方向。②衍生公司，通过建立衍生公司把新技术快速带入产业。衍生公司采用的技术一般均是突破性的新技术，所生产的是关键产品，既可以创造需求，又提供投资机会，从而带动新兴产业的发展。③孵化创新企业。凡符合高科技创业要求的（其技术必须是创新的，或者在台湾处于先进水平，而且能对现存企业和产业起到带动作用），个人及成立 18 个月之内的新公司均可以申请进台湾工研院的孵化中心。孵化育成期为 3 年，台湾工研院提供场地和部分初始投资，还提供商业咨询、法律信息等服务，以及投资、技术服务、培训、行政管理等支持。企业成功孵化后，通常将一部分股权或者捐赠作为对台湾工研院的回报。

5）发展措施

为加速成果转化，台湾工研院于 1986 年制定了《技术扩散实施办法》，涉及的内容有技术扩散报道、技术公开和技术转移，这是一项影响深远的制度安排。在知识产权产出方面，台湾岛内累计获证专利数为 5300 余件，台湾岛外累计获证专利数超过 2300 件。目前，平均每天产出 2.4 件专利，举办 3.8 个研讨会。

台湾工研院以多元化的方式（产业界先期参与、国际合作、交互授权、知识产权授权与许可）进行技术转移，加快了技术转移到产业界的速度，缩短了技术开发与商业化应用之间的差距。目前，平均技术转移 1.3 件/天，年总数超过 340 件。

为促进产业升级，推动军、公、民、政业务和人才培训，台湾工研院深化了与产业界的合作关系。目前，平均每日委托及合作研究项目 4.2 件，每日提供服务厂商 1103 家。

创生企业是一项非常重要的技术产业化模式。依据台湾工研院的政策，凡由台湾工研院正式规划核定，将某种成熟的技术连同关键人员一并转移而成立的公司，即为台湾工研院的衍生公司。台湾工研院于 1980 年首次以衍生公司的方式促成联华电子公司后，又在 1990 年正式出台了《工研院筹设衍生公司办法》，从而加速了创生企业的步伐，有代表性的公司如台湾集体电路制造公司等。

台湾工研院的技术发展战略主要以建立核心技术、环境建构、研发创新、提升产业技术能力为主，同时，善用国际科技资源，注重前瞻性技术和创新性技术的研发。台湾工研院创立初期，基本上是开发或引进关键性技术，技术成熟后转移到企业，由此形成新兴科技产业。此后，台湾工研院选择前瞻性技术及具有实用性的重要技术，经与学术机构合作，提升研发能力，然后进行产业化。目前，形成新的增长点的领域主要有：电子与资讯、材料与化工、能源与环境、机械与自动化、生物与医药。

3. 台湾工研院的定位、角色与功能

1）台湾工研院的定位

为提高产业竞争力，一些国家和地区致力于构建国家创新体系，并采用适当的政策工具进行制度化实施，建立工业技术研究院就是其中的典型组织机制之一。例如，美国的国家标准与技术研究院（NIST）、日本的产业技术综合研究院（AIST）、荷兰的应用科学研究院（TNO）、澳大利亚的联邦科学与工业研究组织（CSIRO）和韩国的科学技术院（KAIST）等，大都是以此为目标而组织成立的。这些机构在各国的科技产业发展过程中，扮演着产业技术研发、技术服务和技术转移等多重角色，致力于提升产业技术。

同时，作为政策工具，工业技术研究院在各国的国家创新体系中扮演着关键性的角色。但是，在总的政策指向下，世界各国的工业技术研究院的任务、形态和经费来源并不相同。有的组织由政府提供全额经费，并以基础研究为导向；有的肩负公共目标，属于非营利组织，从事公益性研发活动。可以说，工业技术研究院可以分为两大类，一类是基础性研究机构，另一类是应用性研究机构。台湾工研院属于后一类。

20 世纪 70 年代初，台湾官方提出工业发展应进一步转向高级工业与精密工业，需要革新技术、改善品质、提高生产力，以加速实现现代化目标。为此，1973 年初成立台湾工研院。1979 年，《科学技术发展方案》颁布，明确提出台湾工研院的任务：接受官方委托研究开发，辅导厂商研究开发，加强外界工程学术团体合作，关键性技术引进与推广，协助中小企业研发，针对关键性新技术与新产品进行市场分析及经济评估，设置小型实验工厂，成立技术转移公司，推动试验及试制服务，积极筹设能源研究所等。自 1986 年始，在科学技术长期发展计划中，台湾工研院被定位为任务导向的应用性研究机构。20 世纪 90 年代初，随着世界各国对技术创新的重视，我国台湾工研院在技术供给的角色上加重了前瞻和创新的比重，并积极转型，成为市场导向的研究机构。在 2002 年，台湾工研院制定的

《2008 策略规划》中，将业务方向调整为"产业科技研发，知识型服务，技术衍生价值"，为此形成的新定位基点有：

（1）创新前瞻科技；

（2）育成知识密集型产业；

（3）促成知识化服务业；

（4）建置产业学院；

（5）构筑基础平台；

（6）促进永续发展。

2）台湾工研院的角色与功能

作为台湾创新体系的重要环节，台湾工研院凭借其在技术研发和技术转移中的独特角色，在台湾经济发展过程中取得了卓越的创新绩效和发挥了独特的功能。

在知识生产上，我国台湾工研院累计获得专利数与世界各国同类机构相比稳居群雄之冠。在向美国申请核准的发明专利数上，台湾工研院遥遥领先，显示出台湾工研院在知识资产累积和保护上的前瞻性，以及对我国台湾科技竞争力的贡献。

早在 20 世纪 80 年代，台湾工研院在研发管理上坚持实践（practice）、桥接（bridge）和借力（leverage），进而形成了密布多重节点（linkage pin）的创新网络，采取了许多有价值的策略和措施，如下。

（1）通过产业协会、产业联盟与厂商建立互动关系，于 1996 年成立开放实验室、创业育成中心，加速了新创事业与产业集群的发展。

（2）通过人才输出与扩散，形成产业社群网络。到 2002 年底，台湾工研院离职员工共计 15 877 人，大多数扩散到产业界，主要担任研发及经营管理职务。通过人才扩散形成的产业社群网络，一方面促进了台湾高科技产业集群的形成，另一方面则构成了台湾工研院最大的无形资产。

（3）通过产业技术服务，培养产业接纳技术的能力和创新能力，以此延伸创新网络。台湾工研院一直零散地接纳工业人才培训，于 2003 年成立了产业学院，积极整合台湾工研院跨领域的知识网络、人才和实验室，协助产业界迈向新兴产业及战略性前沿领域，由此延伸了创新网络。

（4）在技术创新过程中，台湾工研院具有两种"位态"：一是位居技术研发和技术产业化的中心位置，由此贯穿创新系统的资源与链接点，因而具有运筹创新资源的功能；二是位居"大学—产业"链条的核心位置，政、产、学、研、商通过台湾工研院启动创新机制，从而使台湾工研院具有策略性运转创新系统的功能。

4. 经验启示

台湾官方推动内向型企业研发联盟的动因、角色在台湾工研院的组建和运行过程中，均得到了体现。从研发的领域看，研发的项目均为产业共性技术。从研发发展的阶段看，共性技术是科学知识的最先应用，它为追求私人占有技术提供概念和经验基础。共性技术应用范围不局限于特定产品、企业乃至整个产业，而是具有多产业共用性，共性技术一旦研发成功，必将在多个产业中得到广泛应用，即具有广泛的社会效益性。实践已经证明，一个国家或地区如果共性技术研发情况良好，则有利于本地企业提高自身素质，从而增强本地企业的国际竞争力，促进区域技术创新。

台湾工研院组织企业研发网络依托的是台湾官方每年提供的"专案计划项目"，这些计划一般都会符合未来新技术发展的方向。企业只要提供计划总经费10%以上的配套款，就能够与台湾工研院共同研究开发项目。企业与企业之间的研发合作能够按比例得到台湾官方提供的配合经费。而且对于专案计划所产生的创新产品，台湾官方一般都会保证其市场，通过台湾官方采购等途径来保证参与者的利益。对于参加计划的企业，有参加下一轮计划的优先权，这可以说是在鼓励企业参与项目研发，也可以说是在迫使企业不得不积极参加这些项目。

相比之下，我国大陆彩电等行业的发展情况则折射出政府在促进该类企业联合研发方面并未发挥应有的作用。彩电的价格大战，表面上看是生产过剩，从本质上看是技术落后。大陆彩电企业的研发投入普遍不足，占销售额的比例大多都不到10%；研发人员配备不足；技术开发多在外观、式样和外围电路的二次开发上，涉及核心技术的专利甚少。大陆通信制造业、机床制造业、汽车工业等产业也都存在上述类似情况。

近年来，就如何以公共研发机构为载体，构建内向型企业研发联盟的平台，我国已经进行了一系列的探索和实践，例如，以国家863计划为依托组建了"中国第三代移动通信系统研究开发知识产权联盟"、在国家有关部门主持下组建了"中国数字光盘技术联合体""高清晰度电视开发联合体"；一些学者提出的倡议，如武汉理工大学胡树华教授提出的"国家汽车创新工程"，以及中国科学院王阳元院士提出的产前研发联盟"国家微电子技术研发中心"等已经得到广泛关注。切合我国国情，以公共研究机构为平台，在内向型企业研发联盟的构建和发展中发挥政府应有的作用，已经成为一个值得研究的课题。

天津市山西商会

1. 商会简介

天津市山西商会于1997年9月3日，经天津市社会团体管理局审核批复，正式批准成立，取得天津市社会团体法人登记证书，于当年10月25日由在津投资的山西籍企业家为主体召开了成立大会,名称定为"天津市山西经济发展促进会"。为了适应我国市场经济的发展需要,于 2004 年该会将名称变更为"天津市山西商会",入会企业组成主要是在津的山西籍投资人的企业,曾在山西工作过、下过乡、当过兵的企业家的企业,以及承认山西商会章程、愿意加入这一平台合作共赢的非晋商企业家的企业。天津市山西商会是现今国内成立最早、规模最大、实力最强、最具影响力的异地晋商商会。成立 17 年来,它有津门晋商会员企业 1000 余家。商会会员企业主要涉及节能、环保、软件、科技农业、现代服务、医药、金融、房地产、通信、商贸、制造业等现代产业领域。商会办公面积 1300 多平方米,有专职工作人员 29 名。

该商会为企业家的协会组织,其典型特点是会员很多为原籍山西的、在天津投资注册的民营企业老总。商会企业家来自各行各业,有节能、环保、软件、科技农业、现代服务、医药等行业的企业家。商会与企业之间的关系仅仅是松散的会员关系,商会的本职工作是解决企业面临的问题,全方面地为企业服务。

然而,目前,中国商会组织存在的主要问题是:首先,传统商会的职能只是发挥了联谊会、老乡会的作用,或者说是为少数企业家搭建了一个建立人脉网的平台,许多商会组织还不知道它们真正要干什么,也不知道怎么干;其次,还有很多商会都是在等待着会员找它们解决个性化的问题,而且这种个性化的问题只是为了在商会中寻找销售滞销产品的渠道或者推销人,简单地说,商会的职能只是发挥了推销某企业滞销产品的作用;最后,商会组织缺乏活力,如何增强组织的活力是当前组织和政府工作的重点。

2. 商会的组织结构

天津市山西商会设有秘书处、会员部、经联部、维权部、分会管理部、培训部、会员转型服务中心和信息中心。除此之外,还设有党委、纪委、团委,是国内最早成立党组织、唯一一家具有党委的商会组织。

会长由全国劳动模范、全国优秀企业家、高级经济师、天津市河东区原副区长张世伦先生担任。张世伦会长自退休以来,专职从事天津市山西商会会长一职十余年,为商会的发展做出了巨大贡献。

天津市山西商会目前建有六个分会:天津市山西商会建筑分会、物流分会、晋中分会、建材分会、企业经济发展分会、青年企业家分会。

3. 商会的作用及任务

天津市山西商会发挥的主要作用,可以概括为"五个既要、五个又要":一是既要发挥商会的职能作用,又要发挥商会的党组织作用;二是既要当好会员企业利益的代表者,又要当好企业员工合法利益的代表者;三是既要加强商会自身的规范管理,又要加强商会的创新社会管理;四是既要加强对会员的服务工作,又要加强会员的思想政治工作；五是既要做好企业又好又快发展的推动者，又要做好会员老板综合素质的培育者。

该商会当前主要的工作任务：一是帮助会员企业健康快速地发展，这个发展不是针对一个企业，不是守株待兔，而是怎么推动广大会员都受益地、共同地发展；二是把会员培养成为有能力、有素质的国际化企业家。所以，该商会一手抓素质，一手抓企业发展，这是商会最主要的工作。

4. 商会的十大服务阵地

商会刚成立的时候，只有10%的会员企业从事现代服务业，90%的企业从事夕阳传统产业的生产或服务，企业规模小、发展缓慢、寿命短、缺乏竞争力，独立应对市场竞争。因此，商会从2005年把战略中心转移到"全面推动会员企业转型"上。经过九年艰苦努力，推动了97%的会员企业转型升级为有核心竞争力的现代企业。同时，指导帮助广大企业转变了运营模式和盈利模式，进而使会员企业普遍由小变大，由弱变强，实现跨越式发展。现在，多数小微企业发展为中型或规模企业。八成以上会员企业转型为以高科技自主创新为核心的实体企业。重点集中在新能源、新材料、环保科技、现代物流、生物医药、电子软件、设备制造、电子商务和现代服务业（煤铁业为零）上，推动一大批晋商企业成为科技小巨人和国内国际品牌企业。

九年来，天津市山西商会为此付出了巨大的心血和劳动，广大会员普遍得到了实惠，进而使商会的凝聚力空前提高。实践中，我们深刻认识到，商会的活力来源于服务，服务不单是老乡联谊会餐，商会不是帮会员卖滞销产品的推销员，而是培育会员老总健康成长的学校，是促进会员企业健康发展的基地。商会服务的好坏，取决于是否有较强的为广大会员解难题、办实事的水平和能力，换言之，要有资源平台化的服务力量。该商会的服务力量，来源于商会创建的十大服务阵地。

1）第一个阵地：商会转型服务中心

2007年，天津市山西商会结合推动企业转型需要，专门成立了"会员企业转型服务中心"，主要职能有四项。

（1）组成专家组深入会员企业做转型实验。商会组成了由36名专家和行业精英构成的服务组，逐个深入会员企业做转型升级试验，为它们无偿提出企业转型方案，同时，帮助它们解决转型中的项目、场地、政策、资金、人才、市场等具体难题。

（2）信息发布与对接。商会信息中心有专人负责：①结合会员实际，有针对性地搜集行业信息，不断向会员发布相关行业动态和预警信号，供企业参考；②负责搜集天津和市外的投资信息和优质项目信息，进行信息筛选，并与会员对接落实。

（3）争取优惠政策。一是让会员享受到更好更多的优惠政策。对市、区政府发布的扶持民营企业和相关产业的政策文件，商会工作人员要学透，及时向会员发布有针对性的政府扶持政策信息。深入各区县、各开发区，协调相关部门，让会员享受政策带来的福利，做到效用最大化。二是为会员争取更多的各类扶持资金。商会专人研究扶持资金，指导企业对项目的灵活的申报方式，指导企业向多级别部门分别申报，帮助企业向不同部门申报，让会员享受的扶持资金实现最大化。

（4）建立商会智囊团。广泛联络在津的山西籍高端人士，及其他非晋籍专家和行业精英，组成智囊团。规范智囊团管理，加强联络感情，制订智囊团活动计划，求得他们对企业的具体指导和帮助。

2）第二个阵地：强大的宣传阵地

（1）点击量高的商会网站。商会网站要设计得内容丰富、形式漂亮，具有视频功能，做到日日更新，内容简短精彩。商会网站要与会员网站、各兄弟商会、关联企业、媒体和政府部门做好广泛的网站链接和信息交换。天津市山西商会有专人负责网站，努力提升网站的点击率，保证年点击率在 50 万人次以上。

（2）赏心悦目的会刊。商会刊物为季刊，要求减少大篇文字，办成"大画报"。文章标题生动活泼，让人爱看。刊物内容以介绍商会自身活动和会员企业的自身新闻为主，少介绍与商会无关的杂文。会刊发行量 4000 册，把会刊放置在飞机上和天津高档宾馆内，以扩大影响力。

（3）活跃的商会 QQ 群。由商会牵头建立了两个会员老总 QQ 群、会员不同行业 QQ 群、基层党员 QQ 群、企业团员青年 QQ 群，便于"知音"聚会，在商会的分别引导下进行活跃的交流。

（4）强大的商会微博。商会建立了新浪官方微博（@天津市山西商会）。会长建立了个人微博（@山西商会张世伦）。我们推动每个会员企业都建立了实名的企业微博或会员老总个人微博，并把以上所有的微博，下功夫全部进行了互相关注联结。

商会的官方微博，由商会一名工作人员专职负责，基本做到天天（包括节假日）发布反映商会新闻和会员亮点的博文。发布的内容既要有正能量，还必须生动活泼，能引起关注者共鸣并使其给予转发评论，形成巨大的关注阅读人群。目前，天津市山西商会累计发布博文已近万篇，且每篇博文的阅读粉丝多于 50 万人，有力地扩大了天津市山西商会在全国的品牌知名度。

在运行中，不断搜集关注者中的各地企业家和高端人才，进行私信沟通，编入转发群，进而开展线上联络，线下见面，为会员举办有针对性的关注者见面活动，为众多会员企业拓展人脉和市场，并有多家会员企业与关注企业达成项目合作，成效明显。

（5）在商言商的商会微信群。一是建立由会员微信组成的商会门户微信群（@天津山西商会 A 群、B 群……），商会分会按行业建立分会会员群（如@天津山西商会建材分会）等。群主由商会领导担任，在群中不断开展商务交流。二是建立商会微信订阅号，专门为会员微营销服务。三是推动由会员老总发起建立并担任群主的各类型企业家微信群，商会也参与其中，引导活跃群内成员交流。商会为它们引荐各地行业精英入群，为会员开发了大批客户资源。

（6）充分利用主流媒体平台。商会与国内 62 家主流媒体，如《天津日报》、天津电台、《山西晚报》、人民网、新华网、《经济日报》、中央电视台等，建立了紧密型关系，商会有专职人员负责与主流媒体联络，邀请它们参加商会的活动。由商会人员不断向它们发送商会和会员企业的新闻动态，要求在各纸媒和网媒上，每年发表的天津市山西商会的新闻通讯稿总量不少于 200 条。

商会对以上宣传阵地中的 1 万多名各地粉丝，逐个进行分析，建立了由 6000 多家各地企业的企业家粉丝组成的"分类@群组"数据库。由商会统一发布指令，把商会的经济联络信息和会员产品信息，持续不断地向各群组企业家粉丝发布，形成商务对接。对新成立的或需要扩大知名度的会员企业（重点是服务行业），组织集中宣传，使商会宣传阵地形成一个强大的为会员企业无偿服务的"广告公司"。

3）第三个阵地：会员素质培训中心

（1）会员集中培训。商会建有能容纳 40 人以上的培训教室，由商会制订年度会员培训计划，开展集中培训、专题培训、经验交流、现场观摩培训等，培训的原则是"结合实际，灵活多样，喜闻乐见，务实管用"。内容主要是现代经营管理类、诚信类和法律法规类。

结合会员短板，开设专业培训班，如会计初级班、网络营销班、现代融资方式班、新三板上市班等。必须保证每个会员每年参加培训类活动 10 次以上。

（2）会员远程培训。利用 QQ、微博、微信，不断向会员发布短小精悍的企业管理知识、现代经管理念及会员企业示范经验，还包括政治、党建、国学、法律知识、三晋文化等。持久地、潜移默化地提高会员企业的诚信素质和驾驭现代企业的水平。

（3）利用商会新媒体阵地，开展主题培训活动。利用微博、微信简便快捷的特点，商会组织会员开展主题培训活动。例如，现代管理知识竞赛；发动会员企业骨干，在微博开展"为企业科学发展提合理化建议"活动等。2013 年，商会发起并主办了全国著名的"晋商起飞"微博献计活动，全国万名晋商粉丝参与了这次活动，稿件达 4 万多件。再如，2014 年，商会开展的"晋商梦、中国梦"微信征文大赛，推动 3000 多位晋商老总参与，在全国形成巨大影响。

4）第四个阵地：为会员解决资金问题的平台

（1）建立资金互助协调中心。商会利用会员的闲散资金为许多急需资金的会员企业提供互帮互助的较低息拆借服务。

（2）商会与银行合作，建立会员企业贷款互助社。让众多会员企业能迅速获得银行贷款。

（3）与政府主导的基金会合作，以会员制方式取得较低息贷款。

（4）由商会组建融资性公司。商会牵头组建由会员企业组成的，以为会员企业放贷为主的多家小额贷款公司、融资担保公司等，随时为会员企业解决较大资金问题。

（5）商会推动企业上市。商会主动联系多家证券公司，推动企业新三板上市，或帮助企业在国内外包装上市。

以上五项，天津市山西商会都有了成功实践。

5）第五个阵地：丰富多彩的商会活动

一个商会的生命力在于活动。活动时，一要保证活动质量，二要保证活动数量，三要保证会员乐于参加。

（1）商会开展形式丰富多样的活动。例如，会员企业经验交流会、优秀会员企业现场观摩、与著名企业家座谈、跨国企业参观考察、新客户衔接会、优质项目发布会等。天津市山西商会2013年自办活动212次（商会接待来宾、会员聚餐、应邀参加外单位活动次数除外）。做到每个会员每年参加活动15次以上。

要求每项活动方式都要有创意。比如，2014年7月1日，天津市山西商会把传统的企业经验报告会创造性地改为"中国好晋商"展评大赛，让层层选拔出的40位晋商老总在会员大会上，上台展示企业转型的智慧和成效。邀请6位经济专家担任评委，当场分列出名次。前三甲授予荣誉称号，前十名当场授予"转型示范单位"称号，会场竞争激烈，活动举办得非常成功。

（2）商会年度主题实践活动。商会按照中心工作需要，每年提出一项由全体会员参加的主题实践活动。例如，"会员企业转型升级全覆盖工程"主题实践活动；"四无三提高"（产品质量无伪劣，安全生产无事故，企业员工无上访，诚信经营无投诉；提高企业核心竞争力，提高员工幸福感指数，提高履行社会责任水平）主题实践活动等。由于活动效果明显，天津市委先后四次向中央发出了天津市山西商会活动经验的简报。

（3）提升会员健康的业余文化生活情趣。商会成立了晋商参加的三晋文化研究会、三晋书画院。举办会员书画拍卖、业余文艺演出、学打高尔夫、网球/乒乓球比赛、合唱比赛、商会运动会、"我的梦"演讲大赛等活动。组织会员开展茶话会、名人名企见面会、品酒会、新老会员见面会。组织会员上清华大学、北京大学总裁培训班，推动会员上MBA班等。

多年来，商会力争把活动安排在公休日或晚上（约占2/3），逐渐培养会员老总健康的业余生活情趣和提高其综合素质。

6）第六个阵地：整合资源，推动会员联合发展的平台

"整合资源、经营老板"是商会的一门艺术，促进晋商联合发展，抱团打天下，是商会的工作要点。其做法如下。

（1）整合会员分散资源，抱团拓展市场。天津市山西商会会员企业分布在全国各城市的分公司、营销点 300 多个，有业务员 4000 余人。商会把这些人员和市场渠道整合起来，由商会统一指挥，互相交叉营销，抱团打市场。

（2）推动混合所有制，优势互补。商会帮助企业与国外优质公司、跨国公司或国内的大型国企、研究院等合作，采取不同方式联合发展，把会员企业变身为有资质有业绩的名企、名院的天津分公司或分院。一方面，与这些单位做到优势互补；另一方面，有利于打开市场。同时，抓住国企引入私企的机会，商会帮助会员有选择性地与国企参股、控股，改善会员企业股权结构。

（3）推动会员走出去。利用商会在国外的跨国公司渠道，组织会员出国考察，积极收购或重组跨国公司股份，迅速变身为国际化公司。天津市山西商会已成功推动多家会员企业变身为国际化公司。

（4）组建会员联合性公司。由商会寻找创新的、有竞争力的优质项目，组织不同优势的会员企业投资，也可吸收其他省份具有独特优势的企业参加入股，成立一批优秀的晋商控股的联合性公司。其中，在有的公司中，商会占有小比例年终利润分配股份，以赞助费方式，用于支持商会会费。

（5）商会团购。商会组织会员企业集中团购办公用品、酒类等。商会组织许多会员集中在一个小区的办公楼或住宅楼进行团购，以取得最优惠的价格，让会员受益。

7）第七阵地：人才库

商会在天津十几个大专院校中，推动成立了以山西籍本、硕、博大学生为主体的"三晋文化研究会"，从中搜集符合会员企业需求的应届毕业生专业人才，输入商会人才数据库。有针对性地组织应届毕业生到会员企业实习、考核，并视情况留用这些人才。

另外，商会有专人负责"人才猎头"，重点搜集具有广泛客户渠道、有畅销产品技术的特殊人才的信息，与他们洽谈，将其引入天津市山西商会会员企业，为特殊人才提供发挥作用的平台，给予优厚待遇或股份，成熟的人才与会员企业成立新的合作公司。

8）第八个阵地：发挥分会作用

商会建立了 6 个分会，有的分会按行业建立，如天津市山西商会物流分会；有的按会员特点建立，如天津市山西商会青年企业家分会；有的按区域建立，如天津市山西商会晋中分会等。分会的建立，一方面加强了层级管理，另一方面丰富了同业会员的活动，有利于发挥各方面的能动性。分会经市社团局审批，是非

独立法人单位，分会法人代表由商会领导担任。分会建立各自的网站、QQ 群、微博群、微信群，并与商会互相关注联结。

在商会领导下，分会的服务活动十分活跃，增添了商会为会员服务的平台力量。

9）第九个阵地：科技项目孵化器

商会与 11 家大专院校和科研单位建立紧密型合作关系，根据会员行业需求，不断衔接优质项目，组织落实。

10）第十个阵地：商会党建支持

商会如果忽视商会和基层会员企业的党建工作，就等于放弃了一支推动会员企业又好又快发展的生力军力量。加强商会党建，有利于发挥商会党组织的政治核心和政治引领作用。同时，商会与会员之间又形成了上下级党组织的密切纽带。

商会党建工作的重点是把企业党建工作与企业经济工作融合在一起，让党组织和党员发挥作用。例如，科技攻关党员当尖兵、帮助化解劳资矛盾、发动职工提合理化建议，以及由党员担起急难重工作，由党员担任质检、安全防火等重要岗位的监督员等。另外，商会组织了优秀企业党员老总与普通会员企业老总结对子、搞帮扶、携手发展等。

天津市山西商会推动会员企业科学发展做出的成绩，得到了中央和天津市各级领导的高度重视。习近平等中央领导，以及中国共产党中央委员会组织部（简称中组部）、民政部、中共中央统一战线工作部（简称中央统战部）、中华全国工商业联合会、中国共产党中央政法委员会、天津市委的主要领导，先后来商会或会员企业调研视察，并给予了高度评价。

近几年来，商会被民政部命名为"全国先进社会组织"；商会党委被中央授予"全国先进基层党组织"荣誉称号；2014 年，商会又被命名为国家最高等级"5A 级社会组织"；商会经验被中央编入"全国青年干部学习培训教材"；张世伦会长也获得了中央颁发的荣誉称号。

在新的一年里，商会将创新为会员服务的方式，让更多的会员受益。在商会继续开展的"一转二争三服务"主题实践活动中，引导会员企业"讲社会责任、讲社会效益、讲守法经营、讲公平竞争、讲诚信守约"；"注重经济行为和价值导向的有机统一，经济效益和社会效益有机统一"。以社会主义核心价值观为指导，为商会和会员企业又好又快发展，为同心共筑中国梦，为晋商起飞而努力奋斗！

闪 联 联 盟

1. 联盟简介

闪联产业技术创新战略联盟（简称闪联）是科技部指定的 36 个产业技术创新

战略联盟试点之一，其雏形可以追溯到 2003 年由联想、TCL、康佳、海信、长虹 5 家企业发起成立的闪联标准工作组。这个工作组是在原信息产业部、国家发改委等政府部门的指导下建立的，成立的最初目的是解决电视、计算机、手机在 3C 融合（计算机、通信和消费电子产品三者之间的信息资源共享和互联互通）、三网融合（互联网、移动网和电视网融合）过程中的设备互联互通问题，主要工作是制定信息设备资源共享协同服务标准（IGRS 标准），并促使其产业化[112]。闪联的核心使命是抓住 3C 融合带来的电子信息产业升级的历史机遇，整合国内创新资源，制定我国自主 3C 融合技术标准，致力于 3C 融合标准的制定、推广和产业化，从而抢占全球电子信息产业发展的战略制高点，提升国内企业在国际竞争市场的竞争地位和话语权。

闪联的成立有着深刻的历史背景。首先，3C 融合是未来信息产业的发展方向，实现 3C 融合的关键就是建立统一的网络协议；其次，市场空白和标准缺失使得我国信息产业面临严峻的挑战；最后，构建以标准为核心的竞争优势是我国电子信息企业实现跨越式发展的重要手段，对于我国信息产业的升级具有重要意义。因此，闪联不同于其他基于技术和产业链创新的战略联盟，而成为国内第一家企业自主发起、以标准为纽带、以市场为导向、在技术和资金层面大规模、深层次合作的产业联盟。

经过不到 10 年的发展，闪联从一个成长于民间的企业技术交流平台发展为在政府支持和领导下的行业性组织；联盟成员从最初的 5 家国内电子信息领域骨干企业发展到拥有 134 家上下游厂商及科研院所；从最初的 3C 终端产品互联互通发展为现在的引领数字生活新模式的技术创新联盟；由其制定的 IGRS 标准在所有成员的共同努力下于 2006 年成为国家行业标准，并于 2008 年 10 月正式成为国际标准，填补了我国在该国际技术领域的空白。其独特的"闪联模式"为我国关于产业技术创新战略联盟的探索提供了新的思路和路径。

闪联标准的发展历程与中国企业坚持自主创新、建立高效的产业联盟、合理实施市场战略紧密相连。

2. 联盟的运行机制

1）闪联的组织模式

"闪联模式"不同于其他产业技术创新战略联盟之处在于其总体构架。它的总体构架是以联盟为主体，完善组织结构创新，支持标准产业化运行机制，进行基于"闪联模式"的产业化推广，提升发展战略。

闪联标准工作组，即一般意义上的产业技术创新战略联盟，是基于"智能互联，资源共享"的原则建立的虚拟企业联盟。闪联标准工作组是多个法人的结合，其本身不具有法律主体地位。闪联标准工作组的组织结构灵活，拥有完善的工作机制和明确的职责分工，形成了清晰高效的分工和协调机制，从而为闪联标准工作组的企业间联合技术创新、企业吸引力提升和凝聚力增强、产业链合理整合等各方面提供了牢靠的机制保障和源源不断的动力[113]。闪联标准工作组的组织结构如附图 1.3 所示。

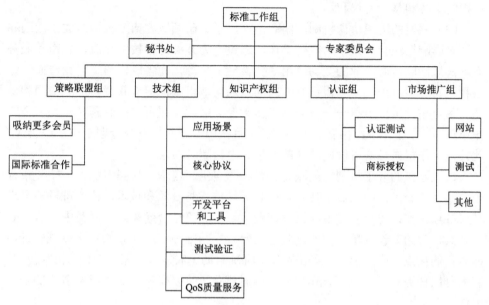

附图 1.3　闪联标准工作组的组织结构

资料来源：徐小涛，高泳洪，田铖，等. 闪联标准的最新发展. 数据通信，2008，（4）：12-15

　　为了为联盟合作提供更好的后续支持、调节风险、协同合作，闪联成功开创了"产业技术联盟—闪联标准—工程中心"的创新组织模式，即由联盟成员共同出资成立了实体企业——闪联信息技术工程中心有限公司，这是建立在国外先进的产业运作模式基础之上，又充分考虑我国企业现状的全新模式，从而确立了闪联在产业化推广过程中的"中立性法人实体"地位。闪联信息技术工程中心有限公司以"实体化"的形式来推动闪联的发展和经营，解决了一般意义上的产业技术创新战略联盟法律主体缺失的问题，将标准、技术、研发、生产、市场连接起来，形成完整的产业链，同时，使联盟成员之间的合作关系更加紧密。

　　2）闪联的管理模式

　　为了保障闪联的有效运营，闪联制定了一套完整、清晰的管理体系和工作流程。

　　（1）对联盟成员的管理。闪联将所有成员分为三个等级，不同级别的成员交纳不同的会费，享受不同的待遇：核心成员，主要是发起者和最初参与联盟的几家企业，拥有提案权和投票权；列席会员，只有提案权；观察员，只能旁听，可依据其对联盟贡献的大小升级为列席会员。

为保证联盟的安全运行，成员在加入联盟时会经过严格的审查，并签订联盟协议。该协议规定了成员在保密、知识产权、专利披露、市场宣传和推广等方面承担的义务和享有的权利。

（2）联盟的沟通协调机制。闪联由产、学、研领域的诸多机构组成，沟通和协调是影响组织合作效率的重要工作。通过大力开展各种技术交流、合作和服务活动，激活联盟对产业的能动作用，获得经济来源，完善联盟的"自我造血"、自我更新机能。因此，联盟设有专门的沟通协调机制，促进联盟内部的沟通和协调。每个季度工作组召开一次全员工作大会。联盟按照不同的专题又分为多个工作小组，每个工作小组由召集人负责，每月按照专题需要召开专题工作小组会议。此外，工作组成员还可以通过内部网站和电话随时沟通。

（3）联盟的分工机制。闪联充分发挥"自主、自理、自强"能力，按照章程规定，明确分工，吸取成员在各自擅长领域的优势资源和技术，依照市场的需求开展各项工作，将自身发展与国际产业大环境有机结合起来。在联盟中，成员企业有其自身的专长领域。例如，联想主要研究基础协议，TCL侧重于测试验证，而海信的重点是应用模式。明确的分工机制有助于联盟成员相互合作、相互协调，有效分散任务难度，提高合作效率，同时避免了重复研发、交叉研发造成的资源浪费。

（4）联盟的投票表决制度。闪联内部设有明确的表决制度。每项决议由核心会员投票表决，2/3 的票数即视为全体通过；如果票数不满2/3但非常接近，则由原信息产业部任命的工作组组长决定；如果组长无法决定，则将提案交给专家委员会，由专家委员会根据所有联盟成员的不同意见对提案进行改进。专家委员会是一个中立机构，由不包含成员机构在内的各领域权威人士组成。

3）闪联的动力模式

动力模式是指联盟通过利益驱动、优势互补、政策推进、发展需求等因素，激励产、学、研各方产生结盟意愿，巩固联盟发展的有关政策、制度和模式。

（1）联盟的利益驱动机制。闪联的利益驱动机制对企业的作用主要体现在分担企业的研发风险，缩短研发时间，抓住市场机遇获得更多利润等方面。

（2）联盟的知识产权策略。闪联非常重视知识产权方面的建设、管理和运营工作，在完善包括自身的标准体系、知识产权体系、产业化体系及治理结构等方面进行了很多有益的尝试，是目前国内在知识产权管理方面最完善的标准组织之一。

在成立之初，闪联就把建立知识产权管理制度放在了工作的核心位置上，由资深知识产权管理人员进行设计和管理。产业化推广机构建立以后，专利池和知识产权管理工作都转移到产业化推广机构，由此机构的知识产权与商标运作中心承担。同时，该运作中心还负责联盟商标的运作和管理工作。

在商标方面，闪联成立伊始就发布了闪联联盟标志，以统一的形象和管理面向市场，促进商业推广模式走向成熟。

在知识产权的管理方面，联盟形成了与闪联标准相配套的知识产权体系。为了鼓励、承认和尊重成员机构的技术贡献，明确专利授权和使用模式，联盟参照国际标准化组织知识产权运作模式，制定了自己的知识产权管理办法，以便更好地保护成员利益，鼓励创新，完善知识产权体系，促进与国际接轨。该管理办法从制度层面保障了闪联标准的实施者可以放心地使用闪联技术而不必担心侵权问题。此外，该管理办法还进一步完善了会员的持续披露和退出机制，彻底解决了标准实施的后顾之忧。与知识产权制度相适应的是，闪联还建立了闪联产业联盟知识产权管理委员会，全面推出闪联专利池制度，保障了闪联集群模式的健康发展和产业持久竞争力的提升[112]。

4）闪联的产业化模式

闪联标准工作组是基于标准制定而建立的联盟，不具有独立的法人资格，且可能在标准发布实施后被解散。因此，为了保证闪联标准的产业化推广，联想、TCL、长城、长虹、创维、海信等 8 家企业联合出资，在闪联标准工作组的基础上成立了闪联信息技术工程中心有限公司，负责闪联标准的市场推广和闪联产品测试认证及授权管理。闪联信息技术工程中心有限公司将闪联各成员紧密联系起来，集中资源、优势互补，更重要的是能够集中各企业的市场营销渠道，为闪联的产业化奠定良好的市场基础。

（1）闪联的产业化过程可以细分为四个部分：一是打造、维护"闪联"这一品牌；二是开发闪联共性基础技术；三是产品开发之后的测试认证；四是维护政府关系。

（2）继技术整合、资源整合之后，闪联从市场角度进行新一轮的整合，进行联合营销，推进闪联产业化进程，即联盟成员在产品、市场推广和服务等方面开展合作，充分发挥各自优势，为顾客提供全方位的闪联应用体验。

在闪联模式的推动下，闪联在帮助企业实现对市场机遇的快速响应等方面取得了明显的效果，如协同研发、降低设计费用、节省时间、提高产品开发速度和效率等。

5）闪联的国际化模式

在 ISO/IEC 的最终标准草案中，中国闪联标准国际提案以 96%的支持率高票通过。至此，中国闪联标准正式成为全球 3C 融合领域的第一个国际标准，不仅填补了十余年来我国信息领域在 ISO 国际标准方面的空白，更为提升我国信息企业在国际舞台上的地位和话语权奠定了坚实的基础。

闪联国际化策略的第一步就是向国际标准化组织家用电子系统提交提案，紧接着加强与其他国际性标准化组织及国外企业的合作。例如，闪联代表中国与日本的 ECH0NET（家庭网络标准组织协会）、韩国的 HNF（家庭网络论坛）等共同成立了 AHNC（亚洲家庭网络标准委员会），为亚洲地区建立面向未来的统一家庭网络标准奠定了基础。

通过与其他国家和地区具有影响力的标准化组织合作，积极参与国际交流，闪联的闪联技术在国际上获得了更多的支持，这增强了闪联标准的国际竞争力，保证了闪联技术与国际标准的兼容性，也为闪联的产品和服务开拓了国际市场。

附录二 我国促进产业中介组织发展的 相关政策

一、我国行业协会政策现状

1. 国家的政策法规

对于发展政策，在全国性的层面上，目前没有专门针对行业协会商会的法律规定，只有 1998 年颁布的《社会团体登记管理条例》，这其中的社会团体包括各类实用学会、协会、研究会、促进会、联谊会、联合会、基金会、商会等称谓的社会组织。尽管如此，国家为了促进行业协会的发展也相继出台了很多政策。

在 1993 年召开的党的十四届三中全会上，明确了我国通过改革开放要建立的经济体制是社会主义市场经济体制，同时指出：作为市场经济体系的一个重要组成部分，要发展市场中介组织，发挥行业协会、商会等市场中介组织的服务、沟通、公证、监督作用。

1995 年，在党的十四届五中全会通过的《中共中央关于制定国民经济和社会发展"九五"计划和 2010 年远景目标的建议》中指出：要把不应由政府行使的职能逐步转给企业、市场和社会中介组织。

1997 年，党的十五大的政治报告指出：要把综合经济部门改组为宏观调控部门，调整和减少专业经济部门，加强执法监管部门的工作，培育和发展社会中介组织。同年，国家经贸委印发了《关于选择若干城市进行行业协会试点的方案》，决定在上海、广州、厦门和温州四个城市开展培育行业协会的试点工作。

1999 年 10 月，国家经贸委印发《关于加快培育和发展工商领域协会的若干意见》（试行）的通知，对行业协会的性质、功能及其促进措施，做了更为明确的表述。

2001 年 2 月中旬，国务院发表公告，撤销国家经贸委所属 9 个国家局，成立机械工业协会、钢铁工业协会等 10 个工业行业协会和商业联合会等协会，并赋予这些协会部分政府职能。

2002 年 4 月，国家经贸委印发《关于加强行业协会规范管理和培育发展工作的通知》，提出按照恢复"调整、规范、培育、提高"的工作方针，加强行业协会的规范管理和培育发展。

2003 年 10 月 14 日,中国共产党第十六届中央委员会第三次全体会议通过《中共中央关于完善社会主义市场经济体制若干问题的决定》,指出"按市场化原则规范和发展各类行业协会、商会等自律性组织"。十六届六中全会则进一步强调,要坚持培育发展和管理监督并重,完善培育扶持和依法管理社会组织的政策,发挥各类社会组织提供服务、反映诉求、规范行为的作用,为经济社会发展服务。

2007 年,《国务院办公厅关于加快推进行业协会商会改革和发展的若干意见》(国办发〔2007〕36 号)中提出积极拓展行业协会的职能,把适宜于行业协会行使的职能委托或转移给行业协会,同时,要求行业协会要切实履行好服务企业的宗旨。

2009 年 3 月 31 日,工信部为了进一步贯彻落实《国务院办公厅关于加快推进行业协会商会改革和发展的若干意见》,提出要充分发挥工业、通信业及相关领域的行业协会等中介组织的作用,加强和改善行业管理,建立和完善符合社会主义市场经济体制要求的新型行业管理体制,推动走中国特色新型工业化道路,并颁布了《工业和信息化部关于充分发挥行业协会作用的指导意见》。该意见指出要加强中介组织队伍建设:第一,发挥中介组织联系政府、服务企业、促进行业自律的功能;第二,充分发挥中介组织熟悉行业、贴近企业的优势;第三,建立重点联系协会制度,根据工作需要和中介组织的工作能力,选择部分中介组织作为工业、通信业及信息化主管部门的重点联系中介组织,形成长效工作联系机制;第四,加强中介组织队伍建设,引导中介组织队伍向年轻化、专业化、职业化方向发展,注重老中青相结合,吸收行业中的专家、业务骨干和优秀年轻人才到中介组织工作,充实研究力量和专业人才,促进中介组织可持续发展;等等。

2013 年,《国务院批转发展改革委关于 2013 年深化经济体制改革重点工作意见的通知》中,提到加快出台政府向社会组织购买服务的指导意见,推动公共服务提供主体和提供方式多元化,出台行业协会商会与行政机关脱钩方案。

2013 年 3 月 10 日,马凯表示,将逐步推进行业协会等与行政机关脱钩。行业协会商会类、科技类、公益慈善类、城乡社区服务类四类社会组织拟将直接向民政部门依法申请登记,不再需要业务主管单位审查同意。同年 3 月,李克强在主持召开国务院常务会议中又再次提到:规范非许可审批项目设定和实施的具体办法,抓紧制订对行业协会商会类、科技类、公益慈善类、城乡社区服务类社会组织实行民政部门直接登记制度的方案。

2. 地方的政策法规

值得肯定的是,很多地方制定了面向本地区行业协会的政策和法律规定。

1)上海

2002 年,上海市颁布了《上海市促进行业协会发展规定》,于 2010 年又对该规定做了修正。该规定从扶持和发展协会的角度，对行业协会做出了规定，其中，比较突出的是：明确指出了行业协会可以参与反倾销的应诉活动；可以制定本行业的行规行约及参与政府有关行业标准的制定工作；可以根据会员需求，组织市场拓展，发布市场信息，推介行业产品或者服务；开展行业培训，提供咨询服务。

国家机关在制定涉及行业利益的地方性法规、规章、公共政策、行政措施、技术标准或者行业发展规划时，应当听取行业协会的意见；制定有关技术标准时，也可以委托行业协会起草；政府相关工作部门应当支持行业协会开展行业服务，并根据实际情况，逐步将行业评估论证、技能资质考核、行业调查、行业统计、产品展览展销等职能转移或者委托给行业协会行使。

从经费来源上，行业协会可以通过收取会费、接受捐赠、开展服务或者承办政府相关工作部门委托事项等途径，筹措活动经费。行业协会的会费标准，由行业协会章程规定。

尤其值得一提的是，《上海市促进行业协会发展规定》指出，行业协会承担公共管理事务的经费，由公共资金支出。政府相关工作部门委托行业协会承担事务的，应当采用购买服务的方式。对于设立初期经费确有困难的行业协会，还可以按照有关规定给予必要的公共资金资助。

同时，对行业协会的禁止性行为也做出了规定。例如，行业协会不得通过制定行业规则或者其他方式垄断市场，妨碍公平竞争，损害消费者、非会员企业或者其他经济组织的合法权益、社会公共利益；不得滥用权力限制会员开展正当的经营活动或者参与其他社会活动，或者在会员之间实施歧视性待遇；不得利用组织优势开展与本行业经营业务相同的经营活动；行业协会的任何会员不得利用其经营规模、市场份额等优势限制其他会员在行业协会中发挥作用。

2）广东

广东省于2005年颁布了《广东省行业协会条例》，直接取消了业务主管单位，规定了县级以上人民政府民政部门是行业协会的登记管理机关；其他相关部门在各自职责范围内只是依法对行业协会的相关活动进行监督和指导。

该条例明确规定了行业协会可以发挥服务、反映诉求、规范行为的作用，具体可以开展的活动为：组织市场开拓，发布市场信息，编辑专业刊物，开展行业调查、评估论证、培训、交流、咨询、展览展销等服务；协调会员之间、会员与非会员之间、会员与消费者之间涉及经营活动的争议；代表行业内相关经济组织提出反倾销调查、反补贴调查或者采取保障措施的申请，协助政府及其部门完成相关调查，组织协调行业企业参与反倾销的应诉活动；接受与本行业利益有关的决策论证咨询，提出相关建议，维护会员和行业的合法权益；参与行业性集体谈判，提出涉及会员和行业利益的意见和建议；参与制定有关行业标准，建立规范行业和会员行为的机制；加强会员和行业自律，促进会员诚信经营，维护会员和行业公平竞争；组织会员学习相关法律法规和国家政策；开展行业协会宗旨允许的业务和政府及其工作部门授权或者委托的其他事项。

《广东省行业协会条例》也明确规定了"政会分开"，行业协会的机构、人事、资产、财务应当与国家机关和企业、事业单位分开，强调了自主办会。对行业协会的禁止性行为也做了规定，如妨碍公平竞争、损害消费者利益、乱收费、未经法律授权行使公共管理职能等。对于行业协会的资金来源，则明确了政府部门应该为行业协会的委托服务支付费用；政府及其相关部门委托行业协会承担公共事务的，应当向受委托的行业协会支付费用。

3）深圳

深圳市于 2013 年出台了《深圳经济特区行业协会条例》。该条例就特区行业协会的设立、变更、终止、活动，以及对行业协会的培育、管理和监督，做了比较全面的规定。

该条例指出行业协会的组织形式包括商会、促进会、同业公会、联合会等，明确提出取消业务主管单位，而由社会组织登记管理机关负责行业协会的登记管理，政府相关职能部门只是对协会进行业务指导和监督管理。登记机关负责查处协会违法行为。行业协会的机构、人事和财务应当与国家机关、事业单位和本协会会员分开，不能与国家机关、事业单位和本协会会员合署办公。政府要推动行业协会参与社会管理和公共服务。

该条例也对行业协会等内部治理做了比较详细的规定。行业协会划定的职能包括：指导、帮助会员改善经营管理；开展行业培训，提供咨询服务；协助会员制定、实施企业标准；开展市场评估，收集、发布行业信息，推广行业产品或者服务；组织行业会展、招商，开展国内外经济技术合作交流；开展章程规定的其他促进行业发展的活动。它为行业协会划定的活动主要为：协调沟通、反映诉求；行业自律；参与公共管理；参与行业管理；设立经营性组织等。具体包括以下几个方面。

（1）开展协调沟通，反映诉求工作，包括：①协调会员之间、会员与非会员之间、会员与消费者之间在生产经营活动中产生的争议；②协调本行业协会与其他行业协会或者组织的关系；③沟通本协会会员与政府及相关职能部门之间的联系，协助政府及相关职能部门开展管理工作；④在有关价格行政管理部门的指导下，监督行业内产品或者服务定价，协调会员之间的价格争议，维护公平竞争；⑤开展行业统计、调查，参与涉及行业发展的行政管理决策的论证，向政府及相关行政管理部门反映涉及行业利益的事项，提出相关立法，以及有关技术规范、行业发展规划制定等方面的意见和建议；⑥代表本行业会员提出涉及本行业利益的意见和建议；⑦代表本行业会员依法提起反倾销、反补贴、反垄断调查或者采取保障措施申请，协助政府及相关行政管理部门开展反倾销、反补贴、反垄断调查，参与反倾销应诉活动。

（2）行业协会可以行使以下行业自律：①在本行业贯彻实施有关法律、法规、规章的规定及政府相关政策；②建立行业自律机制，制定并组织实施本行业的行规行约和惩戒规则；③推进实施国家标准、行业标准或者地方标准；④鼓励行业协会协助政府参与公共管理，参与协调会员与其员工之间的劳资纠纷，化解社会矛盾，维护社会稳定，促进社会和谐。

（3）行业协会可以参与草拟行业发展规划、行业政策、行业标准，并可以根据行政机关委托或者许可开展以下活动：①开展公信证明、产地证明、行业准入资质审查、产品质量认证；②开展本行业从业人员技能培训、资质考核和技术职称评审工作；③对行业生产经营许可、进出口许可和行业重大技术改造、技术引进项目进行评估论证；④对本行业企业及经营许可证年检、年审提出意见；⑤行政机关委托的其他事项；⑥行业协会可以根据章程规定和业务开展的需要设立咨询、评估、培训、信息、检测、认证、展览、标准化等服务性组织，所取得的收入用于业务活动，不得在会员中分配。

（4）行业协会不得有下列行为：妨碍竞争行为、乱收费和摊派行为。明确了协会的收入结构：经费会费；行业协会及其相关机构开展信息咨询、人才培训、技术讲座、编印资料、举办展览等服务项目的收入；社会捐赠和资助；由政府资助或购买服务而获得的款项。

该条例还提出了政府扶持的措施：人力资源保障部门帮助协会做好专职工作人员的教育培训、职业资格评定、社会保障等工作。政府及相关部门制定、修改或废止涉及行业、产业利益的法规、规章、规范性文件、技术标准、行业发展规划时，应当听取相关行业协会的意见。政府应当推进职能转变，建立职能转移和购买服务制度，将适宜由行业协会承接的行业管理与协调、社会事务服务与管理、技术和市场服务等职能，或者进行事项转移，或者委托给各具资质和条件的行业协会。行业协会从事推动相关产业技术改造、产业升级等工作的，市、区政府应当依据有关产业政策规定使用产业专项资金给予财政奖励。登记机关应当建立行业协会等级评估制度，对行业协会基础条件、内部治理工作绩效、社会评价等情况进行综合评估。前期评估结果作为政府及相关部门转移职能、购买服务、行业协会评优等活动的主要依据。

二、我国产业技术创新联盟政策现状

我国产业技术创新联盟从 20 世纪八九十年代开始萌芽，进入 21 世纪后，尤其是近几年得到了快速发展。但由于刚刚起步，我国的产业技术创新联盟，仍处于探索阶段。政策是产业技术创新联盟发展的一个重要推动力，良好的政策环境会促进联盟又快又好地发展。我国对产业技术创新联盟发展的政策支撑主要包括科技部等国家部委和各省（自治区、直辖市）发布的相关政策。

1. 国家政策

从国家宏观政策层面来看，科技部于 2008 年出台的两项政策对我国产业技术创新联盟的构建与发展具有重大意义，这两项政策的出台直接促使我国广大地区各类联盟的迅速构建，引起了社会各界对产业技术创新联盟的广泛关注，也使人们深刻认识到构建产业技术创新联盟的战略意义。

2008 年，科技部出台的《国家科技计划支持产业技术创新战略联盟暂行规定》（简称《规定》），初步明确对产业技术创新战略联盟的支持力度和方式。《规定》提出国家科技计划（重大专项、国家科技支撑计划、863 计划等）积极支持联盟建立和发展，经科技部审核的联盟可作为项目组织单位参与国家科技计划项目的组织实施；指出理事长单位是联盟的责任主体，承担项目组织实施的法律责任；指出国家科技计划支持联盟的原则和条件等。同时，《规定》明确要求，产业技术创新战略联盟的技术创新方向要符合《国家中长期科学和技术发展规划纲要（2006—2020 年）》，国家产业、环保和能源等政策，以及国家科技计划支持的方向与区域支柱产业发展的重点。《规定》的出台加快了联盟在重大领域的构建和布局，意味着联盟已被视为落实国家战略层面科技发展部署的强有力的抓手。

2008 年 12 月，科技部、财政部、教育部、国务院国资委、中华全国总工会、国家开发银行联合发布的《关于推动产业技术创新战略联盟构建的指导意见》（简称《意见》），提出要支持和鼓励一批重点领域联盟的发展。《意见》就产业技术创新战略联盟的概念，推动产业技术创新战略联盟构建的重要意义、指导思想、基本原则，以及联盟的主要任务、应具备的基本条件和开展产业技术创新战略联盟试点工作等提出了明确的意见和要求，并要求各地方要把推动区域性联盟建设作为加强产学研结合与加快技术创新体系建设的紧迫任务。《意见》的出台对我国产业技术创新战略联盟的构建和发展具有重要意义，各地也纷纷出台了相关政策措施，大大促进了我国产业技术创新战略联盟的发展，并提高了社会各界的积极性。2009 年底到 2011 年初，国家又出台了几项强有力的政策。2009 年科技部等六部门联合发布了《国家技术创新工程总体实施方案》（简称《方案》），提出要统筹推动产业技术创新战略联盟构建和发展，以增强产业核心竞争力为目标，重点围绕十大产业振兴和战略性产业发展，形成工作布局。《方案》还从技术创新的国家战略层面对产业技术创新战略联盟的构建和健康发展提出要求，即推动产业技术创新战略联盟的构建和发展，与建设和完善技术创新服务平台、推进创新型企业建设、面向企业开放高等院校和科研院所科技资源、促进企业技术创新人才队伍建设、引导企业充分利用国际科技资源五项内容，共同成为实施国家技术创新工程的首要任务，意味着联盟将会成为国家技术创新工程的重要组成部分。2009年科技部出台的《关于推动产业技术创新战略联盟构建与发展的实施办法（试行）》（简称《实施办法》）对联盟构建提出了明确要求，即构建联盟要以国家战略性产业和区域支柱产业的技术创新需求为导向，实现企业、高等院校和科研机构等在战略层面的有效结合，共同突破产业发展的技术瓶颈。《实施办法》不仅对联盟的技术创新水平提出了较高的要求，还强调了联盟的构建结构。

为了促进联盟更好更快地发展，把支持联盟的工作落到实处，经科技部研究，决定从全国已成立的联盟中选择一批符合条件的联盟开展试点工作。到2010年为止，共有56个联盟分两批进入试点名单。2010年1月，科技部下发《关于选择一批产业技术创新战略联盟开展试点工作的通知》。钢铁可循环流程技术创新战略联盟、新一代煤（能源）化工产业技术创新战略联盟等36个联盟首批进入试点名单，这次试点涵盖新材料、新能源、先进制造等产业，是推动战略性新兴产业技术创新体系建设，促进产学研相结合的又一重要举措。2010年6月，科技部发布《关于选择部分产业技术创新战略联盟开展试点工作的通知》（国科办政〔2010〕37号），继续选择20个符合条件的产业技术创新战略联盟开展试点工作，入选的有长三角科学仪器产业技术创新战略联盟、城市生物质燃气产业技术创新战略联盟、地理信息系统产业技术创新战略联盟等，涵盖遥感、矿产资源、环保等领域。

2. 各地配套政策和措施

自一系列政策文件颁发以来，产业技术创新战略联盟构建工作在全国各省（自治区、直辖市）有序展开，各地根据实际情况陆续出台了一系列配套政策。继科技部等部门出台《关于推动产业技术创新战略联盟构建的指导意见》《推动产业技术创新战略联盟构建与发展的实施办法（试行）》政策文件之后，湖北省（2009年6月）、黑龙江省（2009年7月）、山东省（2009年7月）、福建省（2009年9月）、内蒙古自治区（2009年11月）、安徽省（2009年12月）、湖南省（2010年4月）、陕西省（2010年9月）、河北省（2011年1月）等纷纷发布了有关产业技术创新战略联盟构建与发展的指导意见或实施方法。这些省份根据自身的产业发展方向、技术创新需求等，提出支持一批重点领域联盟的发展，为联盟发展指明了方向。例如，《内蒙古自治区关于推动产业技术创新战略联盟构建的实施意见》提出，到2015年，通过组织实施联盟推进计划，在重点产业、重点区域形成5个左右在国内有重要影响、引领产业技术创新并纳入国家试点的优势联盟，50个左右既规范又有自身特色并纳入内蒙古自治区试点的特色联盟；《陕西省高技术产业联盟建设指导意见》提出，到 2015 年，陕西省将在新一代信息技术、新能源汽车等高技术产业重点领域，建立 20 家高技术产业联盟，以进一步推动该省高技术产业可持续发展。另外，一些省份也制定了有关管理方法，海南省科学技术厅于 2009 年制定了《海南省产业技术创新战略联盟认定和管理暂行办法》；山东省科学技术厅于 2009 年出台了《山东省推进产业技术创新战略联盟工作管理办法（试行）》；2010 年，浙江省科学技术厅制定了《浙江省产业技术创新战略联盟建设与管理办法》，为规范产业技术创新战略联盟认定和管理工作奠定了基础。

部分城市也出台了相关配套政策，如福建省泉州市在全省率先制定了《泉州市构建产业技术创新战略联盟实施方案》，计划 3 年内设立 10 个创新联盟以提高重点产业的技术创新能力，加快泉州市区域创新体系建设的步伐。

在开展联盟试点工作方面，湖北省、浙江省、广东省、山东省、山西省，以及北京市、上海市、太原市等积极启动了联盟试点工作。例如，2009 年，湖北省全面启动产业技术创新战略联盟试点工作，选取磷资源综合开发与利用产业技术创新战略联盟等 10 个联盟作为省级试点单位。湖北省于 2010 年制定了《产业技术创新战略联盟试点工作方案》，明确提出主要建设目标，即通过 3～5 年的努力，在激光装备制造、地球空间信息、磷资源开发与利用、物联网、风电、油菜加工等领域建成 30～50 个省级产业技术创新战略联盟，力争 5～10 个进入国家产业技术创新战略联盟；推进 50 项重大自主创新产品的开发和产业化，形成省级行业标准 20～30 项、国家级标准 3～5 项，建立和完善 20 个技术创新平台，建成 20 个以企业为主体、相对稳定的产业技术创新团队，联盟核心企业年均研发投入占年销售收入的比例达到 2.5%以上，联盟产值规模超过 50 亿元的达到 10～15 个，超过 100 亿元的达到 5～10 个；还明确了试点工作的内容与任务、申请联盟试点的基本条件及工作程序等。在山东省有关部门的推动下，山东省首批 20 家产业技术创新战略联盟也在济南市宣告成立。

北京市产业技术联盟与其他地区相比，起步较早。目前，北京是全国范围内联盟数量最多、实践最多、类型最丰富的地区，尤其是中关村国家自主创新示范区，汇聚各领域的骨干企业，截止到 2004 年底，已在各高新技术领域形成 30 多个联盟。早在 2006 年 12 月，北京市出台了《促进中关村科技园区产业技术联盟发展的实施办法》，这一方法的出台与北京科技创新活跃、新事物不断出现紧密相关。特别是在中关村地区，通过给予补贴、配套支持、政府采购等多种形式的政策扶持为产业技术联盟的发展提供了广阔空间，为产业技术联盟在全国的发展提供了宝贵的经验。

参 考 文 献

[1] 陈德权. 社会中介组织管理概论[M]. 沈阳: 东北大学出版社, 2014.

[2] 李世红. 中国社区发展中的中介组织研究[D]. 山西大学硕士学位论文, 2006.

[3] 杜世宇. 我国非营利组织治理结构研究[D]. 山西财经大学硕士学位论文, 2011.

[4] 杨伟东. 行政的疆域及其界定[J]. 法学论坛, 2007, 22(4): 82-90.

[5] 中国行政管理学会课题组. 我国社会中介组织发展研究报告[J]. 中国行政管理, 2005, (5): 5-12.

[6] 李恒光. 发展社会中介组织推进政府行政改革[J]. 理论与改革, 2002, (3): 107-110.

[7] 熊坚. 我国中小企业服务体系内市场中介组织发展模式研究[D]. 江苏大学硕士学位论文, 2004.

[8] 杨淼傑. 中介服务业统计研究[D]. 西南财经大学硕士学位论文, 2003.

[9] 顾家麒, 龚禄根. 我国社会中介组织发展研究报告[J]. 中国行政管理, 2005, (5): 5-12.

[10] 张静. 论我国行业协会的经济法主体地位[D]. 湘潭大学硕士学位论文, 2008.

[11] 佚名. 天津行业协会管理办法. http://www.tj.gov.cn/zwgk/wjgz/szfl/200710/t20071006_27459.htm[2012-11-25].

[12] 张国康, 程晓苏. 现代行业协会的特征与职能初探[J]. 经济师, 2003, (8): 43-44.

[13] 刘媛. 天津市行业协会发展决策研究[D]. 天津大学硕士学位论文, 2004.

[14] 中国工业经济联合会. 中国行业协会发展报告2014[R]. 北京: 中国轻工业出版社, 2014.

[15] 谢增福. 行业协会功能研究[D]. 中南大学博士学位论文, 2008.

[16] 秦杰, 何东, 陈淑琼. 成都市轨道交通产业联盟模式研究[J]. 中国铁路, 2010, (10): 59-62.

[17] 石娟, 刘珍. 技术接近度对企业创新绩效的影响——基于吸收能力视角[J]. 科技进步与对策, 2015, (20): 82-87.

[18] 梁嘉骅, 王玮. 一种新的经济组织形态——产业联盟[J]. 华东经济管理, 2007, 21(4): 42-46.

[19] 赵峰. 中国电信行业产业价值链联盟机制初探[D]. 北京邮电大学硕士学位论文, 2009.

[20] 石娟, 齐二石. 加快农业信息化建设的策略研究[J]. 中国农机化, 2009, 9(5): 15-17.

[21] 张永迅, Rossi L, Declercq S, 等. 产业联盟透视关于中外产业联盟问题的10个答问[J]. 中国安防, 2010, (5): 16-21.

[22] 梁桂. 高举火炬、营造环境, 促进高新技术企业创新发展[J]. 中国科技产业, 2009, (2): 23-26.

[23] 中华人民共和国国务院. 社会团体登记管理条例[EB/OL]. http://jmz.cq.gov.cn/main/shzz/mjzz/ zcfg/1_1107/[2014-02-08].

[24] 江南. 长三角行业协会跨区域合作走向深入[J]. 江南论坛, 2008, (5): 62.

[25] 吴光芸, 谭威. 论民间组织在区域合作中的作用[J]. 学会, 2010, (12): 14-20.

[26] 余辉. 行业协会及其在中国转型期的发展[J]. 制度经济学研究, 2003, (1): 70-119.

[27] 魏春红. 反垄断法对行业协会限制竞争行为规制研究[D]. 西北大学硕士学位论文, 2009.

[28] 黎军. 行业协会的几个基本问题[J]. 河北法学, 2006, 24(7): 26-29.

[29] 邹剑敏, 童海兵, 窦新江. 构建家禽产业创新联盟促进家禽产业持续发展[J]. 中国畜牧杂志, 2010, 46(14): 21-28.

[30] 王德禄. 欧盟、美国产业联盟发展的经验[J]. 中国科技成果, 2007, (11): 19-21.

[31] 张启文. 国外社会中介组织概况及启示[J]. 企业家天地(中旬刊), 2013, (2): 14-16.

[32] 张仁峰. 美国行业协会考察与借鉴[J]. 宏观经济管理, 2005, (9): 56-57.

[33] 毕杰. 中国饲料行业协会组织制度研究[D]. 山东农业大学博士学位论文, 2007.

[34] 潘雅莹. 我国行业协会立法问题研究[D]. 华侨大学硕士学位论文, 2008.

[35] 冯赫. 外国行业协会的业务职能及其对我国的启示[J]. 学会, 2004, (12): 5-7.

[36] 张磊. 我国行业协会的绩效管理研究[D]. 电子科技大学硕士学位论文, 2007.

[37] 冯静生. 行业协会: 德国的经验借鉴与我国的发展对策[EB/OL]. http://www.ahnpo.gov.cn [2014-03-11].

[38] 林建永, 丁赟. 国外行业协会概览[J]. 中外企业文化, 2009, (8): 42-45.

[39] 张潇雨, 曹庆萍. 日本行业协会发展历程研究[J]. 中国集体经济, 2008, (21): 199-120.

[40] 李拥军. 日本钢铁联盟管理体制研究[J]. 冶金经济与管理, 2010, (5): 4-8.

[41] 王玉. 基于消费者对国家和产业认知的跨国营销路径研究[D]. 郑州大学硕士学位论文, 2010.

[42] 佚名. 日本经济迅速发展 商会作用不可替代[J]. 中国商人, 2010, (5): 80-83.

[43] 杨建宇. 行业协会的发展现状与政策规范研究[D]. 国防科学技术大学硕士学位论文, 2007.

[44] 刘冰. 沈阳市行业协会发展及对策研究[D]. 东北大学硕士学位论文, 2006.

[45] 郑国安, 赵路, 吴波尔, 等. 非营利性组织与中国事业单位体制改革[M]. 北京: 机械工业出版社, 2002.

[46] 石娟, 刘珍. 国外产业技术创新战略联盟发展比较分析[J]. 理论与改革, 2015, (2): 67-70.

[47] 吴柯. 模式选择和改革方向——社会转型期我国行业协会的发展[D]. 复旦大学硕士学位论文, 2007.

[48] 靳扣娟. 行业协会法律问题研究——论行业协会的法律地位[D]. 北方工业大学硕士学位论文, 2004.

[49] Fallon G, Brown R B. Does Britain need public law status chambers of commerce?[J]. European Business Review, 2000, (12):1.

[50] Bennett R J, Zimmerman H. Chambers of Commerce in Britain and Germany and the Single European Market[M]. London: Ang1o-German Foundation, 1993.

[51] Lynn L H. Organizing business: Trade association in America and Japan[J]. Contemporary Sociology, 1990, 19(1): 53-54.

[52] 殷群, 贾艳琳. 中美日产业技术创新联盟三重驱动分析[J]. 中国软科学, 2012, (9): 80-89.

[53] 望俊成, 温钊健. 美国产业创新联盟的经验与启示——基于美国微电子与计算机技术公司的案例研究[J]. 科技管理研究, 2012, (22): 1-5.

[54] 赵筱媛, 刘志辉. 产业技术创新战略联盟中竞争情报的协作研究[J]. 情报理论与探索, 2011, (9): 35-38.

[55] 宿伟玲. 战略联盟若干理论及方法研究[D]. 天津大学博士学位论文, 2004.

[56] 孙国旺. 德国支持产业技术创新联盟的做法和经验[J]. 全球科技经济瞭望, 2009, 24(2): 22-26.

[57] 张木然. 德国创新联盟和能力网[J]. 全球科技经济瞭望, 2005, (2): 47-50.

[58] 柯胜洋. AXUS 开拓中国大陆企业级存储市场的营销策略研究[D]. 北京交通大学硕士学位论文, 2008.

[59] 吴萍. 企业技术创新的技术联盟模式探讨[D]. 湖南师范大学硕士学位论文, 2008.

[60] 吴松. 日本支持与引导产业技术创新联盟的做法、经验与启示[J]. 全球科技经济瞭望, 2009, 24(2): 15-21.

[61] 薛春志. 日本产业技术创新联盟的运行特点及效果分析[J]. 现代日本经济, 2010, (4): 49-52.

[62] 王瑭. 典型国家产业技术创新联盟运行特征研究[D]. 南京邮电大学硕士学位论文, 2012.

[63] 闫绪娴, 侯光明. 美国科技计划管理及其特点[J]. 科学学研究, 2004, 22(12): 78-81.

[64] Irwin D, Klenow P. High-tech R&D subsidies: Estimating the effects of Sematech[J]. Journal of International Economics, 1996, 40(3/4): 323-344.

[65] 冯昭奎. 日本超大规模集成电路研究组合的若干经验[J]. 科技进步与对策, 1985, (2): 50-51.

[66] 胡冬云. 产业技术创新联盟中的政府行为研究[J]. 科技管理研究, 2010, (18): 21-24.

[67] 韩新宝. 发达国家社会中介组织发展的经验借鉴及启示[J]. 学会, 2008, (8): 3-6.

[68] 赵玲. 外国社会中介组织发展启示录[J]. 侨园, 2006, (2): 29-31.

[69] 冯楚建, 赵莉. 科技中介机构: 架构政府与市场的桥梁[J]. 科技管理, 2003, (1): 13-23.

[70] 刘强. 德国国家技术创新系统运行机制[J]. 德国研究, 2003, 18(4): 16-20.

[71] 韦信宽. 国外社会中介组织的管理实践[J]. 发展研究, 2007, (9): 46-47.

[72] 刘庆君. 沈阳市科技中介发展对策研究[D]. 东北大学硕士学位论文, 2004.

[73] 范萍. 上海科技中介机构发展中的问题及对策[D]. 复旦大学硕士学位论文, 2004.

[74] 鲍黎黎. 论行业协会在知识产权保护中的作用[D]. 上海大学硕士学位论文, 2007.

[75] 李学举. 在全国性行业协会商会评估授牌大会上的讲话[J]. 水利建设与管理, 2009, (7): 1-3.

[76] 韩新宝. 借鉴发达国家经验, 发展我国社会中介组织[J]. 山西大同大学学报, 2008, (3): 38-42.

[77] 民政部. 中国民政统计年鉴 2015[M]. 北京: 中国统计出版社, 2015.

[78] 李毅中. 行业协会要主动承接政府转移职能[EB/OL]. http//www.chinanpo.gov.cn/1938/67621/index. html[2014-02-15].

[79] 靳晶晶. 我国行业协会的问题及对策——以物业管理行为协会为例[D]. 内蒙古大学硕士学位论文, 2012.

[80] 罗湘楠. 中国行业协会发展现状、问题及对策研究[D]. 南开大学硕士学位论文, 2005.

[81] 田屹. 论第三部门的经济干预权[D]. 西南政法大学博士学位论文, 2007.

[82] 吴冰心. 我国连锁企业行业协会及其对企业的指导监管作用研究[D]. 上海交通大学硕士学位论文, 2007.

[83] 孙莲英. 探索有中国特色的水性木器涂料发展之路[J]. 中国涂料, 2010, 168(6): 6-10.

[84] 李建玲, 孙亮. 北京地区产业技术联盟现状及对策分析[J]. 北京社会科学, 2014, (1): 77-84.

[85] 李梅. 北京产业技术联盟发展现状调查研究[J]. 科技管理研究, 2012, (5): 82-85.

[86] 徐宇珊. 放权与赋权——政府推动下的公民社会成长之路[J]. 特区实践与理论, 2010, (2): 44-47.

[87] Shi J, Wang Q. Research on the risk analysis of supply chain finance from the perspective of encoding function forecast[J]. Metallurgical and Mining Industry, 2015, 9(7): 525-530.

[88] 刘锋. 我国科技中介组织发展的国际比较及发展趋势研究[J]. 中国科技论坛, 2005, (3): 49-53.

[89] 石娟, 刘珍. 电价形成机制的国际经验及启示[J]. 学术论坛, 2015, (5): 69-73.

[90] 张洁. 天津滨海新区总部经济发展的 SWOT 分析[J]. 对外经贸, 2013, (9): 90-92.

[91] 邱法宗. 天津市社会中介组织的现状与发展研究[C]//天津市社会科学界联合会. 天津市社会科学界第四届学术年会论文集. 天津: 天津市社会科学界联合会, 2012.

[92] 裴方芳, 方杰. 产业技术联盟试点与评价初探[J]. 机电产品开发与创新, 2009, 22(6): 13-15.

[93] 石娟, 刘珍. 技术接近度对企业知识共享的演化博弈分析[J]. 统计与决策, 2017, (2): 186-188.

[94] 王张娜. 政府与行业协会在行业治理中的关系[D]. 山西财经大学硕士学位论文, 2013.

[95] 黄娟娟. 产业技术创新战略联盟治理机制研究[D]. 武汉理工大学硕士学位论文, 2012.

[96] 石娟, 刘珍. 基于企业技术能力的企业入盟行为演化博弈分析[J]. 科技管理研究, 2015, (17): 187-191.

[97] 侯丹. 我国社会中介组织建设与发展研究[D]. 东北大学硕士学位论文, 2005.

[98] 李世红. 中国社区发展中的中介组织研究[D]. 山西大学硕士学位论文, 2006.

[99] 周兆炎, 韩益杰, 李彪. 广州市科技中介机构发展现状及对策[J]. 科技成果纵横, 2006, (1): 30-32.

[100] 李道苏. 大力推进技术转移中介机构建设[J]. 决策探索, 2007, (20): 13-16.

[101] 顾建光. 发挥科技中介在我国创新体系中的作用[J]. 西安交通大学学报, 2006, 26(6): 34-39.

[102] 朱晓蕾. 甘肃省科技中介机构发展战略研究[J]. 甘肃科技, 2012, 28(20): 5-7.

[103] Shi J, Hu P J. Industry association and strategies for its development[J]. Boletín Técnico, 2017, 55(9): 664-671.

[104] 姚凯伦. 关于发展科技中介机构的建议案[J]. 中国科技产业, 2005,(3): 31-34.

[105] 山东省人民政府办公厅. 山东省人民政府办公厅关于加快推进行业协会改革与发展的意见[J]. 山东建材, 2008, (19): 65-69.

[106] 李学勇. 李学勇: 全面实施国家技术创新工程 深入推动产业技术创新战略联盟发展[J]. 中国科技产业, 2010, (11): 12-13.

[107] 李雪, 李菁华. 产学研联合的深化: 产业技术创新战略联盟研究[J]. 科学管理研究, 2008, 26(1): 45-48.

[108] 钟俊杰, 王凯, 朱卫东. 推进安徽产业技术创新战略联盟发展研究[J]. 江淮论坛, 2012, (1): 44-49.

[109] 徐雨森, 吴德军. 内向型企业研发联盟发展中的政府推动作用分析[J]. 科学学与科学技术管理, 2006, (5): 20-23.

[110] 丁云龙. 台湾工业技术研究院的成功经验[J]. 中国高校科技与产业化, 2006, (11): 38-41.

[111] 陈鹏, 李建强. 台湾工业技术研究院发展模式及其启示[J]. 工业工程与管理, 2010, 15(4): 124-128.

[112] 孙育宁. 以标准战略创造持续竞争优势[N]. 经济日报, 2007-01-15(5).

[113] 徐小涛, 高永洪, 田铖. 闪联标准的最新发展[J]. 数据通信, 2008, (4): 12-15.